Vida trágica
Identidad y alteridad en el drama griego antiguo

Davide Susanetti

Vida trágica

Identidad y alteridad en el drama griego antiguo

Traducción de Manuel Cuesta

Alianza editorial
El libro de bolsillo

Título original: *L'altrove della tragedia greca. Scene, parole e immagini*

Diseño de colección: Estrada Design
Diseño de cubierta: Manuel Estrada
Ilustración de cubierta: © Album / Eric Vandeville / akg-images

PAPEL DE FIBRA
CERTIFICADA

© 2023 by Carocci editore, Roma
© de la traducción: Manuel Cuesta Aguirre, 2025
© Alianza Editorial, S. A., 2025
    Calle Valentín Beato, 21
    28037 Madrid
    www.alianzaeditorial.es

ISBN: 979-13-7009-006-7
Depósito legal: M. 6112-2025
Printed in Spain

Si quiere recibir información periódica sobre las novedades de Alianza Editorial, envíe un correo electrónico a la dirección: alianzaeditorial@anaya.es

Índice

9   Preámbulo

13   1. Dioniso y la identidad
28   2. Dolor y conocimiento
47   3. ¿Un discurso que salva?
65   4. Atenas, donde todo se resuelve
86   5. La mente obcecada
102   6. Lo que el espectáculo enseña
117   7. Contienda de palabras
140   8. Cuerpo, lágrimas y poesía
160   9. ¿El azar o los dioses?
178   10. La ciudad entre el progreso y la involución
194   11. Mujer y alteridad
212   12. Peripecias trágicas y misterios
231   13. Edipo y los múltiples planos de una tragedia
252   14. Banalidad del mal y nostalgia de la forma
268   15. Más allá de la tragedia, el alma

282   Bibliografía

Preámbulo

Es de noche. Wagner, el fiable —pero un poco obtuso— discípulo de Fausto, llama a la puerta del estudio del maestro: «Disculpad. Os oía declamar. Estabais leyendo una tragedia, ¿no es cierto? Es un arte en el cual yo quisiera instruirme un poco, porque tiene una gran eficacia en nuestros días»[1]. En realidad, Fausto andaba enfrascado en otra cosa que nada tenía que ver. Abriendo el libro mágico de Nostradamus, con una poderosa fórmula había invocado al Espíritu de la Tierra, al genio que preside la naturaleza y la acción. Porque es vida y acción lo que el desasosegado e insatisfecho Fausto anhela: sumergirse en la maraña incandescente del acontecer y en el bramido del tiempo; arrancarle a la naturaleza los misterios de su potencia generadora; recibir, en lo más hondo de él mismo, todas las cimas y todos los abismos de la existencia, dilatando su propio ser hasta

---

1. Goethe, *Fausto*, 1, vv. 522-524.

reventar. De los volúmenes de su biblioteca estaba hastiado. Cachivaches polvorientos, cúmulo de «hojas resecas» se le antoja el humanismo ingenuo y entusiasta de Wagner, quien consulta las obras del pasado para descubrir en ellas los dichos de «algún sabio» o encontrar ejemplos aprovechables de dicción sublime. «¿Necesito acaso leer en mil libros que en todas partes se atormentaron los hombres?»[2] Para los días que Fausto se propone afrontar, mucho más útil, mucho más «eficaz» se antoja, si acaso, la asistencia de Mefistófeles, con quien él sella su célebre pacto. Fausto es un héroe de la modernidad: trágico a su manera, pero sin ningún interés ya por la lectura de dramas y obras antiguas.

Pero, si tal era su caso, ¿cuál no será el nuestro? Nosotros hemos asistido al derrumbe de esa misma modernidad y hemos visto implosionar los modos de la subjetividad y del lenguaje que dicha modernidad fundara (y, con ellos, todos los relatos y todas las ideologías). Nosotros vivimos en un «después» que no es aún: en el umbral de transformaciones traumáticas que ponen en cuestión, junto con los paradigmas del conocimiento, la existencia de lo humano en cuanto tal. ¿Podemos seguir diciendo que la tragedia griega *wirkt* —que «funciona», que «es eficaz»— y que merece la pena «instruirse» en ella, o debemos repetir el gesto de un impaciente desdén? Tal vez sea precisamente bajo el signo de la transformación y de la transición como podamos seguir acercándonos, a pesar de todo, a estos textos. ¿Qué es, en el fondo, una tragedia griega sino el espectáculo de una acción que conduce a la *metabolé*, es decir, al

2. *Ibid.*, v. 662.

«cambio» radical de la vida y del pensamiento? Son formas que colisionan y se precipitan en el choque de los acontecimientos; formas que se yerguen, y que declinan en la crisis que en todos los casos se produce; formas del vivir en las que esencia y existencia se descomponen y se recomponen en la tensión de significados y de significantes, en la búsqueda de sentido y en el extravío de este. A lo mejor resulta que efectivamente cabe hacer de la tragedia la ocasión de una heterotopía que nos deje ritualmente en suspenso y que nos interrumpa en los automatismos de la palabra y en los modos de la subjetividad y del hacer. Algo que no nos confirme en lo que somos, un mundo «otro» que, precisamente por su distancia y por su ajenidad, nos desubique y nos contradiga, entreabriendo la posibilidad de algo distinto. Algo que no ha de ser —si es que ha de ser algo— repetición de lo que ya es, sino aparición ulterior producida por una fricción: imagen que vuelve del revés y regenera la mirada.

Desde tal perspectiva, el recorrido que aquí se despliega no se entretiene tanto en la reconstrucción histórica de un objeto —cosa que, quien esto escribe, ya ha hecho en otros trabajos—, sino más bien en el encuentro meditativo con una serie de imágenes y de palabras que desde las escenas trágicas resuenan. Atravesando los dramas de Esquilo, Sófocles y Eurípides, la atención se detiene en algunos nudos y en algunos temas que el juego de Dioniso no cesa de escrutar: la identidad, el dolor, el conocimiento, el cuerpo, el lenguaje, el horizonte del individuo, la dimensión de la comunidad, lo masculino y lo femenino, la memoria de la tradición y la ruina en que todo se extingue. La sucesión de los capítulos va esbozando, implícitamente, una fenomenología de la experiencia que permita al individuo experimentar las cosas sin lanzarse, directamente y sin red, a la incandescencia de lo real. Es posible que, al final, incluso Fausto hubiese estado de acuerdo. Su Mefistófeles, por otra parte, había sido siempre un atento lector de los clásicos.

1. Dioniso y la identidad

«Heme aquí»[1]. Aparece Dioniso. Inesperadamente: como aquel que siempre llega de otra parte, que irrumpe desde muy lejos. Imprevisto e ignoto: como si fuera siempre la primera vez. Extraño y ajeno y, sin embargo, tan intrínsecamente íntimo y propio como íntima y propia es siempre la vida (incluso cuando uno no lo sabe y no lo ve). Así es en las *Bacantes* de Eurípides. El dios acaba de llegar a Tebas tras un largo periplo por tierras exóticas, por países de gentes bárbaras. Se trata del primer lugar de Grecia que el dios pisa. Eso parece; eso dice. Y, sin embargo, precisamente allí —en Tebas— fue donde él nació del vientre de Sémele, la hija de Cadmo, el mismísimo fundador de la ciudad. En su aparición ha asumido el aspecto de un mortal: se ha disfrazado de extranjero llegado del Asia Menor para mostrarse a esa comunidad de la que él, no obstante, tan intrínseco es

1. Eurípides, *Bacantes*, v. 1.

13

y familiar por su origen. Ha venido a traer su propio culto, a difundir sus ritos en esa ciudad que parece ignorarlos y no reconocerlos. Porque precisamente en Tebas, precisamente en el seno de la estirpe reinante, hay quien duda que Dioniso exista: hay quien niega que se trate de un dios. «Pero la ciudad tiene que aprender aunque no quiera»[2]. Tiene que ser «iniciada» aunque rechace el valor de tal experiencia. Dioniso es algo que a lo mejor no se querría, que se desearía ignorar. Pero no es posible, igual que no es posible negar la raíz que está en el fondo de la existencia y de la naturaleza. Y la lección, para quien se resiste, no puede sino darse en la forma de un *shock* violento.

De ahí que Dioniso haya hecho enloquecer a todas las mujeres de Tebas, que súbitamente han abandonado sus casas y sus telares y han subido, en tropel, al monte fuera de sí: brincando entre los despeñaderos, corriendo como locas por los bosques. El buen orden de la ciudad, el curso de la vida cotidiana están vueltos del revés, desbaratados por esa insólita sedición femenina. Porque ¿qué harán allá arriba las mujeres, ellas solas y sin ningún control, lejos de los padres y de los maridos? El rey Penteo no tiene dudas: esos ritos y esa enajenación son un mero pretexto para sumirse en el libertinaje más impúdico e inaudito, en la embriaguez y en el sexo desenfrenado; una vergüenza que debe inmediatamente terminar; una subversión indecente y escandalosa que la polis no puede permitir. Por eso ordena en seguida que capturen a las mujeres y detengan al extranjero que las ha solivantado. Y así es como Dioniso, dócil y sonriente, sin oponer la menor resistencia es trasladado

2. *Ibid.*, v. 39.

al palacio. Penteo lo escruta y queda, por un momento, turbado: esa belleza andrógina, esos cabellos fluentes, esa mirada cargada de seducción lo impresionan y, a la vez, lo inquietan. Como para defenderse de ese instante de desconcierto, empieza a interrogarlo con tono brusco y agresivo, pidiéndole cuentas del nuevo culto, de esos «ritos fingidos» que él habría difundido. Pero Dioniso, el extranjero, a cada pregunta responde de manera evasiva y enigmática; como es justo que sea, porque a los profanos y a los incrédulos no es posible, ni tiene sentido, decirles qué es ese rito. Ellos no lo entenderían, del mismo modo que no lo entiende Penteo, quien en cada palabra no siente sino un nuevo ultraje, un nuevo desafío a su autoridad. «Aquí mando yo»[3], grita con la exasperación de quien, tratando de imponerse, lo que hace es poner de manifiesto toda su fragilidad. «No sabes qué estás viviendo, no sabes qué ves; no sabes, ni siquiera, quién eres»[4], replica con serena, pero tajante dureza el dios, denunciando el desconocimiento que efectivamente su interlocutor evidencia. Desnortado por tal observación, Penteo no encuentra mejor respuesta que recitar, por así decir, su filiación: «Yo soy Penteo, hijo de Ágave y Equión»[5]. Con el orgullo de la alcurnia aristocrática —y al mismo tiempo con la ingenua y sublime estulticia de quien no capta, en absoluto, cómo están las cosas—, el rey pronuncia su nombre, el de su padre y el de su madre, como si eso fuera suficiente para cerrar el abismo que, con un gesto, han entreabierto las palabras del dios.

---

3. *Ibid.*, v. 505.
4. *Ibid.*, v. 506.
5. *Ibid.*, v. 507.

En el horizonte de la ciudad, el nombre, la familia y la función social ciertamente definen una identidad y una pertenencia; y esos son, en muchos sentidos, los cimientos de la vida comunitaria y política. Gracias a esa identidad y a esa pertenencia, los individuos se reconocen recíprocamente y actúan en el recinto de las murallas, ejerciendo cada cual lo que le corresponde. Pero otra cosa distinta es el interrogante radical que implícitamente hace resonar Dioniso. ¿Basta acaso pronunciar con énfasis el nombre y el rango de uno para saber quién se es y cuáles son la vida y la realidad en las cuales se está inmerso? Esa identidad que se ostenta —y que es incluso necesaria—, ¿es realmente todo y no existe nada más? Ese orden acostumbrado en el que todo individuo se inserta y se afirma, ¿resuelve y agota cualquier pregunta ulterior? ¿No será cierto, más bien, lo contrario? Conocerse es algo muy distinto y más profundo que esa primera respuesta más obvia que le viene a uno a la boca cuando se presenta diciendo de quién es hijo, de qué lugar proviene y qué hace. El sonido del nombre y de los nombres tal vez no sea —igual que todo con lo que se nos suele describir— sino un asomo superficial de una existencia y de un destino que aún se ignora, por muchas ilusiones que insistamos en hacernos sobre lo contrario. Es la superficie o envoltura externa de un núcleo totalmente pendiente de descubrirse aún, el trazado insospechado de un recorrido que se abre cuando menos se imagina, el velo tenue que cubre una sustancia del todo diferente, una realidad muy otra. «Exactamente: destinado a un fin terrible, como tu nombre indica», sentencia Dioniso[6]; porque «Penteo»

6. *Ibid.*, v. 508.

suena igual que *pénthos* («dolor», «duelo»). Pero el rey todavía lo ignora y no se entera de que, justamente en el momento en que ha gritado su supuesto poder, todo empieza a volverse del revés y a desmoronarse. Él cree saber que tiene el control total; cree tener todas las respuestas y poder actuar en consonancia. Y precisamente ahí radica su fatídico autoengaño.

Dioniso, señor de magias y ensueños, estremece el palacio con un terremoto o con un prodigio que tal semeja. Parece que las columnas oscilan y que estalla un incendio en la mansión real. Corre Penteo de un lado a otro impartiendo, de nuevo, órdenes perentorias porque él es el rey y todos le deben obediencia. Corre hasta quedar sin aliento y se afana, sudando y mordiéndose los labios en el esfuerzo, como un soldado que, en el campo de batalla, brega por rechazar una acometida. Cuanto más se esfuerza, sin embargo, más inane es el efecto. Y a medida que más actúa, más sucumbe —sin darse cuenta— en una pasividad inerme y pasmada. Son los vanos espasmos de una marioneta enloquecida. El rey tira fendientes al aire —al vacío— embaucado por los espectros y las alucinaciones. Pone todo su empeño en atar a un toro, convencido de que la bestia es ese extranjero que ha llegado. Ahora es el dios quien manda: es Dioniso quien guía al «hijo de Ágave y Equión» adonde este aún no sabe. Va guiándolo por un camino en el cual, paso a paso, cada atributo de esa identidad tan convencida, de esa estentórea certidumbre, queda hecho añicos y se transforma en su contrario exacto. Penteo es despojado de cuanto creía y decía ser. Deja de ser un soberano autoritario para quedar reducido a dócil víctima. De guerrero preparado para ceñirse las armas, pasa a crédulo y engatusado ejecutor de cuanto el dios sugiere. El varón horrorizado ante el desenfreno femenino se transforma en una ménade, esforzándose por imitar los movimientos y las hechuras de las mujeres poseídas por el dios: se convierte en mujer él mismo, perdiendo todo rasgo de aquella virilidad autoritaria y agresiva de la que tan orgulloso estaba. Temía perderse en el desorden... y al desorden se entrega sin pudor ninguno ya. En el estado alterado de conciencia que Dioniso le han infundido, su vista empieza a entreabrirse, sin embargo, a la dimensión de algo que va más allá, captando por vislumbres esa misma naturaleza divina que él, antes, temerariamente negaba: esa realidad ulterior que excede la percepción ordinaria y demasiado obvia de los sentidos. De golpe se percata de que ese extranjero no es como parece: se percata de que la realidad puede ser diferente de como primero se antojaba. Pero es demasiado tarde: el camino está marcado, igual que la meta a la cual lleva. Acompañado de Dioniso, Penteo sube al monte, ansioso de sorprender a las mujeres en aquel indecente abandono que él se había imaginado serían los ritos del extranjero. Travestido de bacante, está convencido de que puede espiarlas sin riesgo de que lo descubran. Está convencido de que va a «ver», curioso e indiscreto espectador, el secreto indecible de ese culto; pero es él quien «es visto» y sorprendido. Y, así, a la orden de Dioniso, todas las mujeres se abalanzan sobre él: sobre el «enemigo» que ofende al dios. Porque las féminas de Tebas no saben y no ven, hallándose a su vez alucinadas, que se trata de Penteo; creen que están acometiendo, directamente con sus manos, a un animal, a una fiera del bosque. Entre ellas están también la madre y la tía del rey, igualmente desconocedoras de cuanto se disponen a hacer. Cuando la turba enfurecida lo acorrala, Penteo intenta, como recuperándose y volviendo en sí, despojarse del disfraz; intenta desesperadamente que lo reconozcan pronunciando, una vez más, aquellos mismos ingenuos términos que había opuesto al desafío abisal del dios: «Soy yo, mamá, tu hijo Penteo: el hijo que trajiste al mundo en la casa de Equión»[7].

De nada sirven, no obstante, esas palabras y esos nombres, igual que inútiles habían resultado al comienzo para imponerse a Dioniso, quien termina siempre disolviendo cualquier rígida forma y volteando la mirada. En un abrir y cerrar de ojos, entre unos gritos y un estruendo cada vez más ensordecedores, el rey es hecho pedazos, arrojando sus miembros sanguinolentos por los aires las bacantes como en un despreocupado juego de pelota y quedando lancinada, igual que el cuerpo, aquella identidad que él profería y consideraba que era, sin ver nada más. No imaginaba que, hallándose ante la llamada del dios, responder «Yo soy Penteo» pudiera ser la peor de las obcecaciones. Porque «Penteo» siempre es *pénthos*, dolor: el atroz sufrimiento de encontrar esa «otredad» que el individuo quisiera excluir para no sembrar dudas sobre esa «mismidad» en la cual él se afirma.

Tal es el desenlace de las *Bacantes*, una de las últimas obras de Eurípides y también, hasta donde sabemos, uno de los pocos casos en que el dios en persona sale a escena. Si exceptuamos las *Ranas* —del comediógrafo Aristófanes— y puede que un par de tragedias perdidas de Esquilo, la figu-

---

7. *Ibid.*, vv. 1118-1119.

ra del propio Dioniso brilla por su ausencia. Son las de otras divinidades, y las peripecias de otros héroes, las que parece que destacan, con tanta mayor frecuencia, ante el público en los espectáculos que, año tras año, se representaron en Atenas durante más de un siglo. Y, sin embargo, ¿no era precisamente en el rito y en el culto a Dioniso donde la tragedia se había originado? Esta habría surgido, si nos atenemos a lo que sugieren las fuentes, del solemne ditirambo que se entonaba para el dios. Y era precisamente con ocasión de las solemnes fiestas a él consagradas cuando la ciudad se congregaba, atenta, en la cávea teatral. Y el propio teatro estaba colocado junto al santuario del dios. Antes de que empezaran los espectáculos, la efigie de este era llevada en procesión solemne para conmemorar su llegada al lugar que le pertenece. ¿No es extraño, así las cosas, que luego los dramas representen, a lo que parece, otra cosa totalmente distinta? Esto ya se lo preguntaron, si la tradición no miente, ni más ni menos que los espectadores de las primeras tragedias, quienes, perplejos, habrían llegado a la conclusión de que todo aquello no parecía tener «nada que ver con Dioniso»[8], ya que las tragedias que montaban los poetas escenificaban episodios extraídos de la épica arcaica —cuando no directamente hechos históricos— sin ninguna conexión explícita con la biografía mítica y la figura del dios.

Pero Dioniso, en realidad, siempre está presente, sea cual sea el argumento que cobre vida en el tiempo del espectáculo trágico. Es posible, de hecho, que, en su aparente ausencia, esté todavía más presente detrás de cada pala-

8. Plutarco, *Cuestiones conviviales*, 614 f.

bra y de cada gesto que los personajes realizan mientras se adentran, inadvertidos, en el camino que está preparado para ellos. Porque en el prisma cambiante y doloroso de las historias extraídas del pasado absoluto, siempre hay lo mismo en el fondo, la admonición sapiencial y terrible que no deja de ser pronunciada: «No sabes qué estás viviendo, no sabes qué ves; no sabes, ni siquiera, quién eres». Siempre la misma opacidad, el mismo obstáculo ante el cual la identidad salta en pedazos. Y, con la identidad, también saltan en pedazos todas las creencias, opiniones y opciones que de dicha identidad se derivan a modo de necesario e inevitable corolario. En el cumplimiento de la desgracia absoluta, o en el acecho del peligro, hay una grieta que no para de abrirse y de hacerse más profunda hasta acabar engulléndolo todo: una grieta o una hendidura que aparecen para fracturar esas débiles, pero obstinadas carcasas con las que lo humano se piensa, se dice y se muestra, figurándose que es y existe. Porque siempre hay algo que va más allá y que se desconoce, un todo que excede la consistencia de las distintas partes, un modo y un horizonte diferentes de ese yo que quisiera afirmarse y obtener reconocimiento conforme viene dado o existe. Se trata de un campo de fuerzas o de un horizonte invisible donde cada persona es arrojada y va a tientas —aunque no se percate y se crea que ella avanza con paso seguro— hasta que algo inopinadamente ocurre. Es una vida absoluta donde todos los contrarios se juntan y se sueltan. Una vida en la que lo «otro» es el corazón palpitante de lo «mismo».

La máscara de órbitas cóncavas, efigie de Dioniso e instrumento del teatro, es algo que está tanto vacío, como lleno. Con la máscara trágica es posible convertirse en cualquiera y, a la vez, ser llevado hasta el límite en el cual ya no se es nadie y todo se nivela, abriendo una visión ulterior que en absoluto coincide con las expectativas y pretensiones de la existencia que cada cual considera es la suya, con las de la forma y figura que cada cual considera que posee. Ese es el juego terrible y maravilloso del dios: identidades que se aniquilan, pero que se transforman y se hibridan más allá de cuanto la razón, las costumbres o las normas podrían de entrada concebir; perfiles y contornos que cambian, se complican y se disuelven para recomponerse de modos distintas o bien para perderse para siempre. Después, cuando todo está cumplido —cuando lo vacío y lo lleno de la máscara han surtido su efecto—, ya no es posible ni viable aventurarse a decir «Yo soy Penteo» considerando que eso sea suficiente o, simplemente, sea. Esa desavisada y altanera estulticia en la que cada cual se emboza en los días de la vida, calla y se extingue allí donde Dioniso manifiesta el poder de su tragedia: allí donde Dioniso, deshaciendo las formas y los confines, abre esa dimensión en la que la naturaleza, lo humano y lo divino convergen, comunicándose y transformándose entre sí. Es una vida que se dice en todos los modos posibles y en la metamorfosis de sus formas: el milagro pasmoso y terrorífico de una unidad profunda en la cual toda barrera cede y un insólito poder se desata atravesando cada cosa. Todo se vuelve entonces cercanía y magia, comunicación íntima y fuerza desbordante. Tocadas por Dioniso, las devotas del dios corren cual cervatas por los bosques: saltan cual terneras alegres y despreocupadas por la hierba. Se mueven veloces como pájaros: sus pies diríase que no tocaran el suelo. Una aureola de fuego emana de sus cabezas. Con serpientes enroscadas alrededor de sus cuerpos —con crías de animales mamando de sus tetas—, las bacantes hacen brotar agua de las rocas, leche de la tierra, miel de los árboles. Es una felicidad distinta: sobrehumana o, simplemente, no humana.

Encontramos en los dramas, de manera recurrente, una palabra que tal vez defina, más que cualquier otra, la postura del héroe trágico: esa postura que el juego dionisíaco, de manera cruel e implacable siempre, humilla y hace trizas. Se trata del término *authadía*. Suele traducirse como «obstinación» o «terquedad»; o bien como «arrogancia» o «altanería». Y otro tanto, de manera análoga, el correspondiente adjetivo *authádes*. «Si crees que la obstinación es un logro, tú deliras» es el reproche, por ejemplo, que le hacen a Edipo cuando no acepta réplica ninguna al juicio que ha expresado[9]. «Tened cuidado: tiene un temperamento salvaje y un ánimo terco», se dice de Medea, cuya cólera espantosa parece imposible de aplacar de ningún modo, mostrándose ella «sorda cual roca, cual ola del mar» a cualquier admonición que incluso por cariño se le haga[10]. «Obstinado y arrogante como siempre» es asimismo Prometeo, quien, sujeto a la roca a la que ha sido encadenado, no se rinde —a pesar del tormento atroz al que está sometido— y sigue imprecando contra el cielo y contra los dioses[11]. Pero aquí tiene su interés reparar en el étimo, porque *authadía* viene de *autós* —voz que expresa el «uno mismo» individual— y de la misma raíz de la cual también derivan *handáno*

9. Sófocles, *Edipo rey*, v. 549.
10. Eurípides, *Medea*, vv. 28-29, 79-80.
11. Esquilo, *Prometeo*, v. 964.

(«complacer», «agradar») o *hédomai* («gozar»). *Authádes* es,
por tanto, quien se gusta y se complace consigo mismo
y por sí mismo: quien hace y piensa únicamente aquello que le es grato y que le cuadra, sin tener en cuenta nada
que sea diferente y ajeno a su persona propia. Es la absolu-
tidad literal de un yo que no oye y no ve nada más: el cierre
y el enrigidecimiento de una identidad que se ha cristaliza-
do hasta volverse impermeable a cualquier otra voz o perspectiva. Su manera más obvia de reaccionar es la *orgé*, la
explosión violenta de la «cólera», la ira furibunda que pro-
fiere invectivas y acusaciones, que urde golpes y ataques
contra cuantos contradicen o suponen un obstáculo: «Salvaje naturaleza de un corazón obstinado», ánimo soberbio
que no ve su propia violencia e imputa a sus interlocutores
la misma cólera que a él le aqueja[12]. Quien es *authádes*, es
totalmente incapaz de *éikein* —de «ceder»— ante otra reivindicación, de «dar un paso atrás» respecto a la postura o al
tenaz convencimiento que él tiene: «Dura e intratable
como tu padre: no sabes ceder ante los males», le echan en
cara a la inflexible Antígona[13]. Porque el *authádes* ni se apar-
ta, ni se mueve: nunca sabe, ni quiere, «salir de su propio
corazón en lo que a actuar respecta»[14], alejándose de cuanto él siente y cree y actuando, por ello, de modo diferente.
Y, si en determinado punto llega a hacerlo —bajo la presión
de una necesidad que lo aplasta—, resulta siempre demasiado tarde ya. De aquí surge también esa *húbris*, esa «desmesura» que tan a menudo resuena siniestramente en la tra-

---

12. Eurípides, *Medea*, vv. 103-104; Sófocles, *Edipo rey*, vv. 337-338.
13. Sófocles, *Antígona*, vv. 471-472.
14. Ibid., vv. 1105-1106.

gedia. Quien se complace, en efecto, consigo y no está dispuesto a ceder, termina siempre pasándose de vueltas, ya que, no reconociendo nada más, no reconoce ni siquiera su propio límite. Por eso tiene que llegar Dioniso —cada vez de una manera diferente— pronunciando su «Heme aquí». Dioniso *lúsios*, es decir, «el que disuelve» lo que es rígido, el que deshace el nudo demasiado apretado: el que libera y hace que fluya lo esclerótico. Se ha dicho y repetido con frecuencia que la tragedia produciría, como efecto suyo específico, una suerte de catarsis, una benéfica «purificación». Suscitando piedad y miedo a través de los sucesos representados, llevándolo todo hasta el límite insostenible de la ruina y del dolor, el género trágico ofrecería, al final, una saludable distensión emocional, un desahogo liberador capaz de aligerar el ánimo del espectador de la carga de afecciones y tensiones que lo lastran. Pero a lo mejor la catarsis más relevante que el drama de Dioniso produce es, en realidad, una catarsis distinta: la que purifica de esa pertinaz obstinación del yo que se da en cualquier persona; una catarsis de esa *authadía* característica de la «mismidad» rechazadora de lo «otro».

Deinós («terrible», «espantoso») es otra palabra característica del juego trágico. Terrible es Dioniso y terrible es cuanto sucede tanto a Penteo, como al resto de héroes que pueblan los escenarios. *Deinón* es siempre el *páthos*, es decir, «aquello que se soporta» o se «padece» conforme va desarrollándose la acción: catástrofe, sufrimiento, pérdida, muerte. Pero en este padecer que es el caso —y al cual no cabe sustraerse—, puede que haya algo que hermana a la tragedia con el ritual de los misterios y de las iniciaciones sagradas que se celebraban en nombre de Perséfone, de Deméter y del propio Dioniso. Las fuentes antiguas ponen de relieve que el rasgo esencial de los misterios consistía precisamente en eso: en un *pathéin* disruptivo, en un «soportar» que lancina y aniquila, en una experiencia extrema en la que el individuo se pierde en todo aquello que, de otra manera, lo caracteriza en su vivir ordinario, llevándolo, al cabo, dicha experiencia a asumir una «disposición» interior, un «estado» del todo diferente de cuanto antes había (como en virtud de una metamorfosis radical)[15]. *Teléisthai* («ser iniciado») remite, no por casualidad —y no solo por afinidad sonora—, al instante terminal del *teleután* —del «morir»—, porque ahí uno muere a sí mismo, a su identidad, a sus obstinaciones, a sus pretensiones, a su concepción misma de la existencia y de lo humano. Cuando se lleva a cabo el rito, quien es iniciado se sumerge «en la tiniebla» y se descubre «vagando», «dando vueltas» penosamente, «caminando sin fin» como en un laberinto sin salida, como en una trampa mortal: presa del más absoluto miedo, del aturdimiento de quien no logra ya pensar y ya no sabe, ni siquiera, si está vivo todavía o sí ya se ha convertido, también él, en un espectro errático del Hades. Todo le resulta ajeno, extraño, desconocido: van surgiendo ante él *deiná* («cosas espantosas», «horribles») que lo arrojan a un estado de indefensa turbación, el cual le hace estremecerse y sudar por un terror mudo. Pero cuando parece que el abismo lo ha engullido irremisiblemente ya, hete aquí que, de improviso, el velo de la oscuridad se descorre y, de manera totalmente inesperada, resplandece una «luz mara-

---

15. Aristóteles, *Sobre la filosofía*, frag. 15 Rose.

villosa» que trae «visiones felices»[16]: una luz de renacer con la cual llegan una conciencia distinta y una visión renovada de la vida y de la muerte, del yo y de la otredad, de lo humano y de lo divino al círculo que todo lo abarca. Es una luz que libera y que da dicha.

En la tragedia, la oscuridad rara vez se transmuta en esplendor feliz y la catástrofe es, en general, definitiva y sin posibilidad de redención. Penteo no resurge a ninguna nueva vida una vez descuartizado por las bacantes furibundas, y, como él, tantos otros personajes no regresan de la vorágine fatal en que se precipitan. Si alguno, con todo, sobrevive a lo que ha hecho —o a aquello que lo ha subyugado—, ya no puede sino llorar y desesperarse. Es por tanto una catábasis, la de los héroes trágicos, después de la cual no viene resurgimiento o regeneración ninguno. Digamos que la tragedia acaba antes de que eso pueda ocurrir. Y sin embargo, en muchos sentidos, el hecho de pasar por el *páthos* y el efecto que tal hecho conlleva coinciden. Quizás lo que a los héroes no se les concede se le abra, como horizonte ulterior, a quien ha asistido al espectáculo: al espectador que sepa buscar más allá de lo que el teatro ha dejado entrever solamente hasta cierto umbral, remitiendo a un mundo «otro» posterior que está pendiente de completarse y recorrerse.

16. Plutarco, frag. 178 Sandbach.

2. Dolor y conocimiento

Hace ya muchísimo que Agamenón está lejos de Argos. Una guerra interminable lo retiene allende el mar: en la llanura de Troya. Entre tanto la ciudad, Argos entera, sufre por su ausencia, como siempre padece una tierra, un reino, cuando falta el soberano que es garante de la justicia. Cunde el desorden; grados y distinciones se tambalean y la vida ya no es la misma: el buen gobierno ha quedado en un mero recuerdo que el contraste vuelve penoso. Pero fuerte y apremiante es también la esperanza de que un día todo pueda volver a su antiguo cauce: la esperanza de que el rey por fin regrese y, con él, la alegría de la existencia y la debida regla en cada cosa. Y, así, noche tras noche, un siervo lleva todo ese tiempo montando guardia en el tejado del palacio por si acaso reluciese, en la oscuridad, el esplendor de una llama: un *súmbolon*, es decir, una señal transmitida, a través de una cadena de fuegos, desde lugares remotos; una señal que anuncie el final de la guerra y el regreso inminente del rey. Tal es, de hecho, la naturaleza del *súmbolon*: reunir aquello que, desde hace demasiado tiempo, falta y está lejos. En ese incómodo e imposible jergón vigila, pues, el centinela con los ojos abiertísimo y atentos para que no se le escape el instante del *súmbolon* —el centellear de la luz—, y, con él, tampoco el alivio de la noticia.

Noche tras noche, interminable suspensión: inexhausta espera. Nada ha ocurrido, sin embargo, todavía. La única luz que recama el manto oscuro que envuelve la tierra, es el fulgor de los astros, el baile majestuoso de las estrellas: de los «luminosos señores del cielo» que, una y otra vez, siguen su curso con regular cadencia, saliendo y poniéndose a lo largo de las estaciones del año[1]. Un orden eterno, dicha danza, inmutable e imperturbable: en el cual no hay lugar para desvíos que arruinen la norma y la armonía. Tanto más hermoso de observar al no regir otro tanto acá abajo: irregular, irreflexiva, lancinada, continuamente desigual es la vida de los mortales en la tierra. Allá arriba: lo idéntico. Acá abajo: lo distinto y, con lo distinto, la inestable multiplicidad que siempre nos confunde.

Ese cielo contempla el vigía, y, para no ceder al sueño, canta para sí. Entona una melodía en la cual no resuena la maravilla de lo idéntico, sino la pena de lo distinto. Es un «lamento» de aquello que está ausente, que no es como tendría que ser; un «lamento» y un «llanto» por la suerte que aflige al reino y al palacio; la cantinela de una voz doliente, como cuadra a la tragedia; una música triste que, si no se repliega en sí misma, apunta a una liberación que ha de venir: a una «liberación de los males y de las fatigas», si tal cosa es

1. Esquilo, *Agamenón*, vv. 5-7.

realmente posible. Y hete aquí que, de pronto, aparece ese *súmbolon*, epifanía que diríase entreabriera una nueva dirección, tal vez dotada de la regularidad del baile de los astros. «He aquí la antorcha, he aquí la luz que hace a la noche brillar como el día, suscitando en Argos cánticos y danzas que festejen el acontecimiento. [...] Troya ha caído y yo mismo daré inicio al baile en consideración de la buena fortuna de mi amo»[2]. Pero ¿se puede realmente gritar de alegría como se quisiera, como el ánimo y la apariencia empujan instintivamente a hacer? Acá abajo —y en el teatro de Dioniso—, ¿puede la noche oscura pasar a ser, en un instante, día espléndido que todos los afanes disuelve? Con frecuencia sucede, más bien, lo contrario. Y esa epifanía luminosa es solamente la tregua de un momento: la tregua ilusoria que vuelve todavía más tupida la tiniebla. Acá abajo, lo que ocurre es otra cosa: luz diurna que se oscurece como un eclipse, apagando el sol y la vida; día que se hace noche y no lo contrario; *phós ainolampés*, es decir, una «luz de siniestro fulgor» —«de resplandor terrible»— en la cual vuelve siempre a reabrirse la «herida» y a imponerse el «daño», atajando brutalmente la danza de alegría[3]. El camino del hombre, aun cuando da la impresión de que avanza derecho y sin peligro —o acaso sobre todo ahí—, «choca contra invisible escollo»[4].

Cuando el solícito vigía lleva su anuncio, el palacio vuelve a despertar del sueño y la ciudad parece que se reanima: arden de ofrendas los templos; aromas de sacrificios y per-

2. *Ibid.*, vv. 22-32.
3. *Ibid.*, v. 389.
4. *Ibid.*, v. 1007.

fumes de esencias escogidas flotan por el aire en señal de agradecimiento a los dioses. Los ancianos de Argos —que integran el coro del *Agamenón* de Esquilo— observan todo y desearían participar, también ellos, del regocijo, alejando del corazón «insaciada tristeza». Y sin embargo oprimen al ánimo también ahora, igual que tantas veces en ese tiempo de espera, un afán angustioso y «ansia de malos pensamientos». ¿Qué ha de esperarse, en realidad? ¿En qué van a quedar por fin las cosas? En el fondo, nada seguro se sabe todavía del presente y nada puede decirse todavía del futuro en tanto que no ocurra. El único conocimiento es el pasado y está cargado, también él, de angustia y de horror en lo más hondo. Recuerdan los ancianos lo que había sucedido diez años atrás y lo cuentan, con la misma inquietud, ahora en el canto. Recibido en casa de Menelao, el príncipe troyano Paris sedujo a la esposa de este: la bellísima Helena. La raptó y se la llevó consigo a Troya. No tuvo ningún reparo en pisotear el sacro vínculo del matrimonio, por no hablar de la fe debida a quien lo había acogido en su casa. Como buitres a los cuales hubiera sido el nido despojado de polluelos, gritaban Menelao y su hermano Agamenón por aquella esposa arrebatada: ultraje inaudito. Y desde las alturas Zeus, protector de los huéspedes y garante de la justicia que ese vínculo exige, los escuchó: prestó oídos a sus gritos y a sus súplicas y asintió al conflicto. Contra el hijo de Príamo y contra Troya había de ser suscitada la erinia de una guerra que reparara la ofensa, restituyendo tanto el honor, como la fémina bellacamente sustraída. «El dios más poderoso —Zeus hospitalario— envió, así, a los hijos de Atreo contra Paris»[5].

5. *Ibid.*, vv. 60-61.

Durante los preparativos, un prodigio parecía señal segura de que a aquella empresa había de sonreírle el éxito. Bajando del cielo veloces, dos vigorosas águilas, una negra y otra de cándido dorso, aparecieron por la derecha —por el lado del buen agüero— lanzándose en picado sobre una liebre preñada; la agarraron, la hicieron pedazos y se la comieron. El águila, el animal de Zeus; el águila, el rey de los pájaros (igual que reyes son los atridas Agamenón y Menelao): no era difícil interpretar aquel signo. El adivino Calcante no tuvo dudas: «Con el curso del tiempo, este ejército tomará la ciudad de Príamo y todas las riquezas que su pueblo amasa dentro de las torres»[6]. Liebre preñada era, en efecto, Troya: preñada de oro y de bienes... pero preñada también de vidas que serían liquidadas en la masacre. Zeus era favorable y victoriosos saldrían los dos soberanos. Tal aseguraba benignamente aquel prodigio *salvo que* alguna potencia divina diferente interfiriera, ahogando de otra forma el ímpetu de aquel ingente ejército dispuesto a la lucha. Pero ¿acaso es posible sustraerse —se pregunta entonces uno— acá abajo a esa posibilidad alternativa a la cual alguna limitación siempre apunta en forma de inopinado, pero indefectible imprevisto? El *salvo que* constituye, bien mirado, cuanto no puede dejar de ocurrir. Ni siquiera cuando todo parecía decidido ya y seguro.

Ártemis se indignó, en efecto, inmediatamente ante el hórrido estrago de aquel animal que llevaba en su seno nueva vida. Ártemis, la diosa del bosque y del monte —la que protege a los cachorros y a los pequeños lactantes—, no podía dejar correr aquella ofensa infligida al ámbito que era

6. *Ibid.*, vv. 125-129.

el suyo: aquellos fetos liquidados sin haber visto siquiera el día. Se imponía una reparación, hacía falta una muerte: tenía que ofrecerse en sacrificio una vida. De lo contrario, la diosa no iba a conceder al ejército zarpar de Áulide con rumbo a Troya. De lo contrario no iba a haber ninguna empresa, ningún éxito. Nada fuera de lo común, en apariencia. Una divinidad ultrajada en sus prerrogativas no puede dejar de pedir una compensación a quien la haya faltado. Surge, sin embargo, una traba que detiene el pensamiento: ¿dónde estaba en rigor la falta? O, mejor dicho: ¿en qué y en quién tenía su origen la ofensa? En la liebre masacrada, por supuesto. Pero aquello había sido un prodigio venido del cielo y no representaba un acto que, en aquel momento, pudiera imputarse a los atridas o al ejército. Las vidas de los troyanos sí que habían de ser truncadas por los atridas, y era aquella una masacre por la cual se les podría acaso pedir cuentas. Pero eso sería una vez transcurridos diez años, acabada ya la guerra (y siempre que llegasen a zarpar). Desconcertantes cortocircuitos: como si el presente fuese ya el futuro y el futuro se cumpliera en el presente, anulando la línea del tiempo; como si el designio sancionado por Zeus contrastara al punto con el de Ártemis independientemente de lo que los mortales hayan hecho o no hayan hecho ya. A ellos es, sin embargo, a quienes se pide la reparación y derramar la sangre que resuelva el conflicto (si es que quieren que, por fin, algo ocurra). Otros decían, más sencillamente, que la cólera de Ártemis venía dada por algo que Agamenón había hecho en el pasado y en un contexto muy distinto: matar a un animal consagrado a la diosa, incumplir la promesa de un sacrificio, proferir palabras jactanciosas para con ella. En lo que los viejos de Argos evocan en el vestigio doloroso del recuerdo, todo sucede, antes bien, como el misterio de un nudo enmarañado, de planos que se intersecan. Una complicación que no se ataja con liviana simplicidad, como no obstante se querría para que la vida no estuviese cogida en la selva de la desemejanza y en los callejones ciegos de la aporía efectiva. De otra manera el angustioso afán no oprimiría, en efecto, al corazón y la danza de los astros sería la única regla.

En la costa de Áulide, la gran armada estaba bloqueada. El mar y los vientos adversos impedían a la flota zarpar. En aquella increíble parálisis, la flor y la nata de Grecia se consumía de hambre y tedio: padecían los hombres, padecían las naves la ruina que la cólera celeste había suscitado. Intervino entonces de nuevo Calcante —recuerdan los viejos de Argos— sugiriendo un «remedio aún más grave» que la tempestad que los afligía, diciendo qué era necesario hacer para aplacar a la diosa. Sacrificar a Ifigenia, la hija de Agamenón: eso hacía falta. Y el gran rey, que jamás había dudado de la palabra de los adivinos, escuchó devastado, golpeando violentamente el suelo con su cetro mientras las lágrimas bañaban su rostro. ¿Qué hacer? Y esa es la pregunta que siempre resuena, en la tragedia, en el punto de inflexión crucial: cuando el camino se bifurca y se abre una alternativa que ofrece dos vías, tremendas ambas. «Grave ruina no obedecer; pero grave también si a mi hija, la alegría de mi casa, mato en el altar manchando mis manos —manos de padre— en la sangre de una moza degollada»[7]. Las preguntas se amontonan en la angustia desde el primer

7. *Ibid.*, vv. 206-209.

momento, pues «ninguna de estas dos cosas carece de males». Hubiera debido renunciar Agamenón a la guerra y licenciar al ejército, pero eso habría significado «traicionar la alianza» de héroes y soldados que se habían congregado en respuesta a su llamamiento, «faltar» a aquel pacto que él mismo había solicitado y del cual se había hecho garante con su autoridad: «incumplir su palabra» con todos, pisoteando y quebrantando el poder ni más ni menos que de su propia majestad.

¿Era eso realmente posible? ¿O bien había que tomar la otra opción? A lo mejor era *thémis*, era «lícito» —de una licitud más que humana: sellada por el orden celeste—, realizar aquel sacrificio que retuviera la furia adversa de los vientos. A lo mejor en aquellas circunstancias era lícito «desear furiosamente la sangre de la moza». De manera que, por fin, se resolvió Agamenón («exhalando un cambio impío de la mente, sacrílego, impuro»). Decidió el rey *phronéin tó pantótolmon*, esto es, «pensar un pensamiento dispuesto a todo»: el pensamiento de la *tólma*, o sea, de la «audacia» más extrema, que ya no se arredra ante nada. Como una bestia de carga, Agamenón colocó su cabeza bajo el «yugo» de *Anánke*: bajo el yugo de «Necesidad»[8]. *Anánke*, que ahoga y oprime cual ronzal y no deja escapatoria: congoja que deja sin aliento. Palabras duras, las de los viejos: palabras de condena y, a la vez, de un desconcierto que desplaza las dudas, más que resolverlas. «El golpe maldito de la locura, el extravío que suscita infames pensamientos, vuelve temerarios a los mortales»[9] y los lleva a superar cualquier

8. *Ibid.*, vv. 218-221.
9. *Ibid.*, vv. 222-223.

límite: a degollar a una virgen por un conflicto provocado por una mujer que se ha escapado de su casa. Eso es lo que comentan los ancianos recordando aquella escena.

Pero ¿no había avalado Zeus esa «guerra para castigar el rapto» de Helena? ¿No había sido una diosa quien había exigido el sacrificio, exigiéndolo, de hecho, no por ninguna acción llevada a cabo por el rey, sino debido a un signo, por lo demás, de buen agüero? En otras épocas, ofrecer víctimas humanas y matar a vírgenes para propiciar las empresas no era escandaloso ni sacrílego. Y, sin embargo, de «impío» y de «sacrílego» se califica a este rito necesario para la partida de las naves, locura de una mente extraviada, pensamiento que excogita y osa llevar a efecto «cosas infames». ¿Podía un padre negarse a la petición de masacrar a su hija? Habría sido, por así decir, natural y obvio a causa del cariño que une a cualquiera con su prole; también por la atrocidad que un homicidio en todo caso comporta. Pero ¿podía negarse también el rey y seguir siendo tal? De pronto se había hecho cristalino que aquel mal iba a producirse de todas formas, fuera cual fuese la vía por la que finalmente se optara. Esa era, en efecto, la aporía que ambas potencias divinas habían perfilado con sus respectivas intervenciones. En la inexorabilidad de la desgracia —más allá de cómo exactamente se hiciera efectiva esta—, en la inaudita tensión de reivindicaciones y deberes opuestos, el punto —o, mejor dicho, el problema— probablemente radicara en otra cosa; y era esa otra cosa lo que hacía temblar de horror y de disgusto: el deseo que siempre sobreviene y se adhiere a una perspectiva o a una acción, por muy inevitables y obligadas que estas sean. Había terminado Agamenón deseando aquella sangre: la había deseado con pasión furibunda y se había dicho, para sus adentros, que *epithuméin* («anhelar») a lo mejor era correcto y legítimo.

¿Era aquello el golpe de la locura, ese deseo con el cual se hace precisamente un mal que no cabe rehuir y que la persona entonces quiere con todas sus fuerzas —con plena adhesión— en lugar de conservar una esencial distancia? En otros sitios como la lejana India —por ejemplo en el *Bhagavad Gita* o *Canto del bienaventurado*—, se enseñaba que se podía y se debía realizar aun la acción más tremenda —que una persona debía incluso derramar la sangre de sus familiares— si ello constituía un deber y un destino individualmente marcado; pero entonces había que hacerlo y cumplirlo —esa es la cuestión— sin desearlo, es decir, sin «apego» alguno para con la acción en sí misma, y menos todavía para con los «frutos» y ventajas que de la acción hubiesen de derivar individualmente. Hacer y actuar, por tanto, simplemente porque se debe hacer (por el papel de uno y por la trama de los acontecimientos). A una formulación así de límpida y explícita no llega en rigor Grecia y no llegan los viejos de Argos, quienes, no obstante, rememoran —y todavía se horrorizan al hacerlo— aquella *orgé*, aquel «impulso» que, cual viento de tempestad, sopla y turba la mente. Entonces incluso el horror se antoja deseable y pasa a serlo; entonces absolutamente cualquier acto prospera en la audacia que todo osa. *Anánke* que se impone a los humanos y los doblega, pero también —y al mismo tiempo— *Anánke* que los humanos abrazan con ciego furor. Férrea concatenación de consecuencias que van brotando cada una de la previa y, por ende, Necesidad. «Yugo» indestructible y no corona de rey.

Todo habría podido ser de otra manera y nada habría podido serlo en realidad. (Salvo el deseo.) Al final, no obstante las súplicas y los desesperados llamamientos al «padre amado», a Ifigenia la agarraron como a una bestia, la cogieron por la fuerza y la subieron al altar, amordazada para que no pudiera lanzar maldiciones contra su estirpe y su casa, contra aquel palacio en el que tantas veces había amenizado el banquete cantando para regocijo de los huéspedes, de esos mismos que ahora estaban en torno a ella y miraban, arrobados, su desnuda belleza disponiéndose el cuchillo a hundirse en su garganta.

Exulta Argos por la inminente llegada del rey, pero a los viejos les habían vuelto a la memoria aquellos acontecimientos: aquel principio desde el cual el hilo de Necesidad había empezado a devanarse. Pesan los recuerdos. Y perturban, igual que las imágenes y las potentes palabras que intentan decirlos y exponerlos torciendo el lenguaje y el estilo, porque ciertamente no es posible componer un discurso canónico y perspicuo cuando se trata de pensar lo extremo o incluso de acercarse a ello nada más. Fluye impetuoso el relato, pero, justo a la mitad —cuando el «deseo» de Agamenón ya se ha expresado y los gritos aún no han prorrumpido de la boca de la virgen—, algo distinto resuena. Cambia también el ritmo de la melodía y de las palabras, como aplacándose en torno a un centro: como el lugar de calma inesperada en el corazón de la tempestad. Es un himno que brota, una invocación solemne que los viejos dirigen a Zeus, «sea este quien sea y si le gusta que lo llamen así»[10]. Ningún término humano puede contener o agotar lo divino y sería audacia siquiera pensarlo. Ningún término pue-

10. *Ibid.*, vv. 160-161.

de designar quién él sea de la manera en que los humanos se indican y se reconocen los unos a los otros. «Una sola cosa, la sabiduría, quiere y no quiere ser llamada con el nombre de Zeus», había dicho Heráclito el Oscuro[11]. *Tó sophón* —«lo sabio» que es sabiduría suprema— acepta y al mismo tiempo rehúsa envolverse en un único nombre, en una única denominación; y ¿cómo podría ser de otra forma? Unidad de todos los posibles opuestos, «mente que gobierna todo a través del todo»[12] es *tó sophón*: principio de todas las denominaciones, cada una de las cuales remite a ello y lo nombra sin coincidir con ello.

Quién sabe si estos viejos de Esquilo sabían de aquellas palabras que escribiera el sabio de Éfeso. También para ellos, sin embargo, lo que se invoca con el nombre del sumo dios es una «cosa única»: «Sopesando todas las cosas (*pánt'epistathmómenos*), no puedo imaginar (*proseikásai*) sino a Zeus, si hace falta verdaderamente (*etetúmos*) disipar el vano peso de la angustia (*phrontídos*)»[13]. Unas palabras sencillas —y a la vez potentes— que exigen, todas ellas, una intensa atención. *Epistathmásthai* viene de *státhme*, que es el cordel que usan los carpinteros y los albañiles para marcar el material sobre el que están trabajando cuando quieren trazar una línea porque hace falta cortar la piedra o la madera —o delimitar un perímetro en el suelo— a fin de que la construcción de un edificio, o la producción de un objeto, resulte tanto sólida, como perfecta. Pero *státhme* también se llama la plomada que permite verificar

---

11. Heráclito, frag. 32 Diels-Kranz.
12. Heráclito, frag. 41 Diels-Kranz.
13. Esquilo, *Agamenón*, vv. 163-166.

la vertical para que todo esté derecho y perpendicular, como también recibe ese nombre el peso que se coloca en la balanza para que los platillos queden parejos. Se trata, dicho de otra forma, de la «regla» y la «norma» que hace de guía para la mente y para la mano: de la «medida» en la cual sólidamente se basa lo que «permanece» y no declina, conforme cuadra ni más ni menos que a la *epistéme*, es decir, al conocimiento que se mantiene sólido y no oscila, pues está por encima de cualquier otra cosa.

Proseikásai, por su parte, remite a la operación con la que se elabora un *eikón* —o sea: una «imagen»— para poder entender la realidad que se tiene delante, constituyendo a la vez un término de comparación entre lo conocido y lo desconocido. Por semejanza y confrontación se interpreta, en efecto, a través de la imagen cuanto no se conoce y turba por su oscuridad. En cuanto al *etetúmos*, remite a una «verdad» que viene dada por la verificación y por la constatación directa: por cuanto se ha experimentado o se puede experimentar. *Phrontís*, por último, es el «pensamiento» que el ánimo concibe: reflexión bien meditada o, en el polo opuesto, angustia, preocupación y pura ansia cuando es el propio pensamiento quien oscila inseguro y consternado, aplastado por la violencia y la tiniebla de lo real, arrastrado por los acontecimientos y también por las emociones que él mismo suscita, lancinado por las contradicciones y sin poder encontrar un punto estable en el cual permanecer y descansar. «Vana» y «loca» angustia. Y es en el nombre de Zeus —nombre provisional y puramente indicativo— donde, por exclusión y también por necesario contrapeso de la balanza, todas las cosas deben converger y ser llevadas si «de verdad» se quiere «echar fuera» el peso absurdo que oprime. *Pánta* («todas las cosas»), es decir: los acontecimientos atroces de Áulide —que siguen obsesionando a los viejos de Argos—, pero asimismo los acontecimientos que siempre se producen desbaratando la estabilidad de la existencia; y, consecuentemente, también la multiplicidad cambiante de los entes, que se oponen los unos a los otros. Únicamente cuando el pensamiento logra, mediante la imaginación y las comparaciones, tocar a «Zeus» —cuando logra concebir la «única cosa»—, únicamente entonces se vuelve todo, más allá de la apariencia, justo y perfecto. Porque la única cosa es el todo, y solamente colocándose en el principio del todo se «está» —se «permanece»— de manera «verdadera», sin las servidumbres del deseo y del miedo. Basta pensar en Zeus para llegar a la perfección misma, más allá de la cual no hay nada y no hay necesidad de nada. Zeus «remedio universal», «remedio omnipotente», como dice otro coro de Esquilo[14].

«Quien con ánimo devoto celebra el triunfo de Zeus, obtiene la suma sabiduría», prosigue el coro de viejos. Porque, efectivamente, solo Zeus vence, solo Zeus persiste: cualquier otra realidad aparece y desaparece. Y es reconociendo esta verdad, adhiriéndose a esta soberana medida, como también se conquista *tó pan phrenón* —«el todo de la mente», «el todo de los pensamientos»—, es decir, esa sabiduría que abarca (y coincide con) el uno y el todo. Una conquista, ciertamente, nada fácil; como tampoco es fácil ni inmediato «cantar la victoria de Zeus». Pero el dios, en todo caso, guía y hace señas a los hombres para que se acerquen a ese um-

14. Esquilo, *Suplicantes*, vv. 590-594.

bral (sabiendo o no lo que hacen, de buena gana o reacios): «Él, que abre el camino del pensamiento a los mortales consolidando la ley de que, "con el dolor, el conocimiento" (*páthei máthos*)»[15]. Esta fórmula, que rige soberana, puede sonar incluso obvia y elemental; y es cosa, claro, de puro sentido común observar que «el necio solo aprende en perjuicio suyo (*pathón*)»[16], porque «el infortunio es el maestro de los mentecatos»[17].

Mucho más radical es, sin embargo, el horizonte de quien, como en un lugar distinto, la voz trágica evoca. Porque uno siempre es necio y como un niño cuando no sabe y no conoce aquello a lo que el nombre de Zeus remite. Es solamente en el sufrimiento que destroza —en el trauma que hiere y no cicatriza, en el suceso en el cual toda forma se rompe—, donde la mente se desencaja y deja que la visión de la totalidad aparezca más allá de lo propio y de lo singular, más allá del nudo que, en torno a la vida, ciñen las reivindicaciones opuestas: más allá de la obcecación del deseo que en cada quien habita. Es solamente en la experiencia de lo extremo —en el *páthos* absoluto e inevitable—, donde se abre el camino a ese *phronéin*, a ese «pensar» que es sabiduría efectiva. El *máthos* («saber», «conocimiento») no tiene por objeto «sino a Zeus». Invaluable don es el dolor, «gracia violenta» que las potencias divinas dispensan a los mortales para que vean lo que gobierna el «sacro timón del cosmos». Rezuma el dolor gota a gota cual sangre que manara de una herida abierta. Rezuma en la luz del día, pero también —y acaso to-

---

15. Esquilo, *Agamenón*, vv. 176-178.
16. Hesíodo, *Los trabajos y los días*, v. 218.
17. Demócrito, frag. 41 Diels-Kranz.

davía más— en la oscuridad de la noche, quitando la paz del sueño[18]: tormento que no cesa, obsesión que no concede olvido, afán que está clavado en el corazón en tanto que la *hodós* —es decir: la senda en la que el dios ha puesto a los mortales— no alcance la meta. «Incluso quien no quiere, llega a *sophronéin*»[19], sentencian los viejos de Argos. *Sophronéin* viene de *sáos phrén* («mente sana», «mente incólume»), que es la única garantía de una posible felicidad.

Pero ¿hay alguien que quiera espontáneamente también el dolor? ¿Hay alguien que no se engañe pensando que él ya es sabio y no necesita sufrir primero? *Árti mantháno* («ahora comprendo») es fórmula que en ocasiones los héroes trágicos pronuncian, cobrando conciencia del error que han cometido o de la insensatez en la cual incurrieron. Y la pronuncian siempre demasiado tarde: solo una vez que el dolor y el horror los han destrozado, reduciéndolos a «muertos que caminan» o a voces de puro lamento[20].

«"Quien ha hecho, padece *(drásanta pathéin)*": proverbio tres veces antiguo dice así», recuerda el coro de los *Coéforos*[21], desarrollando ulteriormente la trama inaugurada, en el *Agamenón*, por aquel rayo de luz que fulguró en la noche. Otra fórmula que queda esculpida... En la lógica dramática que se despliega en la *Orestía* de Esquilo, este dicho antiguo hace resonar la ley del talión, la cadena de reciprocidad que atraviesa los dramas de la trilogía: Agamenón, que ha sacrificado a su hija, regresa victorioso de Troya nada más que para ser

18. Esquilo, *Agamenón*, vv. 179-180.
19. *Ibid.*, vv. 180-181.
20. Sófocles, *Antígona*, vv. 1167, 1271-1272; Eurípides, *Alcestis*, v. 940.
21. Esquilo, *Coéforos*, v. 313.

muerto a hachazos por su esposa (Clitemnestra). Pero Clitemnestra es muerta, a su vez, por su hijo (Orestes) en castigo
por el crimen que ha cometido. Y a Orestes han de perseguirlo, por último, las erinias por haber osado masacrar a quien
le dio a luz. Venganza que sigue a venganza con furor implacable. Cada quien actúa en nombre de una *díke* —de una «justicia»— que siempre es prerrogativa y derecho de una parte
contra la otra, sin elevarse a un plano superior que las tras-
cienda a ambas: «*díke* contra *díke*»[22]; «gotas de sangre derra-
madas en la tierra, piden otra sangre; [...] de aquellos a los
cuales se dio muerte, viene ruina que trae otra ruina»[23].

Así va cumpliéndose en la escena, paso a paso, la saga de
los atridas hasta el desenlace de las *Euménides*, donde la trilogía se cierra poniendo fin a la secuencia de los golpes.
Pero, más allá del mito y de la venganza, más allá de los personajes y de sus reivindicaciones, ese *drásanta pathéin*, ¿acaso no es, desde una perspectiva distinta, lo que siempre es
el caso en la realidad y nunca se piensa suficientemente?
Por cada acto que una persona realiza, ¿no sucede siempre
que esa misma persona sufre, a cambio, el efecto de su
obrar? Y ¿no se inserta toda acción en una cadena en la
cual cada elemento hace y, al mismo tiempo, padece? Es un
juego de fuerzas donde aquello que en un momento dado
prevalece, se ve luego a su vez forzado a ceder ante otra
cosa. ¿No es este el rostro de la Necesidad?

«Padre de todas las cosas es el conflicto», había afirmado
Heráclito[24], observando el eterno proceso de los opuestos

22. *Ibid.*, v. 461.
23. *Ibid.*, vv. 400-404.
24. Heráclito, frag. 53 Diels-Kranz.

que se transmutan y convierten el uno en el otro. Pero antes incluso que Heráclito, había sentenciado Anaximandro que, «donde las cosas tienen su nacimiento, tienen también su fin conforme a necesidad; pues pagan, recíprocamente, la pena y la enmienda de sus injusticias conforme al orden del tiempo»[25]. Las cosas surgen de lo «indefinido» —es decir: de la periferia absoluta de la realidad—, y en lo «indefinido» de nuevo desaparecen cuando les llega el momento. En el espacio y en el tiempo de su existir y de su aparecer, cada una de ellas es y tiene entidad en la medida en que su presencia prevalece sobre otra cosa que, por el contrario, se esfuma (del mismo modo que una fuerza rige en el acto mismo en que consigue imponerse y dominar cuanto es más débil). En este sentido, cada cosa se afirma ejerciendo su derecho de ser contra el derecho de ser de otra cosa: *díke* contra *díke*, de donde deriva, en la contraposición, una «injusticia» recíproca cuya pena las cosas en cuestión han de pagar «en el orden del tiempo», el cual determina, de necesidad, el desfallecer o el sucumbir de dichas cosas. Férrea cadena, también esta, del «padecer habiendo actuado». Y, si tal es la naturaleza de la realidad, sabiduría es saber también esto: ver y reconocer el modo en que se expresa la ley del todo en el recíproco alternarse. Desmesura y porfía es, por el contrario, negar tal ley, hacer como si no existiera: constituirse como parte independiente respecto del todo, queriendo locamente insistir y persistir más allá de cuanto está asignado. Injusticia, por tanto, de segundo grado y que se añade a la injusticia primaria e inevitable por la cual se es y se existe. Podríamos hablar —volviendo a

25. Anaximandro, frag. 1 Diels-Kranz.

Heráclito— de *idía phrónesis*, esto es, de un «pensamiento privado» o «exclusivo» que se cierra en lo «propio», desgajándose y oponiéndose neciamente a «lo que es común»: a la trama universal y oculta de la naturaleza[26]. Y de esa desatinada separación de lo «propio» no puede sino brotar *húbris*, es decir, una arrogancia que se obceca y desea más, una injusticia de la injusticia: una *húbris* que tendrán que «apagar cual fuego»[27] quienes quieran ser *sóphrones* («sanos de mente»). Quizás también esta arcana sabiduría resuene en el trasfondo de la escena del teatro donde el juego de Dioniso transcurre en el «nombre de Zeus», si así le gusta que lo llamen.

«Zeus es éter, Zeus es tierra, Zeus es cielo: Zeus es todas las cosas y cualquier cosa que pueda ser todavía más allá.»[28] Palabra de Esquilo. Pensamiento soberano en el cual todo calla. Y, sin embargo, en el «corazón» de los mortales, con más frecuencia «cunde intensamente el terror», «canto luctuoso carente de esperanza»[29].

26. Heráclito, frag. 7 Diels-Kranz.
27. Heráclito, frag. 43 Diels-Kranz.
28. Esquilo, frag. 70 Radt.
29. Esquilo, *Agamenón*, vv. 976-977, 993-994.

3. ¿Un discurso que salva?

La tragedia es rito de Dioniso, pero también es espectáculo de ritualidades diferentes que, en ese mismo ámbito suyo, se evocan o directamente se representan: desde la plegaria al lamento fúnebre, desde el sacrificio a las prácticas de purificación, desde las fórmulas de invocación a las distintas ocasiones festivas en honor de los dioses. Palabras y gestos de lo sagrado embeben el *drán*, el «hacer» del drama y de sus personajes en una abigarrada serie de acontecimientos y contingencias en que la actuación ritual muestra su valor imprescindible y su eficacia en el ordenamiento de la vida de los mortales y en la disposición de las relaciones entre la tierra y el cielo. Pero tales palabras y tales gestos provocan, en ocasiones, resultados imprevisibles, intersecando las esferas de la política y del derecho en las que la ciudad se reconoce. Resultados o contingencias que perturban y complican, en vez de confirmar y tranquilizar. Trasposiciones de umbrales y solapamientos que desconciertan, poniendo a prueba límites y distinciones, categorías tradicionales e intenciones subjetivas. Ofrecer víctimas a los dioses, regar de sangre los altares es legítimo y necesario, porque así es como mortales e inmortales se encuentran y se comunican entre ellos. Pero ¿qué pasa si un homicidio se efectúa a modo de sacrificio? ¿Qué ocurre si, asesinando al prójimo o a un pariente, tal acción no se presenta como un crimen, sino como un rito dirigido a determinada potencia? Y viceversa: el debido sacrificio, ¿no puede ser también un homicidio execrable? El asunto de Agamenón e Ifigenia fue un ejemplo. Y no son pocas las ocasiones en que la escena trágica representa (y al mismo tiempo reflexiona sobre) tales retorcimientos, pues de esa forma sucede también en la vida: cada cosa tiene su lugar y su especificidad, pero cuán frecuente y fácil es que, luego, todo se confunda...

En el universo de lo sagrado y del rito, otro caso emblemático sobre el que la escena a menudo reflexiona es la *hikesía* —o sea: la «súplica»—, término relacionado, por su étimo, con el verbo «llegar». *Hikétes* («suplicante») es, en efecto, aquel que «llega» —porque a menudo se trata, aunque no necesariamente, de un extranjero— realizando una petición que resulta crucial para su vida y para su salvación; una petición que se formula siguiendo protocolos codificados, y que se efectúa en el ámbito inviolable de la potencia divina, pasando por tanto a gozar de inmunidad quien la haya realizado y quedando, a su vez, obligado a atenderla quien la haya recibido. En ocasiones, la súplica aparece en un momento de la acción trágica, constituyendo un punto de partida o de articulación de la trama. Otras veces, por el contrario, permea el drama en su conjunto, determinando incluso su título. Tal es el caso en las *Supli-*

cantes de Esquilo, donde merece la pena que nos detengamos y examinemos tanto los bretes que la ritualidad suscita al producirse, como la tensión que así se activa.

A la tierra de Argos ha llegado, desde el mar, un tropel de mujeres de aspecto exótico. Sus ropas no son griegas; distintas son asimismo sus facciones, y su piel es más oscura comparada con el candor que normalmente caracteriza la belleza femenina en la Hélade. ¿Son acaso temibles amazonas armadas con arcos? ¿Nómadas de tierras más remotas todavía, acostumbradas a cabalgar a lomos de camellos? Como ellas mismas en seguida cuentan, su patria es, en realidad, el país del Nilo. Son las cincuenta hijas de Dánao, que, en compañía de su padre, han abandonado su casa para no verse obligadas a contraer unos esponsales que aborrecen: para no verse forzadas a casarse con sus primos, los cincuenta hijos de Egipto. Han escapado de allí presurosas, cual víctimas inermes hostigadas por una bestia feroz. Y, de entre tantos destinos posibles, han elegido refugiarse precisamente en Argos porque allí nació, en aquella ciudad, la fundadora de su estirpe: la virgen Ío, hija del rey, que un día fue amada y seducida por Zeus; la moza transformada en vaca y compelida, por la cólera y los celos de Hera, a vagar sin descanso de un confín del mundo al otro —mortificada por los picotazos de un tábano implacable— hasta que, precisamente en la desembocadura del Nilo, le fue por fin restituida la forma humana y pudo dar a luz a Épafo, vástago del mismísimo Zeus y ancestro de las gentes que poblaban aquellos lares soleados.

Aterradas y al mismo tiempo resueltas en su rechazo de aquellas nupcias, las danaides escuchan las juiciosas indicaciones de su padre, quien con perspicacia y prudencia les indica cómo deben presentarse a la ciudad a la que acaban de llegar. Sus palabras habrán de estar «llenas de respeto» y de moderación, y compuesta y modesta habrá de ser su actitud —sin alarde ninguno de osadía u orgullo—, para no suscitar rechazo o resentimiento en quien las vea por primera vez. Dóciles y acomodaticias —con los tonos del lamento de quien sufre—, deberán mostrar su estado de necesidad, propiciando la compasión de sus interlocutores: «Aquí la gente es dada a la ira. Más vale que sepáis ceder: no sois sino unas extranjeras, unas exiliadas que necesitan ayuda. No conviene tener una lengua demasiado audaz, cuando se es débil»[1]. Pero más importante todavía es que hagan reconocible su estatus de suplicantes, a cuyo efecto han de seguir escrupulosamente las formas que el rito prevé, de manera que sean escuchadas y también protegidas frente a cualquier posible violencia. Y así hacen ellas siguiendo, una tras otra, las indicaciones de Dánao. Con las manos aferran ramitas de olivo ceñidas, según la costumbre, con cintas blancas; y con tales insignias se acomodan junto a las estatuas de los dioses que la ciudad venera. Delante de las danaides están reunidos, en efecto, en un pequeño podio los simulacros de algunas divinidades —desde Hermes hasta Apolo— bajo cuya protección las mozas se colocan. La permanencia en ese espacio sagrado, y el contacto con el mismo, las hacen inviolables: «Venerad el altar común de estos dioses soberanos», recomienda Dánao, «y sentaos en este lugar sagrado cual bandada de palomas ate-

1. Esquilo, *Suplicantes*, vv. 201-203.

rrorizadas por los gavilanes»[2]. Mientras allí se queden, nadie podrá infligirles ofensa ninguna ni forzarlas contra su voluntad. Zeus, protector de los suplicantes, no lo consiente. Y en el dios supremo —que es también su antepasado—, las hijas de Dánao confían para que haga justicia y para que los votos de ellas se cumplan:

> ¡Oh, si así realmente lo quisiera Zeus...! Su designio no es fácil de captar: los caminos de su mente se ramifican en lo tupido de la tiniebla oscura, invisibles a la mirada; [...] pero siempre se cumple aquello a lo cual él da su aquiescencia. Por doquier resplandece —aun en la sombra— determinando la suerte de los mortales.

Entre tanto, advertido de la presencia de aquel singular tropel de féminas —mas desconocedor aún de su identidad—, llega adonde han tomado posiciones las danaides también Pelasgo, rey del lugar, con las preguntas que siempre se hacen en tales ocasiones: de dónde vienen, quiénes son y qué quieren. Así de pronto, la respuesta lo deja pasmado e incrédulo. Esas extranjeras de rostro tostado por el sol, aseguran ser de estirpe argiva y haber llegado allí precisamente por tal causa... ¿Cómo puede ser cierta tal afirmación, que contrasta con su apariencia obvia? En el diálogo que acto seguido se desarrolla, va reaflorando, réplica tras réplica, precisamente el recuerdo de la antigua historia de Ío, recuerdo compartido por las danaides y por Pelasgo en la medida en que habla de un mismo origen que pertenece tanto a aquellas, colmo a este; memoria común que atañe a un tiempo absoluto, situado más allá de las diferencias que

2. *Ibid.*, vv. 222-224.

se ven en el presente. Los sucesos del mito fundacional —pronunciados y completados en la interlocución recíproca, en el juego de preguntas y respuestas— fungen, de un modo tan sorprendente, como eficaz, de *súmbolon*, o sea, de signo de reconocimiento y testimonio de una relación ancestral: «"¿Acaso no se cuenta que otrora, en tierra argiva, Ío tenía las llaves del templo de Hera? [...] ¿Y no se dice también que Zeus se unió a ella?". "Sí, es verdad. Y aquel concúbito no se le escapó a la diosa"»[3]. Durante el transcurso del relato —hasta que este llega a su desenlace—, todo encaja y van encontrando confirmación recíproca: «Realmente me parece que vosotras tenéis un vínculo antiguo con este lugar», debe admitir Pelasgo. Diríase que, si se adopta el enfoque del mito, el extranjero nunca es tan extranjero como parece. En las razones del pasado mítico, el extranjero siempre resulta más cercano, más íntimo de lo que se creería. Lo cual está muy bien. Pero una vez aclarado, ¿qué puede hacer Argos por esas mozas?

Las danaides explican que buscan refugio y protección contra las amenazas de los hijos de Egipto, una pronta defensa frente a quien las persigue con la pretensión de un «odioso» connubio: «No nos devuelvas a ellos cuando te lo pidan»[4]. Vacila Pelasgo ante tal petición, la cual deja entrever, harto fácilmente, la posibilidad de un conflicto armado: derramamiento de sangre y muertos para la ciudad que se haga cargo de la solicitud de las danaides. La protección que estas piden podría convertirse, en efecto, en un «mal» para Argos: en el mal de una guerra totalmente imprevista

3. *Ibid.*, vv. 291-296.
4. *Ibid.*, v. 340.

contra unos enemigos que, por lo demás, no han infligido a la comunidad ninguna ofensa; pero también en el «mal» de la discordia interna, cuando quiera que las razones de tal guerra no se les antojaran fundadas y plausibles a todos los argivos. Pero un «mal» también sería, por otra parte, pisotear la sacralidad de la súplica, ignorar esas cintas blancas y esas ramitas de olivo: esas estatuas y esos altares junto a los cuales las extranjeras se han aposentado. Hacer eso supondría exponerse al castigo divino.

El rey quisiera averiguar si hay algún motivo sólido tras el rechazo de estas mujeres a las nupcias en cuestión, o si los hijos de Egipto pueden aducir, por el contrario, un derecho efectivo a dicho matrimonio con base en las leyes de su país. Las danaides, sin embargo, se limitan a insistir en que no quieren y en cuál es su posición, apremiando al rey para que dé una respuesta inmediata y unívoca sin titubeos. La súplica lo exige. Pelasgo, con todo, declara que él no puede responder afirmativamente sin primero consultar con la comunidad, porque las extranjeras no están sentadas junto al hogar de su palacio —en cuyo caso la solicitud le atañería solamente a él—, sino en un sitio que pertenece a todo Argos. «Tú eres la ciudad, tú eres el pueblo, jefe libre de todo control. [...] Soberanamente, sentado en tu trono, tú decides cada cosa»[5], replican, tajantes, las danaides, apelando a la concepción y al modelo de un poder absoluto que puede disponer de todo sin consultar a sus súbditos y sin tener que dar cuenta de sus decisiones. Pero Pelasgo es un soberano «democrático», en la línea de otros reyes que pueblan las escenas del teatro trágico: un gobernante llamado a res-

5. *Ibid.*, vv. 370-372.

ponder, por lo que hace y dice, ante la polis, y no un monarca que actúe, como en tiempos ya lejanos y pretéritos, según su arbitrio personal. Su realeza no es sino una vestidura mítica que apunta a un ordenamiento distinto en el cual Atenas se reconoce. De ahí que, mientras las danaides siguen formulando obstinadamente la misma reivindicación, él tan solo pueda reaccionar remitiendo al protocolo previsto y a los límites de su papel de gobernante: «La decisión no es fácil y no pretendas que sea yo quien dirima. No puedo hacerlo, lo repito. No puedo actuar sin la conformidad del pueblo, por mucho que tenga el poder; para que la gente no pueda decir, si algo resultara salir mal, "Ha arruinado a la ciudad por una gente extranjera"»[6].

La conformidad lo es todo y las decisiones han de ser compartidas. Tanto más, ante una amenaza que podría terminar siendo funesta. Tanto más, comportando la situación, en cualquier caso, consecuencias que atañen a todos. Nunca es sencillo elegir. De lo contrario, no habría tragedia. Las personas querrían evitar el embate de la aporía y del dolor, que parece ser el caso donde quiera que se dirija la mirada. Pero tal cosa, ¿es posible? La inevitabilidad del «daño» está ahí, delante de los ojos, clara y patente, ineludible; se trata de un muro infranqueable. Y eso es algo que extravía y confunde. El «miedo me paraliza», reconoce el rey. «¿Actuar? ¿No actuar? ¿Tentar a la suerte?»[7] *Drásai, mé drásai* («hacer» o «no hacer», «actuar» o «no actuar»): ese es siempre el punto en que se entra en barrena, salvo que se opte por dejarlo todo en manos del azar; pero aun a

6. *Ibid.*, vv. 397-401.
7. *Ibid.*, vv. 379-380.

eso es imposible decidirse cuando el pánico aprieta. Los ramos que las suplicantes han depositado en los altares, provocan literalmente «escalofríos» a Pelasgo por lo que podrían comportar si se desatendieran. Pero pesa también la
responsabilidad para con la ciudad. Pesan la cólera y el reproche que los argivos podrían ejercer si esa contienda tomara finalmente un cariz feo.

Es posible que a pesar de todo, a pesar del espanto que la
situación suscita, haya y exista, en cualquier caso, una solución, siempre que se logre vislumbrar y hallar la misma allí
donde, en condiciones normales, la mente no se adentra:

Hace falta un pensamiento profundo que procure salvación.
Cual pescador de esponjas, tengo que descender allá abajo, al
abismo, escrutando el fondo con ojo avizor y lúcido. Debemos
actuar de manera que este asunto no arruine a la ciudad, y que
todo concluya con bien para nosotros y que no surja conflicto
por vuestra devolución; pero asimismo debemos evitar traicio-
naros a vosotras, que os habéis refugiado en los altares de los
dioses. Porque nos meteríamos en casa a un dios funesto, a un
genio de la venganza que ni siquiera en el Hades da tregua.
¿No os parece que hace falta un pensamiento que nos salve?[8].

Sotería («salvación») es cuanto desesperadamente se desea. *Sotería* es lo que se está pidiendo al pensamiento que
produzca yendo más allá de la superficie y de lo conocido,
de cuanto se manifiesta y de los modos en que la mente, en
condiciones normales, procesa la llamada «realidad» y reacciona a la misma. Ha de ser un pensamiento capaz de lo ex-

8. *Ibid.*, vv. 407-417.

tremo, del reto más arduo. Un pensamiento «profundo» que vaya a la raíz de todo, que se descuelgue, con valentía, por el abismo, donde no hay luz pero, precisamente en la oscuridad, tal vez repose lo inesperado y lo decisivo. Si la angustia deja sin aliento y paraliza, puede ser el momento de dar un salto al vacío y zambullirse, en apnea, en una dimensión distinta: en una dimensión ajena, situada fuera de lo ordinario. Descender a los abismos, prueba extrema que recuerda a antiguas ordalías: la concentración de una atención perentoria, la mirada tensionada en aras de una lucidez total a fin de que allá abajo, donde no hay costumbre de abrir los ojos, no se pase por alto ninguna perla ni ningún tesoro que pueda haber. En la apnea del abismo, lo que se querría es la posibilidad de sustraerse a la disyuntiva, al *tertium non datur*; de salvarse de la rígida y dura oposición del dos, que efectivamente excluye y niega la posibilidad de una tercera opción, sea esta la que sea.

De modo que Pelasgo, inmóvil ante esos altares ceñidos de ramitas, se encierra en un recogido silencio, sumergiéndose en las aguas de la mente mientras las mozas hacen resonar, con variaciones mínimas, el mismo llamamiento de que no las abandonen: «Piensa, pues. [...] No nos traiciones a nosotras, las exiliadas, impíamente perseguidas. No nos expulses. [...] Sea lo que sea que tú hagas, tus hijos y tu casa deberán, en cualquier caso, pagar la cuenta de la justicia. Piensa...»[9]. Pero cuando, poco después, el rey reemerge del abismo de la meditación, nada ha traído consigo del descenso. O, mejor dicho, lo que tiene en las manos es la misma imposibilidad de la que partía:

9. *Ibid.*, vv. 418-437.

Pues bien: he pensado, pero aquí la barca se ha encallado otra vez. Contra unos o contra otros, me veo obligado a hacer guerra tremenda. Inmovilizado está el casco [*sc.* de la nave] de mi mente: bloqueado por sólidos aparejos. Por ningún lado y de ninguna forma hay solución sin dolor. [...] Pero yo quiero evitar esta contienda: prefiero no conocer los males, antes que ser experto en ellos[10].

El pescador de esponjas, el buscador de tesoros sumergidos tenía que descender cada vez más hondo en el seno del oscuro mar, nadando en aguas libres y arcanas. Pero la nave no llegó muy lejos: quedó varada en un bajío, entre arena y escollos; o, peor todavía, directamente en seco, sobre los rodillos y aparejos con que se fijan las embarcaciones que se sacan a tierra. No hay ninguna nueva ruta de la mente, la cual queda, antes bien, penosamente fijada a un clavo. Porque la única evidencia es *anánke*, la «necesidad» que pone contra las cuerdas. La única verdad es *lúpe*, el «dolor»: no hay *katastrophé* («vuelco») de la realidad; no hay «desenlace» o «conclusión» que no comporte herida y que no exponga máximamente a la vida a su indeseable contrario. Hay solamente «catástrofe», pero en el modo en que nosotros entendemos el término.

Puede que esto sea lo que la mente debe en última instancia asimilar, renunciando al espejismo de una salvación sin la prueba y la experiencia del mal. Mejor ser ignorante, desconocedor —dice Pelasgo—, que no deber convertirse en *sophós kakón* («sabio de los males»). ¿Y si precisamente ese fuera, de algún modo, el camino de la sabiduría para los

---

10. *Ibid.*, vv. 438-454.

mortales en tanto que piensen y vivan cosas mortales entre otros humanos en el ámbito de la polis? Se trata de una sabiduría que acepta el camino más duro con la incertidumbre del regreso. Pero se muestra reacio el rey, porque es siempre la muerte lo que él ve por un lado y por otro. Si se pierden bienes o dinero, si le saquean a uno la casa, podrán conquistarse o reconstituirse nuevas riquezas (puede incluso que todavía más conspicuas). Si se pronuncia un discurso equivocado, una palabra que ofende, hay modo de corregirse y remediar con otras palabras. Pero para la sangre derramada sobre la tierra no hay remedio: la vida no se puede devolver a quien le ha sido arrebatada.

¿Y entonces? Entonces —afirma el soberano como quien no tiene otros medios a los que recurrir— hay que ofrecer sacrificios, «matar a muchas víctimas». Tal vez así se conjure el infortunio y se aleje el mal sin necesidad de hacer más cosas, ni necesidad de decidir. Con tal respuesta —con el resultado desalentador de la meditación del rey—, obviamente no pueden quedar satisfechas las danaides. Cuyo padre les había recomendado hacer gala de mesura, evitar cualquier gesto temerario, apostando más bien por la piedad. Pero ahora que no reciben la respuesta con la que contaban, saltan, con súbito arrebato, a la audacia de una amenaza patente, de un chantaje en toda regla. Señalan las correas que ciñen sus vestidos, y es fácil entender qué significa tal gesto: «Si no nos haces una promesa segura, [...] vamos inmediatamente a ahorcarnos de estas estatuas»[11]. Un modo nuevo e inédito —añaden sarcásticas— de «adornar» aquellos simulacros divinos con sus cadáveres colgados, pa-

11. *Ibid.*, vv. 461-465.

labras que «azotan» cual látigo el corazón de Pelasgo, pues profanación horrenda e inexpiable sería aquel suicidio colectivo en un lugar sagrado: «mancha» imposible de borrar.

La situación se desbloquea (o sería más adecuado decir «se precipita»). Y el rey, que se sentía encallado y en dique seco, tiene ahora la sensación opuesta de que se lo llevan por delante, a su pesar, unas aguas tempestuosas; de que es nuevamente arrojado al mar abierto, entre adversas corrientes preparadas para tragarse su frágil embarcación: «Esto es una riada de calamidades. [...] Me encuentro en un mar abismal de ruina, sin ni siquiera un puerto en el que refugiarme»[12]. Ya no queda elección ni margen de maniobra para ningún otro pensamiento: hay que defender a las extranjeras, hay que poner en peligro vidas de hombres para respaldar las razones de esas mujeres, porque es «terrible la ira de Zeus, protector de los suplicantes»[13]. Pero en tal caso es necesario que la ciudad esté al corriente y de acuerdo. Es necesario que sean todos juntos quienes soporten el dolor de la prueba y reciban ese mal. Ahora no se trata sino de producir un amplio consenso colectivo sobre aquel paso obligado, pues «a la masa le encanta criticar a quien gobierna»[14] y tiende a imputar cualquier cosa a quien ostenta el poder, observa Pelasgo, quien ya se está planteando, en el mal que es el caso ahora, cómo contener las posibles derivas posteriores. Es necesario que la polis elija, por sí sola, aquello que no tiene, bien mirado, alternativa. Por eso, con estrategia experta y destreza aplomada, el rey

12. *Ibid.*, vv. 469-471.
13. *Ibid.*, v. 478.
14. *Ibid.*, v. 485.

procede a instruir a Dánao y a sus hijas sobre el modo más eficaz de presentarse a los argivos y esbozar el asunto. Las mozas tendrán que depositar más ramitos en distintos altares, aquí y allá, para dar la mayor visibilidad a su caso: «De manera que todos los ciudadanos vean y no rechacen mi propuesta»[15]. De manera que los argivos se vean movidos a compasión y sientan benevolencia, como siempre ocurre frente al espectáculo de quien es débil y está expuesto a la insolencia ajena: unas pobres mujeres amenazadas por la prepotencia de varones voraces. Dánao, por su parte, deberá exponer el asunto en la asamblea de los ciudadanos en los términos y con las palabras que el rey se encarga de sugerirle para que todo funcione del modo mejor. «Válganme *peithó* y *túche* para que todo llegue a buen fin», concluye Pelasgo[16]. «Persuasión» y «fortuna»: las dos únicas cosas que quedan frente a la «necesidad» que no se elige y no se quiere; los dos únicos recursos de los cuales echar mano, pero ya no para encontrar salvación, sino para estar unidos y concordes en lo que hay que hacer y debe ocurrir. Y eso es lo que también recibe el nombre de «política».

Los concienzudos preparativos cumplen su función, como también la cumplen las *eupithéis strophái*, es decir, los «convincentes giros» que la lengua y la retórica del rey consiguen encontrar en la alocución al pueblo. La asamblea se desarrolla y concluye de forma inmejorable: «Los habitantes de Argos han deliberado con voto unánime», refiere Dánao a sus hijas,

15. *Ibid.*, vv. 483-484.
16. *Ibid.*, v. 523.

hasta el extremo de que mi viejo corazón ha rejuvenecido. El aire vibró cuando, todas juntas, se alzaron las manos derechas y fue sancionado el decreto: nosotros podremos vivir libres en esta tierra, protegidos de raptos y violencias; y nadie, ciudadano o extranjero, se nos podrá llevar de aquí consigo; y, si alguien nos hiciere violencia, quien de entre los ciudadanos no acudiere en nuestra ayuda será privado de los derechos civiles y mandado al exilio[17].

Destaca en el vívido relato el acto del voto manifiesto que se recoge en un gesto concreto y, a la vez, simbólico: la *démou kratóusa cheïr*, o sea, la «mano soberana del pueblo» que se levanta para expresar su voluntad. Hay tantas manos como sujetos —múltiples y diversos—, pero en el momento de aprobar la propuesta, todo se convierte en una masa compacta y no hay rastro de mayoría o minoría. Hay una sola mano, como si fuera la de un único organismo que estuviese plenamente de acuerdo consigo mismo. A tal desenlace ha contribuido, ciertamente, también la elocuencia de Pelasgo, poniendo de relieve la dúplice «profanación —tanto extranjera, como interna»— que hubiera podido producirse en Argos —«irremediable manantial de ruina»— de no haberse atendido la petición. Pero lo que cuenta es, en definitiva, la respuesta pronta e inmediata de la ciudad, la actuación instantánea de la asamblea: votan los argivos, de resultas de su total convencimiento, sin esperar siquiera a las fórmulas acostumbradas y a la invitación oficial del heraldo.

En todo lo cual se compone la imagen positiva, y a la vez llena de orgullo, de una polis que se reconoce en sus insti-

---

17. *Ibid.*, vv. 605-624.

tuciones y en sus valores sin dudar. Es el retrato ideal de una democracia en su funcionamiento, como siempre se querría que fuese: un universo tan cohesionado y cumplido, que ni siquiera conoce la tensión de un disenso interno o de una mínima oposición; una ciudad tan perfecta y cabal, que no conoce divisiones o juegos de facciones; una ciudad que es absolutamente una en sí misma y consigo, como acaso solo pudiera serlo una idea platónica del *huperouránios tópos* («lugar situado allende el cielo»); con todos los presupuestos que eso implica y con todas sus repercusiones. Quien tiene la *arché* —quien ostenta el «poder»—, da muestras de operar a la altura del papel que desempeña, preocupándose hasta la extenuación del bien cívico y respetando, al mismo tiempo, el conjunto de las normas en que dicho bien reposa: intenta mediar y resolver, pero, cuando eso es imposible, se apresura, por lo menos, a guiar con aplomo el proceso en la única dirección viable. Y, así, a los extranjeros se los acoge y se los escucha en sus reivindicaciones; se los defiende y ampara frente a atropellos de terceros —sean estos quienes sean—, y eso es lo que se esperaría en un plano ideal. Pero resulta que aquí, en el fondo, los extranjeros —las extranjeras— no son en rigor extraños, sino precisamente familiares y gente de la casa, porque, retrotrayéndose en el tiempo, se encuentra un ancestro común. Y ese acontecimiento sobrevenido tan de pronto desde fuera, esa extraña contienda de nupcias rehusadas, deja de suponer un problema: no es cosa excéntrica ni asunto de otros —de forasteros—, sino un deber que todos asumen como propio so pena de dejar de formar parte de la ciudad misma. Es la justicia de Zeus lo que vela por los suplicantes; es la justicia de la ciudad lo que se alinea con estos y con el dios. Hace falta mostrar y recordar todo esto a los especta-dores que están sentados en la grada. Hace falta bosquejar un retrato de cómo habría que ser y cómo habría que vivir entre los muros de la ciudad, lanzando quizás también el mensaje tranquilizador de que el ideal no necesariamente es algo lejano e imposible. Y la tragedia no deja de cumplir tal cometido, recordando y describiendo los términos de un cosmos ordenado que no solo respeta las leyes y a los dioses, sino que puede incluso tocar la perfección del uno si quisiera. Haciendo lo cual, sin embargo —mostrando la posibilidad de un espejo en el que reconocerse o ponderar-se positivamente—, la escena muestra y subraya también todo aquello que no se neutraliza con tanta facilidad en el levantamiento de manos: ambivalencias insuperables, limi-taciones efectivas o contradicciones que, siendo reales, no se pueden suprimir; o bien arrebatos y tensiones que, con la más mínima sacudida, podrían de repente estallar.

Desde la llegada inicial del tropel egipcio hasta el voto unánime, hay todo un recorrido que se encrespa de obstá-culos. Y también eso recuerda y debe recordar la tragedia. El perímetro de lo sagrado es amparo de los débiles y de los indefensos, protección frente a la violencia; pero igual-mente puede ser, a su vez, violencia que se impone y que presiona. Hay que escuchar al extranjero que llega, pero este también puede estar sordo y obstinado en su voluntad, furibundo en sus reivindicaciones. El gobernante produce y garantiza la plena cohesión de su «pueblo», pero igual de presente tiene el hecho de que ese mismo pueblo puede convertirse en una masa inestable y de humor volátil, pro-clive al resentimiento y dada a desentenderse de sus pro-pias responsabilidades apenas se descubre soportando más de lo que había previsto. La «persuasión» resulta indispensable para la armonía: es un antídoto contra el uso de la fuerza y del atropello. Pero también es el arte consumado de las «cabriolas» y «piruetas» que orientan la opinión de la masa hacia donde es menester que esta vaya. La dinámica de la decisión misma sigue siendo un problema que suscita preguntas. ¿Respecto a qué realmente es dado escoger y decidir en una situación como esta? Y ¿quién es, en verdad, quien decide? Está la asamblea, cómo no; pero está también todo aquello que se ha consumado ya antes de que esta se convoque, trazando un rumbo que no cabe modificar: la angustia absoluta del rey y el callejón sin salida al que su pensamiento va a parar; el mar de los males que se le abre delante; el abismo que no ofrece solución y se mantiene inescrutable en la oscuridad; la crisis que inopinadamente arrasa por la innegable eficacia de un rito que, no obstante, se venera y se respeta. No se borra el infortunio, pero sí que es posible hacerle frente unidos confiando en la «persuasión» y en la «fortuna». Porque ahí está, en todo caso, la ciudad: hay y tiene que haber polis. Y hay y tiene que haber tragedia que le haga, a la polis, de espejo en las formas que la constituyen, así como en el suceso que en cada ocasión la amenaza: en ese fondo oscuro en el cual, a cada paso, puede caer. Y acaso sea allí —en el rito de Dioniso— donde cabe encontrar, de una manera diferente, el único «pensamiento profundo» que exonera de las soluciones precipitadas y de las vanas esperanzas que el común de los mortales acostumbra representarse.

4. Atenas, donde todo se resuelve

El horizonte trágico hace añicos las identidades, pero también acontece lo contrario, es decir, que las constituya y las lleve a manifestarse (aunque no sea sino en una sola acción). Porque hay historias y destinos que surgen —y se agotan— en un solo gesto. Ejemplo de lo cual es Orestes. Fue alejado de su casa siendo un niño todavía y creció en otra ciudad: no es nadie. No tiene bienes, no tiene patria: ya no tiene familia. Su madre mató a su padre y ahora reina con su amante, encantada de haberse desembarazado del único que habría podido legítimamente aspirar al trono y a la herencia. En tal vacío y en tal indefinición, interviene un oráculo de Apolo. El dios conmina a Orestes a vengar la muerte de su padre (Agamenón); le ordena castigar a su madre (Clitemnestra), que fue la responsable de esa muerte. Y Apolo añade, a su mandato, una amenaza. Terribles sufrimientos y tormentos inauditos habían de abatirse sobre él —sobre Orestes— en caso de sustraerse a aquel cometido:

«De lo contrario —decía el dios—, yo tendré que pagar con mi vida, [siendo] víctima de males sin fin: [...] afecciones que se adhieren a las carnes, picaduras salvajes y cánceres devoradores de la vida, aparición de úlceras purulentas»[1]. «¿Cómo no dar crédito a semejante oráculo?», se pregunta Orestes[2]. Y aunque no se lo creyera, las estrecheces de la pobreza y el resentimiento habrían quizás bastado para azuzarle. Y, así, junto con su amigo Pílades regresa a Argos y, en aras del cumplimiento de su cometido, se hace pasar por un extranjero que ha llegado para anunciar que él mismo —Orestes— habría muerto. Una vez allí se encuentra, después de tantos años, a su hermana Electra y le refieren la visión espantosa que en la noche precedente había turbado a Clitemnestra. La reina había soñado que daba a luz a una serpiente. Ella la envolvía en vendas como a un niño y le ofrecía el pecho para alimentarla, pero la bestia, llegado cierto punto, la mordía, chupando al mismo tiempo leche y coágulos de sangre; y ella se despertó chillando aterrorizada.

En el relato de tal sueño, enviado por el ctónico o telúrico Hermes —señor de la noche y de los muertos—, Orestes digamos que se ve reflejado y halla una posibilidad de hacerse, él también, con una identidad. En tal imagen se ve a sí mismo y se reconoce, encontrando una forma y una figura en la que identificarse y a través de la cual actuar. Examinando un detalle tras otro, calibra las correspondencias entre él mismo y la visión, verificando la exactitud de cuanto encaja y a él le atañe: la serpiente salida del útero del cual

---

1. Esquilo, *Coéforos*, vv. 272-282.
2. *Ibid.*, v. 297.

él mismo había venido a la existencia, la mordedura infligida a aquel pecho por el cual también él había sido alimentado, la leche mezclada con sangre que brota de la herida provocada a la madre. Sus palabras no se limitan a explicar el significado del sueño, sino que hacen efectivo dicho significado a medida que él va pronunciándolas. La interpretación verbal constituye una metamorfosis fáctica; es la magia de un hechizo en el que Orestes se convierte en aquello que el destino le asigna: «He aquí que yo me he transformado en serpiente y yo la mato»[3]. Y no parece que lo turbe demasiado esa transición desde lo humano hacia la ferocidad animal si así lo exige el dios, si a tal metamorfosis debe someterse y así debe decirse a sí mismo para hacerse con una identidad, para poder ser.

Una turbación sí que lo agarrará poco después: cuando se encuentre, ya en la realidad, ante el pecho descubierto de su madre, ante el pecho en el cual debe hundir la daga. Con tal gesto —señalando sus propios senos, fuente de la «dulce leche que alimentaba»—, Clitemnestra intenta detenerle, conmoverlo. Orestes tiene un momento de duda. Su mano, por un momento, se detiene: *Tí dráso* («¿Qué debo hacer?»). Se trata de la pregunta —ya lo sabemos— más obvia y terrible de lo trágico. «¿Cómo encuentro la audacia de matarla?» Pero allí está Pílades, que al punto le recuerda —una vez más— el oráculo de Apolo, el mandato del señor de la mántica, al cual no se puede y no se debe desobedecer: «¿Qué pasará, entonces, en el futuro con los vaticinios que Apolo dispensa en Delfos y con los sacros juramentos? Enemístate, si quieres, con todos los

---

3. *Ibid.*, vv. 549-550.

hombres; mas con los dioses no»[4]. Es suficiente. Los golpes abaten a Clitemnestra, del mismo modo que, poco después, mediante ardides será eliminado Egisto, el amante que la había respaldado e instigado. Todo se ha cumplido. ¿Y ahora? Orestes acaba de realizar el cometido que lo había llevado hasta allí, pero no tiene tiempo de saborear su victoria. De pronto su mente se obnubila y se arrebata cual carro que, perdido el control, se saliera del camino y se precipitara. En su corazón, súbitamente turbado, «el terror está listo para bailar y cantar». Se trata de un terror y de un tormento que se siguen, de manera inevitable, de cuanto ha cometido: si el espíritu de un padre asesinado puede exigir venganza, la cólera de una madre difunta asesinada por su propia prole no es menos feroz. A Orestes no le queda sino apelar al dios que le había dado aquella orden. Apolo lo había amenazado con sufrimientos si no respetaba el vaticinio, y ahora tiene que liberarlo de este otro padecimiento distinto que en cualquier caso lo aflige. Depuesta la espada, el matricida echa mano de la ramita del suplicante para pedir auxilio.

Así hace Esquilo que terminen los *Coéforos*, desarrollando la continuación de esta trama en las *Euménides*. Cambio de escena. Ya no estamos en Argos, sino en el mismísimo Delfos y en el templo de Apolo. Orestes ha encontrado refugio y protección en el «ombligo» de la Tierra, junto a la piedra sagrada que, en el santuario, marca el centro del mundo. Allí permanece acuclillado, inmóvil. A su alrededor están sentadas, en tronos, unas criaturas monstruosas ante cuya

4. *Ibid.*, vv. 899-902.

visión la profetisa del dios se aterroriza: son horribles como las aladas arpías o como las gorgonas, que tienen serpientes en lugar de cabellera y petrifican con la mirada. Pero aquí no se trata ni de gorgonas, ni de arpías: otra es la «raza» a la que esta singular cuadrilla pertenece. Son criaturas «negras» y «repulsivas» cuyos ojos rezuman inmundos humores y las cuales tienen embebido el aliento de insufrible fetidez. Presentan el aspecto de «viejas mozas ajadas», de «vírgenes repugnantes» que exhalan «furor», siendo imposible aproximarse a ellas por la aversión y el miedo que suscitan[5]. Son hijas de la Noche que moran en el abismo oscuro del Tártaro. Son las erinias —tal es su nombre—, pero los mortales las llaman también «maldiciones». Divinas ministras de la venganza —implacables e indómitas—, persiguen a los homicidas, castigan a quien ha osado golpear mortalmente a sus consanguíneos. «Olfatean» cual fieras las gotas que manan de las heridas asestadas, la sangre que se derrama sobre la tierra. Entonces hacen su aparición y, como si de «perras» se tratara, que siguen la pista de una presa, hostigan y persiguen al culpable. Van tras él en una «cacería» salvaje y se le echan encima dondequiera que intente guarecerse, atormentándolo y «chupándole la vida»[6]. Y no se aquietan hasta que no lo dejan «seco», es decir, hasta que, quien mató, a su vez muera. Así desde el origen de los tiempos. Y ahora resulta que le ha tocado a Orestes, después de lo que hizo. Por eso han llegado en su busca hasta allí, y en torno a él están. Pero Apolo no tiene intención de «traicionar» a su protegido: «No te voy a abandonar. [...] Voy a en-

5. Esquilo, *Euménides*, vv. 49-53.
6. *Ibid.*, vv. 244-246, 265-268.

contrar el modo de liberarte de todo este horror, porque yo soy quien te indujo a matar a tu madre»[7]. Aprovechando el sueño en que han caído momentáneamente las erinias, Orestes se aleja en dirección a la meta que Apolo le ha indicado para poner término a sus males.

Nuevo cambio de escena. Orestes ha llegado a la fúlgida Atenas y ante la presencia de la mismísima Atenea, quien de aquella ciudad es señora. Allí también han llegado, no obstante, las erinias, a las cuales, entre tanto, había despertado de su momentáneo torpor el espíritu desazonado de Clitemnestra, el espectro ofendido de la madre asesinada. Y hay al punto áspera contienda: por la presa que ha intentado zafarse de la red, y por la ayuda indebida que le ha sido prestada. Orestes declara que él se ha purificado de la mancha del crimen sometiéndose al rito que Apolo le prescribiera. Celebrando el conveniente sacrificio, se ha purgado a sí mismo y ha purgado su espada de la mácula de la sangre vertida. A las despiadadas vírgenes de la venganza, sin embargo, ¿puede bastarles con eso? Porque esa pureza ritual en ningún caso elimina la gravedad del acto y la responsabilidad del mismo derivada. En lo cual hay dos mundos que, más allá de Orestes, entran en conflicto.

Apolo y Atenea son, en efecto, divinidades «jóvenes», como reciente es, por lo demás, también el dominio de Zeus —el padre de ambos—, quien con ardides desbancó a Crono y, con la guerra, derrotó a titanes y gigantes. Con Zeus y con sus hijos se impuso en el universo un nuevo orden diferente que redefinía ámbitos y poderes y desterraba a sus irreductibles enemigos. Las divinidades antiguas, sin

7. *Ibid.*, vv. 65-84.

embargo —desde la abigarrada prole del Cielo y de la Tierra, hasta la progenie generada por la Noche—, se sienten arrinconadas y desposeídas de lo que era suyo. De eso se lamentan las propias erinias en el momento en que ven que les sustraen a su víctima:

> ¡Ah, hijo de Zeus! Tú eres un ladrón... [...] Tú, joven dios, has pisoteado a unas diosas antiquísimas honrando al suplicante, un hombre impío y cruel con quien lo engendró. Tú, que eres un dios, nos has robado a un matricida, ¿y llamas justicia a eso? [...] Los dioses nuevos se comportan así: imperan y mandan más allá de lo justo. Su trono que chorrea de sangre de arriba abajo [...], Contra la ley divina has honrado un crimen, pasando por encima de las moiras y subvirtiendo los papeles y las funciones asignados a cada cual[8].

Con su intervención, con sus palabras, Apolo querría destruir, según eso, las *timái* —esto es: los «honores» y las «prerrogativas»— que desde siempre habían sido de las erinias; quería cancelar el cometido que a estas se les había «asignado». Pero ellas no lo pueden aceptar; las «viejas mozas» no pueden rendirse ante tal ofensa: «Ni Apolo ni la fuerza de Atenea», amenazan, «van a poder salvarte de morir abandonado, en la ruina, sin alegría ninguna ya en el corazón: sombra exangüe, pasto de los demonios»[9]. Amenazan y, bailando, entonan una melodía —un conjuro «que ata»— para que Orestes, el animal acosado, la «fiera atemorizada», no pueda sustraerse a su captura; también para

8. *Ibid.*, vv. 148-172.
9. *Ibid.*, vv. 299-302.

que el poder de ellas sea objeto del reconocimiento y el respeto de otrora:

> Un canto de horror hagamos resonar. [...] Rectas justicieras somos nosotras: quien no tiene las manos manchadas de sangre, no incurre en nuestra ira y transcurre su vida incólume; ante quien es, sin embargo, culpable como este y trata de esconder su propio crimen, nosotras, testigos verídicos de los muertos, nos manifestamos para exigir, hasta el fondo, el precio de la sangre. [...] Ese es el cometido que la moira nos atribuye, [...] y, sobre nuestra víctima, este es nuestro canto: delirio, locura que aniquila la mente; himno de las erinias que encadena el alma; lúgubre himno que deja secos a los mortales[10].

Atenea ve y oye a las partes que se han dirigido a ella; ve y oye las razones de Orestes y al punto capta la gravedad de la contienda: «La cosa es demasiado grande como para que unos simples mortales la puedan juzgar, pero ni siquiera yo puedo dirimir una causa de sangre que suscita áspera ira»[11]. Por otra parte, no es posible alejar a Orestes de la ciudad, porque ha venido como suplicante de Apolo; y tampoco es fácil librarse de las erinias, teniendo en cuenta que, de no recibir satisfacción, sin duda apestarán la tierra de Atenas con su veneno. Se trata de un callejón sin salida que ya conocemos bien. Hay que encontrar otra forma para salir del mismo: un modo nuevo y nunca antes probado. La sabia Atenea tiene una idea inédita que solo ella podía concebir: instituir un «tribunal», «fundar una institución que,

10. *Ibid.*, vv. 305-340.
11. *Ibid.*, vv. 470-473.

de ahora en adelante, habrá de existir para siempre»; una junta expresamente designada «para estos crímenes de sangre», compuesta por jueces escogidos entre los «ciudadanos mejores» para dirimir la causa con «verdad y claridad»; un tribunal que tendrá su sede en la colina de Ares —señor de la guerra y la violencia—, donde en su día las amazonas acamparan para hacer la guerra a la ciudad. En tal sede, sin embargo, tendrá que procurar, ese concilio, sofocar la guerra y la violencia.

Es fácil prever que, a las canosas mozas de la Noche, esta solución en modo alguno las va a convencer. Se trata de otra «novedad» que amenaza con desbaratarlo todo y, lo que es peor, con dejar correr impunemente cualquier transgresión:

Estas nuevas normas traerán perturbación si triunfan la causa y el crimen de este matricida. Cualquier cosa será entonces para los hombres lícita. [...] Y nosotras, que con furor vigilamos a los mortales, no podremos ya descargar nuestra cólera contra tales crímenes. [...] Derrumbada está la casa de la Justicia...[12].

Y es que el miedo —sostienen las erinias—, el terror que ellas infunden, es algo no solo saludable, sino necesario para la vida de los hombres por el freno y factor disuasivo que supone: «En ocasiones resulta beneficioso que el terror esté vigilando los pensamientos, que permanezca sentado junto al corazón montando guardia. [...] ¿Qué hombre, qué ciudad podrá jamás respetar la justicia si no hay miedo en su corazón?»[13]. *Tó deinón* («lo terrible») garantizaría la

12. *Ibid.*, vv. 490-516.
13. *Ibid.*, vv. 517-520.

acción de un principio de equilibrio, la conservación de una sabia «medida»; y así se evitarían los extremos opuestos: el desorden de la completa «anarquía» y la opresión absoluta del despotismo. Sin lo «terrible» y sin la «medida» a la que da lugar, nadie alimentaría veneración por «el altar de la justicia»; nadie tendría respeto a sus padres, a los amigos o a los huéspedes. Y tampoco sería posible ninguna «felicidad».

Entre tanto, mientras las erinias lamentan los peligros del nuevo procedimiento, Atenea lo ha dispuesto todo para que las partes puedan articular sucesivamente sus razones y sus argumentos. En el debate que se abre, se repasan los acontecimientos y, junto con ellos, las motivaciones que los han acompañado. La posición y las reivindicaciones de las erinias han quedado ya claras a más no poder. Apolo les opone una doble consideración. En primer lugar defiende la bondad y la valía de la orden que a través de su oráculo recibió Orestes. Cualquier respuesta, cualquier vaticinio que el santuario délfico ofrezca a los mortales, no emana, en efecto, meramente de Apolo, sino que es expresión directa de la voluntad del sumo Zeus: «Desde el trono profético, no ha sido nunca pronunciado vaticinio –a hombre, mujer o ciudad– que no respondiera al mandato de Zeus, padre de los dioses del Olimpo; y debéis daros cuenta de cuánta fuerza tiene su justicia»[14]. En segundo lugar, el dios plantea una diferenciación entre la gravedad de los distintos homicidios que, en esta historia, se han ido encadenando. La muerte violenta de un hombre que es padre y soberano, no tiene el mismo peso que el homicidio de

14. *Ibid.*, vv. 616-620.

una mujer: «No es lo mismo que perezca un hombre noble, un rey que empuña el cetro que Zeus le dio»[15]; sobre todo si dicho rey no ha caído en el campo de batalla, sino entre las paredes de su propia casa y por un horrendo engaño de aquella que debía serle fiel. Un padre, un varón, vale más; y el motivo se aduce en seguida. Las erinias persiguen a quienes han asesinado a consanguíneos, pero los hijos en realidad pertenecen únicamente al padre. La mujer, en efecto, no desempeña ningún papel efectivo en la dinámica del engendramiento: su vientre no es sino el lugar en el que la semilla del hombre se deposita y se conserva hasta que llegue a su pleno desarrollo. «No es la madre quien engendra al que luego se llama hijo suyo», explica Apolo. «Ella solo es la nodriza de la semilla en su seno implantada. Quien procrea es aquel que la fecunda, y la mujer es una suerte de huésped que, para su huésped, custodia el vástago, salvo que un dios no lo aniquile antes»[16]. Y, para convencerse, no hace falta buscar lejos. La propia Atenea, que está ahí delante de ellos, es la prueba palmaria de que «puede haber padre aunque no haya madre»[17], dado que ella nació directamente del cráneo de Zeus, sin haber sido nunca alimentada por la oscuridad de útero femenino ninguno.

Llegados a este punto, no queda sino esperar la sentencia. Atenea invita solemnemente a los jueces a cumplir con su cometido, poniendo de relieve el valor perenne de la institución recién creada, de ese sublime tribunal del Areópago que, a partir de entonces, habrá de quedar a cargo de la

---

15. *Ibid.*, vv. 625-626.
16. *Ibid.*, vv. 657-661.
17. *Ibid.*, v. 663.

ciudad; de ese «custodio» del país que siempre está alerta: «Aquí el respeto y el miedo [...] disuadirán de la perpetración de crímenes. [...] Ni anarquía, ni despotismo: esa es la norma y eso recomiendo yo»[18]. Pero ¿no era lo mismo que habían dicho, poco antes, las erinias? Entre tanto los jueces depositan, concienzudos y escrupulosos, sus votos en la urna. El último voto que se añade es el de la propia diosa, que, de manera totalmente previsible, se decanta en favor de Orestes. La hija de Zeus no puede, obviamente, sino «estar siempre de parte del varón»: «Yo no tengo madre; [...] toda del padre soy yo» (como, por lo demás, pensaban los atenienses, en cuya ciudad la palabra «ciudadano» se declina solamente en masculino). El conteo de los votos se concluye, sin embargo, con un resultado de perfecta paridad. Los platillos de la balanza quedan en equilibrio y el meollo del asunto, en la práctica, sin decidir, porque en última instancia es imposible establecer si una muerte es más o menos grave que otra. Pero la paridad jurídicamente significa, conforme a las normas procesales establecidas, ausencia de condena y de sanción. Orestes puede, por tanto, marcharse de allí absuelto y volver a casa. Qué más haga en el futuro, qué vida posterior tenga, importa ya bastante poco. Su nombre y su identidad residían únicamente en esa acción que llevó a cabo y la cual ahora es posible dejar atrás. También porque otro es el apuro del que hay que ocuparse: una crisis que amenaza no ya al hijo de Agamenón, sino a la ciudad a la que brinda su protección Atenea.

No se rinden las erinias ante esta sentencia: no están dispuestas a reconocer su eficacia. Se sienten «reducidas a

18. *Ibid.*, vv. 690-697.

nada». Si algo deben vengar ahora, no es ya un matricidio, sino su propio honor de diosas venerandas. Su furor estalla con violencia inaudita:

> Y entonces yo, miserable y despreciada, derramaré de mi corazón veneno: veneno en venganza por mi dolor, un rezumar de gotas que volverán estéril la tierra. Cundirán enfermedades entre los habitantes de esta, una lepra maligna que destruirá las mieses y a la gente. [...] Ofensa intolerable hemos padecido, [...] [*sc.* nosotras las] desventuradas hijas de la Noche, privadas de nuestros derechos[19].

Con sagaz diplomacia, Atenea ofrece al punto una compensación para conjurar tal desastre seguro: no hay ninguna intención de destruirlas o cancelarlas, sino, muy al contrario, la propuesta concreta e inmediata de acogerlas y venerarlas —asignándoles un culto apropiado y un lugar en el que residir–, a condición de que depongan esa cólera suya atroz: «Yo aquí os prometo, conforme a justicia, que tendréis moradas y recovecos en este país, sentadas junto a altares repletos de ofrendas, honradas por todos los habitantes»[20]. Porque al fin y al cabo también las erinias hacen falta, así como ese elemento *deinón* que las mismas representan, con tal de que sea para custodia y salvaguardia de la ciudad, y no contra ella: no para sembrar furor e impulsos homicidas en el corazón de los ciudadanos, sino para mantenerlos unidos en la mesura y en la concordia. Las erinias, aun vencidas por el voto, siguen manteniendo

19. *Ibid.*, vv. 778-794.
20. *Ibid.*, vv. 804-807.

en cualquier caso un gran «poder» ante los dioses y ante los infiernos, y «ellas todos los asuntos humanos rigen» si les place y cuando consideran. De ahí que no quepa prescindir de ellas y que uno necesite tenerlas de su parte. De ahí que haga falta armarse de paciencia si ahora siguen, a pesar de todo, despotricando y resistiéndose a la oferta.

Atenea las escucha apacible e indulgente —como siempre es debido y oportuno hacer con «diosas ancianas»—, recurriendo a lisonjas y a argumentos tranquilizadores. La diosa confía en la dulzura de *Peithó* —de la «Persuasión»—, que en el discurso va mitigando, poco a poco, los conflictos. Pero, precisamente para ser clara y no pasar nada por alto, les recuerda, con un discreto inciso, cuán fácil es para ella acceder al lugar en el que Zeus guarda su arma terrible, capaz de fulminar a cualquier opositor: «Yo confío en Zeus —¿acaso hace falta repetirlo?— y yo soy, de entre los dioses, la única que conoce las llaves del lugar en el que se conserva su rayo. Pero de eso no hay necesidad»[21]. Obviamente no hace falta llegar a tanto, pero también eso forma parte de la dulce Persuasión, junto con los demás términos de la oferta. Al principio, las erinias habían entonado un mágico «canto que ata» para bloquear a Orestes. Ahora son ellas quienes ceden a los «hechizos» de la palabra, quienes se dejan convencer aceptando el pacto y el compromiso. Dejan de ser, así, unas potencias furibundas y pasan a serlo *eumenídes* («benévolas»), dispuestas a colmar de prosperidad a la polis que las haga suyas: «Copiosos broten de la tierra benéficos tipos de vida en el esplendor del sol. [...] Pestilencia y ruina que destroza los árboles, [...] fogonazo ardiente que arrasa los bro-

21. *Ibid.*, vv. 826-829.

tes, no entren en estos confines, sino que Pan alimente a rebaños fecundos, [...] y de la tierra surjan ricas mieses»[22]. Para los ciudadanos que las respeten, un único augurio y una única promesa (la misma que también deseaba Atenea):

Que la discordia civil, la discordia insaciable de males, nunca haga temblar a esta ciudad; de eso hago yo voto. Que el polvo no beba nunca la negra sangre de los ciudadanos, ni la furia de la venganza exija de la ciudad muertos que llamen a muertos, sino que la alegría corresponda a la alegría en el acuerdo orientado al bien común[23].

Es decir: no *stásis* («sedición» violenta) ni *antíphonoi átai* («calamidades de masacre recíproca»), sino *koinophilés diánoia*, o sea, una «mente» y un «entendimiento» que es «amistad compartida». En una palabra: auténtica comunidad. Ese es el valioso don que la veneración de las erinias y la sabiduría de Atenea dispensan en feliz conjunción. A la luz de las antorchas avanza, lento y solemne, el cortejo que finalmente acompaña a las hijas de la Noche a su nueva y, al mismo tiempo, ancestral morada ateniense: «Bajo tierra, en los antiquísimos recovecos, sacrificios y ritos venerables vosotras tendréis»[24]. Bien está lo que bien acaba.

Del *Agamenón* a los *Coéforos*, y de los *Coéforos* a las *Euménides*, la *Orestía* de Esquilo lleva a término una historia y, por así decir, la resuelve. De Argos a Atenas, pasando por Delfos —el «ombligo» de la Tierra—, se realiza un viaje simbólico

22. *Ibid.*, vv. 938-947.
23. *Ibid.*, vv. 976-985.
24. *Ibid.*, vv. 1036-1037.

que es transición desde una dimensión a otra y, a la vez, desde un régimen temporal a otro. Por un lado la residencia regia de los atridas, el palacio chorreante de sangre, la estirpe maldita y cruenta en la que homicidio, violencia y engaño se transmiten, con mecánica e inexorable puntualidad, de generación en generación reproduciendo el modelo de una reciprocidad mortal. Por otro lado Atenas —la polis—, la diosa que la protege y la custodia, el tribunal, los procedimientos ordenados del voto, la corte de los jueces, la junta de los ciudadanos «mejores» que detienen la cadena de la venganza y deciden un nuevo curso, el reinado suave y conciliador de una «persuasión» que sustituye el cuchillo por el discurso ponderado y por la eficacia meditativa de la palabra.

Entre un lugar y otro, entre un momento y otro, está el tránsito por el santuario de Apolo, el oráculo que responde a la voluntad de Zeus, la sabiduría de la mesura y la luz que ilumina la oscuridad. Va desarrollándose en la escena, paso a paso, un proceso que encuentra su perfecta compleción: un proceso evolutivo que desemboca, por así decir, en la realidad efectiva de Atenas, en la realidad de la historia y de las instituciones de la misma. Una realidad y unas instituciones en las que el público ve y distingue el espacio y el tiempo de su propio vivir en comunidad. El pasado que representan las antiguas historias —el pasado absoluto de lo que llamaríamos «mito»— termina cediendo el paso a un presente en el que las contradicciones y las tensiones parecen encontrar el camino de un desenlace diferente. El pasado se detiene y se supera, dando lugar a otra cosa distinta. Pero la superación no es cancelación u olvido: es una transformación que asimila y remodela; es una reconfiguración donde el pasado es acogido y conservado en lo más hondo del presente, del mismo modo que las erinias —ya benévolas— son acogidas y custodiadas en los «antiquísimos recovecos» de la ciudad. Lo cual se corresponde, por lo demás, con la idea misma de tradición: una fuerza plástica que hace, en su propio desarrollo, que cuajen formas en las que el pasado acontece y deviene creación de algo nuevo y ulterior para dar lugar a la unidad de un «cosmos»; una unidad que es, al mismo tiempo, orden y belleza y posibilidad de una vida futura feliz, porque el pasado es —superado y remodelado de manera que dé lugar al presente— prenda e imagen que se proyecta hacia el futuro. De ahí que también tenga su importancia volver a referir —y representar en escena nuevamente desde el principio— el viaje y el proceso que han llevado hasta la meta. Porque así se conjura la involución violenta, el arrebato de la sangre: ese retorno que, en el olvido y en el desconocimiento, hace que todo retroceda hasta el punto de partida, despertando el furor que aniquila la benevolencia. Desde ese punto de vista el teatro, que cada año renueva su fiesta, funciona en Atenas como un exorcismo colectivo. Y acaso pueda volver a hacerlo.

Volviendo la mirada hacia el conjunto de los dramas conservados, se advierte una contraposición en la geografía simbólica de la que el teatro va tomando sus tramas sucesivas. Argos, Micenas, Tebas, Corinto, Tracia, la llanura de Troya o la isla de Lemnos son los lugares del desastre y la locura, los lugares en los que las historias más siniestras se consuman como desviación irremisible, como impiedad irreparable e injusticia que ofende a los dioses. El parricidio y el incesto, el uxoricidio y el matricidio, el engaño y la traición, la destrucción completa y la brutalidad salvaje son propias, en efecto, de los héroes y de las historias asociados a esas tierras y a esas ciudades. Allá están las familias perversas y los palacios del horror, la jactancia y la desmesura. E incluso cuando parece que el bien triunfa —como a veces puede suceder— momentáneamente en algún gesto o en algún suceso, rápidamente resulta que esa luz estaba destinada a extinguirse en la tiniebla. Atenas, sin embargo, aparece y se representa como lo contrario, es decir, como la polis donde todo se media y se resuelve: donde toda vicisitud se recompone. Es la ciudad que de manera tan desinteresada, como ideal, se erige en defensora de la justicia y de la equidad por encima de las partes; es la comunidad que, si opta por la guerra, lo hace *in extremis*: para defender un principio o una noble causa que a todos concierne.

Tal es el caso, por ejemplo, en las *Suplicantes* de Eurípides, donde el valiente y audaz Teseo presenta batalla, aconsejado por su madre —Etra—, para defender a las mujeres de Argos, a las que el tebano Creonte impide dar sepultura a sus maridos e hijos caídos en combate, negándoles los ritos debidos en cualquier caso a los muertos: «Considero justo dar sepultura a los difuntos, no para perjudicar a Tebas o para suscitar contiendas homicidas, sino para defender la ley de toda Grecia. [...] No ha de ocurrir jamás que, por culpa mía o de la ciudad de Atenas, la antigua ley divina sea violada»[25]. Del mismo modo, en el *Edipo en Colono* de Sófocles llega a su término último el atormentado destino de quien, sin saberlo, se había manchado con las más graves abominaciones. Acogido en el boscaje de las «venerandas» erinias, acompañado por signos y portentos celestes, el viejo Edipo se dispone a dejar la existencia mortal,

25. Eurípides, *Suplicantes*, vv. 524-527, 561-563.

despidiéndose por fin de todas las torsiones malditas de su historia y de quien quisiera, todavía, empujarlo de vuelta al remolino. En ese paso extremo —en la verde espesura en que los dioses lo aguardan para hacerlo misteriosamente desaparecer—, lo acompaña tan solo la presencia del justo y pío Teseo. El rey de Atenas será el único testigo al que se admita en la marcha de Edipo, quien a dicho rey confiará arcanos que protegerán para siempre a la polis:

> Voy a decirte, oh vástago de Egeo, cosas que permanecerán por siempre para ti y para tu ciudad. Voy a guiarte yo mismo [...] al lugar donde debo morir, y tú a nadie revelarás tal lugar, no dirás nunca dónde se esconde, de manera que dicho lugar te valga de perenne protección, mejor que mil escudos. Conocerás los arcanos más secretos cuando estés allí a solas conmigo. Tampoco esas cosas reveles a nadie, [...] y, cuando hayas llegado al final de tu vida, refiéreselas únicamente a tu legítimo sucesor, y así hará también este a su vez[26].

Todo el mal hecho y padecido por el desventurado hijo de Tebas se resuelve, para Teseo y para Atenas, en una fuente de bien: en un talismán perenne que aleja la violencia y la catástrofe.

Así es, y así la escena se lo muestra a sus espectadores: una Atenas magnífica. También el gran Pericles había invitado en una ocasión a sus conciudadanos a «hacerse amantes» apasionados de su polis, enamorados y convencidos de su esplendor y de su grandeza, de su saber y de sus institu-

---

26. Sófocles, *Edipo en Colono*, vv. 1528-1532.

ciones[27]. El mal está en otra parte; el mal es de otros. Hay que esforzarse por que así sea, alejando el desastre y la insensatez. Pero el juego de Dioniso no puede ser, por supuesto, ni tan simple, ni tan unívoco; como tampoco lo es —bien lo sabemos— el propio dios, en el cual coinciden lo idéntico y lo distinto, lo ajeno y lo íntimo. El juego del teatro siempre es, en realidad, un doble espejo de luz y de oscuridad. Por una parte está la imagen bella, la figura del «deber ser». Por otra están el horror y la deriva en que se precipita. Por una parte Atenas y, por otra, la restante geografía simbólica del mito.

Y sin embargo se trata, si nos fijamos mejor, de dos lados de la misma cosa los cuales únicamente se transfieren y se ven por separado en aras de la sabia dinámica del espectáculo. Lo que sucede en Tebas o en Esparta, ha sucedido o puede suceder también en Atenas. Lo que es propio del palacio ensangrentado de los atridas, puede serlo igualmente de la tierra de Teseo. Las contradicciones que lancinan a otros países y a otras familias, son las mismas contradicciones que duermen bajo la superficie reluciente y pulida en que se vive cotidianamente; son esas máculas y esos escotomas que alteran la visión, y de los cuales a menudo no se tiene siquiera conciencia. Las terribles historias ambientadas en ese mundo «otro» absoluto de un mapa mítico y simbólico son, a todos los efectos, la misma «sombra» oscura que también habita en la propia Atenas y que habita, de manera idéntica, en todos. Es esa sombra que la mente reprime porque no querría verla, ni encontrársela; es esa tiniebla que se proyecta, mediante un mecanismo de-

27. Tucídides, *Guerra del Peloponeso*, 2, 43.

fensivo, hacia el exterior: en aquello que está lejos y es distinto. Pero tal sombra debe conocerse y contemplarse, debe ser recompuesta y transformada: atravesada y, finalmente, abrazada. De otra forma no podrá cumplirse nunca el milagro en virtud del cual las erinias se convierten en euménides. De otra forma, el fulgor de la idea no dejará de ser nunca una abstracción sin consistencia —un frágil argumento tranquilizador o una vana mentira—, y ninguna feliz reintegración se podrá realizar.

Atenas es Atenas, pero también es Tebas y todos los otros lugares de las historias antiguas que cobran cuerpo y voz en el tiempo del espectáculo. Basta darse cuenta, basta saberlo y sentirlo hasta el fondo. Ese es el valioso don que Dioniso ofrece a la polis, permitirle reconocer y experimentar, en la dinámica protegida de la ficción teatral, «su» propio mal íntimo. Es posible que solo de ese modo pueda haber un «dónde» y un «cuándo» en los cuales las cosas se resuelven.

5. La mente obcecada

En la *Ilíada* todo empieza con un acto irreflexivo de Agamenón. Para aplacar la peste que ha desatado Apolo en el campamento aqueo, el atrida se ve obligado a devolver a Criseida a su padre, según le indica el adivino Calcante. El rey renuncia de mala gana a aquella moza que él había obtenido como botín de guerra. Termina cediendo en interés del ejército y para aplacar al dios, pero exige un resarcimiento inmediato por la pérdida sufrida. Se le señala que tal cosa no es posible porque ya ha sido repartido el botín hasta entonces conquistado. Tendrá, por tanto, que ser paciente y esperar a otra ocasión. Esta objeción —que es planteada por Aquiles— enfurece a Agamenón, quien, por toda respuesta, en un acto autoritario decide tomar a cambio a Briseida, la esclava que se le había asignado precisamente a Aquiles. Lo cual supone un abuso evidente y un ultraje insoportable para el héroe, que con razón se jacta de ser el mejor de los guerreros en el combate. La contienda habría terminado

con sangre de no intervenir oportunamente Atenea suje-
tando a Aquiles, quien, sin embargo, no pudiendo rendirse
sin más ante la afrenta, opta por dejar de combatir, lo que
representa un gran perjuicio para el ejército griego.

Cuando luego —tras la muerte de Patroclo— el héroe se
resuelve a retomar las armas, Agamenón le ofrece dones re-
sarcitorios e intenta disculparse por lo que ha hecho, cuya
causa él atribuye a la voluntad divina y, en particular, a la
figura de Ate:

> No soy yo el culpable, sino [que son] Zeus y el Destino y la eri-
> nia que merodea por la niebla. Son ellos quienes, en la asam-
> blea, aquel día me inspiraron el error funesto (*áte*) cuando le
> quité su don a Aquiles. [...] ¿Qué podía hacer yo? Ate es la hija
> mayor de Zeus y a todos hace errar; tiene los pies ligeros y no
> roza la tierra, sino que camina sobre las cabezas de los hombres
> para daño de estos.

El propio Zeus —recuerda Agamenón— fue en su día víctima de su propia hija, cayendo en un engaño que le urdió
Hera. La diosa obligó a Zeus a jurar que el niño que en ese
día naciera en Tebas, sería un gran héroe y señor de todo
aquel país. Zeus pensaba, en su corazón, en el nacimiento
de Heracles, a quien Alcmena estaba efectivamente a punto de dar a luz. Pero Hera, que tenía un objetivo muy distinto, hizo de manera que aquel parto se postergara y fuese Euristeo quien naciera antes y se convirtiera, por ello,
en rey (y en enemigo acérrimo del mencionado Heracles).
Cuando Zeus se percató, agarró del pelo, lleno de ira, a
aquella hija suya funesta que había osado obcecarle ni más
ni menos que a él, y, haciéndola girar como una peonza, la

arrojó al abismo desde el cielo estrellado. Desde aquel día, Ate dejó de habitar en el Olimpo y pasó a hacerlo entre los hombres, para daño de estos.

Tal es, en efecto, la presencia espantosa de *áte*, nombre común y, al mismo tiempo, personificación de una potencia temible. El término parece derivar de una raíz cuyo valor originario sería «golpe», de donde vendría la acepción de «daño» o «ruina», pero también la de «error» (en el sentido de aquello que, golpeando a la mente, la induce a equivocarse). Ate es algo que obnubila y aturde el pensamiento, que impide valorar y comprender lo que se hace y sus posibles consecuencias. Es una obcecación fatídica: un engaño terrible que siempre se traduce en calamidades. No es de extrañar, así las cosas, que aparezca de manera recurrente en la tragedia, conformando, junto con otras fuerzas, una constelación más que aciaga. De lo cual son buen ejemplo los *Persas* de Esquilo.

En este drama, bien mirado, en la escena no sucede nada. Todo consiste en la angustiosa espera de una noticia que, cuando finalmente llega, deja paso a la riada impetuosa de las lágrimas. Aquí la tragedia es el terrible desarrollo de un único terrible anuncio. En el palacio de Susa se han quedado solos los llamados «fieles» —es decir: los ancianos que integran el consejo— junto con la reina Atosa. Todos los hombres han marchado a la guerra. Un ejército inmenso, resplandeciente de oro, se ha movilizado para la conquista de Grecia. El rey Jerjes ha hecho construir —empresa de audacia inaudita— un puente de barcas para conectar ambas orillas del Helesponto y hacer pasar por él las tropas: un puente que, cual yugo, trata de imponerse y dominar el mar, reino del dios Poseidón. Las fuerzas desplegadas son tan imponentes, y es tal su superioridad numérica respecto de las griegas, que todo apunta a que nadie podrá resistir al impacto de tamaño «aluvión de hombres».

Y, sin embargo, el corazón no está para nada tranquilo y el ansia crece junto con la nostalgia por los que están lejos. ¿Y si las cosas no estuvieran sucediendo en absoluto según lo imaginado y lo que sería lícito prever?

> Si un dios trama un engaño, ¿qué mortal podrá encontrar escapatoria nunca? ¿Quién podrá, con pie raudo, sustraerse pegando un brinco? Ella al principio se muestra con rostro benévolo. Ella, Ate, menea el rabo como una perra para desviar al mortal y empujarlo al interior de sus redes. Y, una vez que está dentro, ya no podrá salir y no habrá opción de fuga.[1]

Estas palabras les vienen a la boca, pues, a los mencionados fieles de la corte, quienes recuerdan que a los persas les había sido dado, por antiguo designio de los dioses, conquistar las tierras de los bárbaros y reinar sobre Asia. Expandirse hacia el mar, sin embargo, ¿estaba previsto y era lícito? ¿No había riesgo de ir más allá de lo debido? «Por eso el corazón está de negro vestido y el terror lo desgarra»[2]. Tanto más, cuanto que un sueño espantoso turbó, en la noche, el reposo de la reina.

A la madre de Jerjes se le habían aparecido dos mujeres de hermoso aspecto, vestida una a la manera persa y, la otra, con ropas griegas. Hermanas de sangre, pero hostiles y enemigas entre sí: listas para batallar ásperamente. En

1. Esquilo, *Persas*, vv. 96-100.
2. *Ibíd.*, v. 115.

aquella visión onírica de la reina, su hijo parecía querer apaciguar a ambas féminas y se afanaba por uncir a ambas a un único carro; pero solamente una se prestaba dócil, a tal operación, mientras que la otra se resistía furibunda, rompiendo el yugo y haciendo pedazos, al final, el carro entero. La soberana, al despertarse, acudió presurosa a los altares para conjurar aquel mal agüero; pero allí dio con otra inquietante premonición: un águila intentaba sustraerse a las garras de un halcón que, acometiéndola, la desplumaba sin que ella lograse reaccionar. ¿Qué pensar también de eso?

Muy poco, en realidad, porque en seguida, apenas concluido el relato de estas señales del cielo, llega del teatro bélico un mensajero y refiere lo irreparable, lo impensable. El ejército de Jerjes ha sido destruido en su totalidad; incontables vidas de guerreros y de héroes han sido truncadas y engullidas por el mar. Todo está perdido: «De un solo golpe, toda vuestra fortuna se derrumbó; la flor y la nata de los persas ha sido cercenada. [...] El ejército ya no existe. [...] Las costas de Salamina y cuanto las rodea, están repletas de cadáveres miserablemente deshechos. [...] Maldita Atenas...»[3]. Ante una catástrofe desmesurada y consternadora, no queda sino bajar la cabeza: «Es forzoso que los mortales soporten las penas impuestas por los dioses», observa sombríamente la reina[4]. Pero ¿cómo ha sido posible? ¿Cuál ha sido la causa de un desenlace tan calamitoso y tan contrario a toda previsión plausible? ¿Quién es el responsable de semejante «abismo de males»? «Un demonio quiso destruir así nuestro ejército, poniendo en la balanza suertes de peso distinto; los

3. *Ibid.*, vv. 250-285.
4. *Ibid.*, vv. 293-294.

dioses protegen la ciudad de Atenas», replica el mensajero[5]. «Un genio vengador, un demonio maligno llegado de quién sabe dónde, trajo aquel desastre», añade en seguida[6]. Un «demonio» *(dáimon)* que, en el plano humano, se había concretado en el genio táctico del ateniense Temístocles, quien, con el engaño de un falso anuncio, había logrado desorientar y emboscar a la flota persa, desencadenando la masacre. «Demonio funesto de penas terribles: con los pies pesados aplastaste la estirpe persa toda», repiten el coro de los «fieles»[7]. Pero ¿puede bastar eso por respuesta?

En tan extremo trance, Atosa tiene la inspiración de invocar la sombra del difunto rey Darío —el rey sabio—, quien había traído prosperidad al Imperio y jamás había llevado a sus hombres a la ruina. Acaso él tenga una palabra que ilumine la tiniebla del mal: una explicación para el desastre. El espectro se manifiesta desde lo profundo del Hades y se recibe con dolor la noticia: «¡Oh! ¡Demasiado rápido se han verificado los oráculos! Zeus ha lanzado sobre mi hijo el cumplimiento de aquellos vaticinios como un rayo. Y yo que esperaba que tuviera que pasar todavía mucho tiempo... Pero, cuando un hombre se apresura *(spéudei)*, también el dios le echa una mano»[8]. Había sido presagiado, en efecto —como otras fuentes cuentan—, que, «cuando un puente de naves hubiese conectado la ribera sagrada de Ártemis —la del arco de oro— con la península de Cinosura, después de haber con necio designio devastado la espléndida Atenas, la Justicia divina terminaría con la arrogante In-

---

5. *Ibid.*, vv. 345-347.
6. *Ibid.*, vv. 353-355.
7. *Ibid.*, vv. 515-516.
8. *Ibid.*, vv. 739-742.

solencia, hija de la soberbia Jactancia, de quien muestra una cólera tremenda y cree poder subyugarlo todo»[9].

De manera que aquella profecía ya apuntaba al fatídico puente de barcas que había mandado habilitar el hijo de Darío. Sin embargo, como la propia sombra del rey reconoce, Jerjes no sabía nada de tales oráculos. Había hecho que se cumplieran sin ser en absoluto consciente. Se había «apresurado» desconociendo el rumbo del destino; se había «afanado» y el dios acudió, por así decir, en su ayuda, sumándose a su iniciativa. Macabra conjunción... Pero eso no resuelve las preguntas que la conducta de Jerjes inevitablemente suscita. Porque Jerjes, aunque nada supiera de los vaticinios, así y todo cometió otros errores. No hizo caso, no prestó oídos a las recomendaciones que en cualquier caso le había transmitido su padre: «No ha tenido presentes mis instrucciones»[10]. Se refiere a aquella admonición, a la que ya ha aludido el coro de ancianos —los «fieles»—, de gobernar y extender el Imperio manteniéndose exclusivamente en los confines del continente asiático: «Zeus soberano decretó que este fuera nuestro privilegio, nuestra prerrogativa: que un único hombre dominara toda Asia, nodriza de ovejas, sosteniendo entre las manos el cetro del poder»[11]. Y así había sido desde Ciro el Grande hasta el propio Darío. ¿Por qué no contentarse con tal extensión y querer todavía más? Ese cruce del límite espacial, ¿no equivalía a olvidar la mesura misma que debería regir en cada acto? Era pura y dura *húbris* («arrogancia»), y eso siempre recibe su castigo. *Húbris*

---

9. Heródoto, *Historias*, 8, 77.
10. Esquilo, *Persas*, v. 783.
11. *Ibid.*, vv. 762-764.

sacrílega era asimismo querer someter al propio mar que separa las tierras; al mar, que es una cosa sagrada y el reino de un dios: «Creyó que podía esclavizar al sagrado Helesponto, encadenar las corrientes divinas del Bósforo. [...] Él, un mortal, creía ser más poderoso que los dioses: más poderoso que Poseidón... Un golpe de locura ha agarrado a mi hijo», sentencia la sombra de Darío[12]. Y *húbris* fue igualmente devastar los lugares sagrados de la tierra griega:

> No tuvieron escrúpulo en saquear los santuarios de los dioses, en prender fuego a los templos; han sido devastados los altares, tiradas al suelo las imágenes divinas, derribadas de sus pedestales de cualquier manera. Quien ha hecho el mal, no ha de sufrir un mal menor. [...] Cuando la desmesura florece, da frutos de infortunio de los que se cosecha una mies de lágrimas[13].

Ciertamente está el atenuante —si es que puede considerarse tal— de la tierna edad de Jerjes, «fogoso» como son todos los jóvenes; «insensato» y temerario en sus planes como quien aún no tiene la suficiente experiencia de la vida; sensible a las insinuaciones viles, y demasiado influenciable por los discursos de quienes están a su alrededor para corromperlo. «Estas cosas, el impetuoso Jerjes las aprendió frecuentando a hombres malvados», explica Atosa.

> No paraban de decirle que tú [*i.e.* Darío] con la guerra habías conquistado enormes riquezas para tus hijos, y que él en cambio combatía, por ser poltrón, dentro de los confines de su casa, sin acrecentar para nada la fortuna paterna. Semejantes

12. *Ibid.*, vv. 744-750.
13. *Ibid.*, vv. 809-822.

mofas a menudo oía de boca de gente infame y, así, un día decidió hacer la guerra contra Grecia[14].

Solo queda esperar que pueda mostrar más sensatez de cara al futuro: que desista «de ofender a los dioses con jactanciosa audacia»[15]. Y ese deseo expresa la sombra de Darío antes de volver a bajar al Hades. También cabría plantear esto: por muy osado y pretencioso que pudiera mostrarse Jerjes, ¿tan escasamente plausible o carente de fundamento era la perspectiva de que una flota de «mil naves» de guerra —como era la de los medos— pudiera imponerse con facilidad sobre comparativamente exiguo contingente griego, cuyos barcos no sumaban sino «treinta veces diez»? «En lo que al número respecta, debía claramente haber vencido la flota de los bárbaros»[16]. De ahí también la incredulidad ante tal desenlace. Llegado ese punto, sin embargo, lo único que queda es recoger la «mies de lágrimas» que la catástrofe ha hecho en cualquier caso madurar. No queda sino volver a vestir a Jerjes —cuyo hábito regio cuelga, hecho jirones, de su cuerpo— y entonar junto a él los acentos del llanto: el lamento compartido del rey de sus fieles, donde el dolor se desahoga y acaso al final se mitigue en la ritualidad del canto antifonal. Porque en el rito se encauza y se atenúa incluso la emoción más extrema y descompuesta.

Ate, perra que menea el rabo bailando el agua a su dueño... y red que atrapa sin posibilidad de escapatoria; el demonio

---

14. *Ibid.*, vv. 753-758.
15. *Ibid.*, v. 831.
16. *Ibid.*, vv. 337-342.

vengador, la potencia sobrehumana e inaprensible cuya mano oscura se advierte en los acontecimientos, pero no se logra identificar quién sea ni de dónde salga; los oráculos, que desde siempre dicen lo que indefectiblemente acaecerá, y que en general solamente se recuerdan una vez que todo se ha cumplido; el dios que *sunáptei* —que «acompaña», que «colabora con»— la caída estruendosa del mortal; la *húbris* terrible en que el hombre incurre cada vez que se olvida de los límites asignados a su naturaleza y a su posibilidad de acción; la impiedad que pisotea los sagrado y ofende lo divino; la juventud que se inflama fácilmente de pasiones y deseos en la ambición de emular las glorias de los ancestros o en la reacción a las críticas: tales son los modos con los que en el tiempo de la escena se intenta comprender y decir el origen del mal. Son perspectivas que fluyen y se suceden en las voces de quienes hablan y comentan los acontecimientos. Y luego está, junto al asunto del origen del mal, la tentativa de enfocar los términos de una responsabilidad individual respecto a lo que ocurre, si es que tal responsabilidad existe y es posible determinarla y calibrar su peso. En esto el teatro opera de maneras parecidas a las del tribunal y la ley, planteándose cuestiones análogas y colocando los hechos bajo la lente de las mismas categorías, con la diferencia de que aquí no hay obligación de pronunciar ningún fallo. Se despliega si acaso, antes bien, el abanico entero de las perspectivas, que a menudo son alternativas y, al mismo tiempo, conciliables. El problema no reside, obviamente, en identificar a un culpable —asumiendo eso fuera posible o simplemente relevante—, sino en plantearse la totalidad, poniéndose ante los ojos la intrincada maraña de las relaciones y los planos sin que ningún elemento excluya a otro. Porque está Ate —contra la cual, nada puede siquiera Zeus—, está la acción impía y jactanciosa de la que habría que abstenerse... pero está también lo que parece razonable hacer y solamente *a posteriori* se juzga como un fatídico exceso. Responder con una solución unívoca —como a menudo se ha intentado hacer—, sería ir contra el teatro de Dioniso y, a fin de cuentas, contra la vida misma. Uno y otra apunta solo a hacer cobrar una mayor conciencia. Para el resto de cosas está, en otro sitio, precisamente el tribunal.

Otras dos escenas merecen también nuestra atención a este respecto. Con la primera volvemos al *Agamenón* de Esquilo. Con la llegada de su esposo, Clitemnestra interpreta el papel de la mujer «fiel a su hombre, perra consagrada a él y hostil a sus enemigos»[17]. Persuasiva y lisonjera, no duda en manifestar alivio y alegría ante el regreso de Agamenón, evocando, frente a ello, la desazón de los largos años de su ausencia: el peso de la soledad, la incertidumbre por los rumores que a veces parecía que llegaban del escenario bélico, el impulso de suicidarse por la desesperación. Y no se avergüenza —eso dice— de expresar, delante de todos, su cariño y sus sentimientos. Ha hecho extender suntuosas alfombras de color rojo púrpura y pretende que él desfile sobre ellas como cuadra al dichoso vencedor de una gran gesta. Parece un acto inaudito de homenaje y honra, cuando resulta que es el modo en que se consagra a una víctima destinada al cuchillo. Dentro, todo está listo para la masacre. Y cuando Agamenón se mete en la bañera para recom-

17. Esquilo, *Agamenón*, vv. 605-609.

ponerse tras el viaje, le cae encima de improviso una red que lo inmoviliza, dejándolo indefenso. Inexorables penetran las cuchilladas y en seguida se extingue su aliento. Clitemnestra vuelve rápido a aparecer en la puerta del palacio, donde articula, para desconcierto de quienes la escuchan, palabras de signo opuesto a las que había pronunciado momentos antes. Exhibe la falta de vergüenza (solo que ahora es verídica): explica, sin la menor reticencia, que hace falta mentir si se quiere tender con éxito una trampa mortal. Orgullosa e inmóvil, bien erguida en el umbral, se reafirma en el gesto que ha llevado a cabo: «Heme aquí, donde he golpeado: junto a mi obra, junto a lo que he llevado a término; lo he hecho y no lo niego»[18]. Entre las manos tiene el hacha que ha usado para matar. Un negro borbotón de sangre vomitado por el agonizante le ha salpicado el vestido y ella se deleita: tales gotas con como las del rocío que mojan un campo sediento.

Este asesinato parece un rito de primavera para propiciar las mieses, y, ella, una diosa o la tierra misma que celebra sus nupcias con el cielo. A los ancianos de Argos, que reaccionan con horror, Clitemnestra les explica, con la misma firmeza, qué ha guiado su mano. Ha matado para vengar a Ifigenia, su pobre hija, a la que Agamenón había sacrificado en pos del buen fin de la guerra. Ha matado a su marido por el ultraje que este le ha infligido llevándose de Troya a Casandra como concubina. Razones de madre; razones de mujer ofendida y herida. Pero luego, en un arranque inesperado, a los viejos que la hostigan con el reproche por un crimen que se antoja injustificable, Clitemnestra replica:

18. *Ibid.*, vv. 1379-1380.

«Tú gritas que esto es obra mía, pero no pienses que yo soy la esposa de Agamenón. Es el antiguo y acre demonio vengador de Atreo quien ha cobrado el aspecto de la esposa de este cadáver para saldar la deuda de los mozos asesinados»[19]. En el presente estaría actuando el vestigio de un crimen remoto y más espantoso todavía: cuando Atreo masacró a los hijos de Tiestes y se los sirvió de comida, como represalia por haber seducido a su mujer. Sangriento recuerdo del que las paredes del palacio diríanse empapadas, rencor y venganza que se transmite inexorable de generación en generación en las ramas del linaje de la pareja de hermanos.

Pero ¿cómo entender esta declaración de la reina asesina? Podría parecer una forma de atenuar su responsabilidad, y el escándalo de tal acto, tras la jactancia verbal con la que se lo había atribuido, como si de una gloriosa gesta se tratara (sobre todo considerando que Clitemnestra no tiene inconveniente en ir interpretando papeles distintos según le convenga, pasando sin reparos ni remordimientos de un registro a otro). ¿O a lo mejor las cosas son distintas y sí que hay, en ese arrebato suyo, una concomitancia que cortocircuita consigo misma? Al alarde del «Soy yo: es obra mía», le hace de seco contrapunto la negativa opuesta: «No soy yo: es otro que obra en mí con mi aspecto». Y ambas cosas tienen su sentido y su valor si la voz trágica que se expresa a través de la boca de la reina pretende, desde el primer momento, apuntar a la contradictoria, pero efectiva verdad de que el yo siempre es también otro: de que el yo que actúa en su propio nombre, siempre está también cogido en una historia que lo precede, en un legado que conti-

19. *Ibid.*, vv. 1497-1504.

núa activo, en un pasado que se replica y que hasta cierto punto define, a ese yo, más allá de él mismo. La persona actúa a la vez que es actuada. Se reconoce plenamente en el gesto, y a la vez denuncia una pertenencia del mismo a una fuente ulterior, porque en el gesto trasluce y se manifiesta una realidad diferente que se envuelve en el semblante indistinguible de esa misma persona que lo realiza. Podríamos hablar de posesión, o de escisión patológica. Pero tal vez no se trate sino del mero y atroz reconocimiento de que la identidad nunca es una y simple y no vive exclusivamente de sí misma en un único horizonte, a pesar de las apariencias o de cuanto diga el propio sujeto en los distintos estados de su ser. De manera que ese exceso que todo crimen representa, no hace sino mostrar, de manera flagrante, que una acción no remite a un único pronombre o a una única figura circunscrita, como tampoco se cierra en una única razón decible, sino que se desgrana en una fuga de planos y roles, así como de vestigios inscritos en lo profundo, mezclando del mismo modo verdad y mentira, afirmaciones y pretensiones, el presente propio y el pasado ajeno.

Cambiamos de contexto. Estamos ahora al final del *Edipo rey* de Sófocles. La luz terrible de la verdad ha estallado y ningún artificio o defensa está ya en condiciones de ocultarla. Edipo ahora sabe. Después de haber extendido en el suelo y haber recompuesto el cadáver de la suicida Yocasta —la esposa-madre que se ha ahorcado por la vergüenza insostenible—, el héroe retira de las ropas de la difunta las hebillas de oro que en ellas estaban prendidas... y las usa para cegarse a sí mismo y no ver ya más nada de ese horror que él mismo había producido. Gimiendo y con las órbitas chorreando sangre, sale del palacio añadiendo consternación a la consternación. ¿O no bastaban los males que se habían verificado ya? «Tremendas acciones has llevado a cabo... ¿Cómo has podido destruir así tus ojos?», pregunta el mensajero. «¿Qué dios te ha empujado hasta ese punto?»[20] Dúplice es, una vez más, la respuesta: «Apolo, ha sido Apolo, amigos míos, quien ha llevado a cabo *(telón)* estos males que sufro, estas calamidades mías. Nadie más me ha golpeado con su mano: he sido yo, yo mismo, quien lo ha hecho. ¿Por qué iba a tener yo que seguir viendo, si nada dulce hay ya que yo pueda ver?»[21]. Apolo es el autor de la desventura: él es quien ha asignado el *télos*, quien ha llevado a pleno efecto el «mal». Pero ha sido el propio Edipo quien, *autócheir* («con sus propias manos»), ha asestado el golpe, quien ha osado realizar una acción «terrible» apagando su propia vista, igual que había sido él mismo quien había llevado a cabo aquellas «cosas tremendas», matando a su padre y echando su propio esperma en el útero mismo que lo había engendrado. Lo cual hizo, por supuesto, sin saber lo que hacía[22]. Él no escogió nada. Padeció. Pero lo cierto es que hizo —«con sus propias manos»—, y esas acciones atroces son suyas y nadie, ni siquiera él mismo, puede hacer nada para borrarlas. No queda sino cegarse y hacer materialmente definitiva esa obcecación que ha marcado todas las acciones de su vida.

El dios, el genio maligno, «yo mismo». ¿Quién es el que actúa? ¿Quién es el que elige hacer lo que hace? Se ha dicho

---

20. Sófocles, *Edipo rey*, vv. 1327-1328.
21. *Ibid.*, vv. 1329-1335.
22. Véase el capítulo 13.

muchas veces que el teatro explora el tema de la voluntad y la determinación propias del sujeto: si efectivamente existen y en qué términos podrían concebirse. Pero nada cabe, obviamente, encontrar aquí que se asemeje a esa libre voluntad con la cual se adorna el sujeto moderno. Aquí se atisbarían solamente esbozos de un recorrido futuro en la permanencia de oscilaciones y planos múltiples que interactúan entre sí. Pero ¿y si resultara, por el contrario, que en ese «todavía no», en ese círculo que parece envolverse continuamente en sí mismo rebotando de lo humano a lo divino y de lo divino a lo humano, hubiera una sabiduría a la cual conviene dar oídos precisamente contra los espejismos de esa sólida subjetividad que se cree dotada de libre albedrío y llega a estar igual de ciega?

«Demonio es, para el hombre, su forma de ser (*éthos*)», decía Heráclito con anterioridad a la época de la tragedia. En virtud de una tradición arcaica que también en los pasajes que ya hemos considerado se refleja, *dáimon* es el nombre que recibe un agente no humano cuya presencia se advierte en el acontecer de las cosas y en la ejecución de las acciones: un agente al que no se reconoce y no se logra identificar, y el cual se concreta en un «destino». Pero el hecho de que el *éthos* de cada quien —su forma de ser y de actuar— pueda coincidir con su «demonio», no significa que el hombre se determine él solo, prescindiendo de lo divino. Cierto es, si acaso, que el hombre nada sabe, por lo general, ni de su propio *éthos*, ni de lo divino, como tampoco del modo en que ambas cosas puedan encontrarse.

6. Lo que el espectáculo enseña

Los héroes, a veces, se vuelven locos. Es la otra cara de ese afán que tienen de absoluto, de un valor que refulja cual luz. Es el momento en el que esa tensión que apunta a la perfección, estalla y desborda los contornos mismos de la forma a la que el ser de ellos —de los héroes— se adhiere con un ímpetu que desafía a la muerte. Se vuelve loco Heracles, exterminando a su familia tras haber cumplido sus doce terribles trabajos y haber vuelto de la tiniebla indecible del más allá. Se vuelve loco Áyax cuando le niegan el premio que ambicionaba. Ha muerto Aquiles combatiendo junto a Troya y sus espléndidas armas, forjadas por el dios Hefesto, van a ser entregadas a quien resulte declarado el guerrero mejor del ejército griego. La asamblea delibera y se dispone a votar. Es designado Odiseo, el héroe de la inteligencia astuta y versátil, cuya valía, sin embargo, ciertamente es inferior a la del fortísimo y valeroso Áyax, único campeón indiscutible en el frente aqueo una vez muerto

Aquiles. No se resigna el héroe a semejante resultado, que se le antoja un insulto atroz. Inmerecida, cuando no fruto de un fraude, le parece la victoria de Odiseo. Se enciende el furor y algo terrible sucede en el silencio de la noche.

Y es justo al amanecer del día siguiente cuando empieza a transcurrir la acción del *Áyax* de Sófocles. Odiseo está haciendo averiguaciones para entender qué ha ocurrido, tras haberse difundido entre los soldados rumores inquietantes. Siguiendo los vestigios y las pisadas que va encontrando por el suelo, ha llegado al confín del campamento. Precisamente allí, la diosa Atenea lo sorprende y le dirige, invisible, su saludo: «Siempre te veo, oh hijo de Laertes, de caza, dispuesto a buscar ocasiones contra tus enemigos. Y ahora hete aquí, delante de la tienda de Áyax. [...] Hace rato que examinas sus huellas recientes, para determinar si está dentro o no. Tu buen olfato te guía. [...] Pero dime por qué te tomas tal trabajo. Yo sé y puedo decirte lo que sea»[1]. Ha sido llevada a cabo, al amparo de la oscuridad, una acción inaudita: el ganado que había en un redil para dar de comer al ejército, ha sido bárbaramente masacrado. Hay quien ha visto correr a Áyax por el campamento con la espada desnuda y bañado en sangre. Pero todo eso, ¿qué sentido tiene? El suceso se antoja inexplicable y ni siquiera está claro quién ha sido el autor de tal gesto. De ahí que Odiseo se haya puesto a indagar. Y de ahí que Atenea haya venido a presidir su «caza», haciéndole, como siempre, de próvida y amistosa guía. En la oscuridad estalló la cólera de Áyax, como acaso fuera previsible que ocurriera. La *orgé* —la «ira», el impulso violento e incontenible— es una emoción típica de los

---

1. Sófocles, *Áyax*, vv. 1-13.

héroes cuando su superioridad no recibe el homenaje y la consideración merecidos, cuando su valor no es recompensado con un galardón honorífico que les conceda la comunidad. Donde se es y se existe en la pura visibilidad, donde lo que importa es aquello que los sujetos constatan positivamente los unos de los otros, el reconocimiento lo es todo y su falta supone una herida que se graba en la carne y en el corazón, un lancinamiento que pone en cuestión la vida misma, porque no ser reconocido equivale a verse reducido a la nada, a la no existencia. Y entonces la reacción se desencadena de las formas más disparatadas. El yo heroico es un yo tan poderoso, como frágil: terrible en el ejercicio de la fuerza, pero también en la manifestación del dolor cuando algo merma y menoscaba su imagen. Quería vengarse Áyax: quería golpear a quien lo había despojado de lo que le correspondía. Quería golpear a los atridas, que lo habían humillado; golpear a Odiseo, que le había robado el premio; castigar al ejército, que, con su voto, básicamente le había negado su primacía. Tenía sed de catástrofe Áyax: era el único modo de lavar la ofensa y restablecer los equilibrios, según la lógica de la *orgé*. Y ciertamente lo habría conseguido de no haber intervenido Atenea en el momento preciso.

La diosa lo desvió del funesto triunfo que anhelaba, alucinando sus ojos. Presentó ante ellos «visiones engañosas» para que los golpes de su espada errasen el blanco. Áyax tenía el convencimiento de que estaba golpeando a sus odiados enemigos cuando, en realidad, estaba matando ovejas y bueyes:

Lo dirigí contra los hatos, contra el botín todavía mezclado y pendiente de repartir, vigilado por los pastores; entonces se lanzó e hizo una masacre con las bestias, golpeando por doquier como loco. Él creía que estaba matando con sus manos a los dos atridas, y que acometía ora a este, ora a aquel de los jefes griegos, echándoseles encima[2].

Todo el ánimo de Áyax, todo su temperamento y toda su naturaleza exhalan furor. La deriva del asunto y su efecto final vienen dados, no obstante, por la intervención de la diosa, que altera la percepción del héroe y hace que su mente cortocircuite al inducirle *dúsphoroi gnómai*, o sea, «opiniones ilusorias», sin contacto con la realidad.

Áyax mata a algunos animales *in situ*, pero a otros los arrastra hasta su tienda y allí se dispone a continuar un terrible juego de sevicias e insultos. Esa es la *chará*, la «alegría» de su venganza: el «placer» cruento de aniquilar a quien no quiso reconocerle. Y ahora Atenea se dispone a llamarlo afuera para que también Odiseo se dé cuenta y pueda referir a sus compañeros cada detalle: «Quiero que también tú veas claramente su delirio, para que puedas contársela a todos los argivos». Odiseo reacciona con alarma ante el propósito de Atenea: «¿Qué haces? ¡No le hagas salir!»[3]. Tiene miedo de encontrarse delante de ese hombre ofuscado por la ira; tiene miedo de toda esa violencia. Mejor que se quede dentro de la tienda. Si estuviera en sus cabales, de ningún modo dudaría en hacerle frente; pero así, realmente es excesivo... La diosa, sin embargo, le asegura que no hay riego: «Quédate ahí, no temas; este hombre no va a ser ningún peligro para ti: yo voy a desviarle la mirada

2. *Ibid.*, vv. 54-58.
3. *Ibid.*, v. 74.

para que no te vea»[4]. Y otro prodigio: los ojos velados de Áyax no pueden ver, en efecto, a Odiseo, mientras que este sí que puede contemplar «con toda claridad» la *nósos* —esto es: la «enfermedad»— que está haciendo polvo a su adversario. A pesar de esa garantía de invisibilidad mágica, Odiseo duda. Preferiría estar en otra parte, sustraerse a tal encuentro. La perspectiva de encontrarse a escasa distancia de un loco homicida, digamos que no le encanta; por no hablar de la posibilidad de «reírse» de las alucinaciones que aturden a Áyax, como Atenea sugiere malignamente: «Reírse de los enemigos, ¿no te parece la risa más hermosa?»[5]. Pero termina cediendo y acepta la invitación, fiando en el poder de Atenea y en la eficacia de sus «artes».

Por lo demás, para los dioses cualquier cosa es posible y a Odiseo no le queda otra que convertirse en un dócil espectador. La escena diríase dispuesta precisamente para él. «Mantente, pues, callado y no te muevas de donde estás»[6], le recuerda la diosa mientras, con grandes voces, llama a Áyax para que salga, declarándose su fiel y próvida «aliada». El héroe, completamente fuera de sí, no capta la ironía de tales palabras y no se percata de la cruel mofa de Atenea, quien lo incita y lo espolea nada más que para hacerle llegar más lejos todavía en su desatino. Cuenta Áyax, exultante, que ya ha acabado con los dos odiados atridas, pero que a Odiseo lo tiene todavía vivo, firmemente atado dentro de la tienda: que va a hacerle morir despacio, entre atroces tormentos, a base de latigazos, para poder disfrutar de la agonía de quien

4. *Ibid.*, vv. 68-70.
5. *Ibid.*, v. 79.
6. *Ibid.*, v. 87.

le ha sustraído las armas de Aquiles. Es solo un animal quien va a morir bajo los golpes implacables de su fusta, pero Áyax no lo sabe: no lo ve. Él cree por completo en el favor y auxilio de la diosa, la cual lo exhorta a «no dejar de hacer nada» de cuanto tiene en mente. «Asísteme siempre como estás haciendo ahora»[7], le pide, ignorante, el héroe antes de volver a entrar a la tienda y seguir flagelando a su supuesto enemigo.

Es suficiente. «¿Ves, Odiseo, cuán grande es el poder de los dioses?», pregunta Atenea una vez concluido el desquiciado diálogo[8]. Y a tal constatación parecía efectivamente apuntar el alarde que acaba de presenciar el espectador. Porque en otras circunstancias, nadie hubiera podido ser más sagaz y astuto que Áyax en el momento de actuar; nadie hubiera podido igualar su valor. Ahora, sin embargo, no es más que un pobre loco al que se puede escarnecer sin que ni siquiera se dé cuenta. Odiseo, así y todo, no es capaz de regocijarse ante tamaño batacazo, por mucho que hay podido sentir toda la hostilidad que su adversario alimenta contra él. No se ríe de lo que ha visto: no se complace en la humillación del otro. Tal espectáculo lo mueve, antes bien, a compasión. Siente piedad por «ese infeliz» postrado por el «infortunio». Se ve a sí mismo en él; se identifica con su sufrimiento y con su vulnerabilidad: «Aunque sea mi enemigo, lo compadezco, pobre desdichado sometido al yugo de un desastre tremendo. En su suerte, yo veo también la mía. Veo que todos nosotros, todos los que vivimos, no somos sino fantasmas y sombras vanas»[9]. No son nada los

7. *Ibid.*, v. 117.
8. *Ibid.*, vv. 118-119.
9. *Ibid.*, vv. 121-126.

mortales, simulacros inconsistentes que en un instante se desvanecen: existencias frágiles y precarias. «Lo que es de este», concluye Odiseo, «es mío». Lo «ajeno» es, en efecto, lo «propio» en el espejo de la escena en la que se refleja, pasando la persona a ser de pronto consciente de todo lo que es común a la naturaleza humana. Invisible y protegida de una excesiva proximidad, puede *skopéin* («observar», «contemplar») el mal que puede golpear a cualquiera, la ruina que puede abatirse sobre «quien vive». Tal es el efecto del «arte» divina, el efecto precisamente de lo trágico. Y la enseñanza que se nos imparte es esta: «Mira este espectáculo», concluye Atenea, «y no digas nunca palabras insolentes contra los dioses. No te hinches de soberbia si eres más fuerte o más rico que otros. Basta un día para echar por tierra todas las cosas humanas y volver a levantarlas de nuevo. Los dioses aman a los hombres juiciosos y odian a los malvados»[10]. En el breve espacio de una jornada, todo puede transformarse: efímero y caduco es lo mortal. Esa es la lección para quien quiera ser *sóphron* —tener una «mente sana»— y no delirar como Áyax. Nada menos que dos veces antes de aquella fatídica noche, el héroe había proclamado con arrogancia que él podía vencer en la batalla incluso sin la ayuda de los dioses: incluso sin el auxilio de Atenea. Y fue una presunción tan delirante lo que efectivamente abrió el camino al cruento delirio de la masacre.

Odiseo se aleja y refiere la verdad que ha descubierto. Entre tanto, dentro de la tienda, la violencia ha cesado y, con ella, las frenéticas carcajadas, las exclamaciones de triunfo y el

10. *Ibid.*, vv. 127-133.

silbido incesante del látigo. Ahora impera una muda catato-
nia. Exhausto y postrado yace el héroe, que, poco a poco, se
va recuperando y va cobrando conciencia de lo que ha sucedido. Tirado entre los animales muertos, Áyax estalla en so-
llozos desesperados y llora como nunca había hecho en su
vida: negra angustia de quien fracasó y, al fracasar, se expu-
so a la mofa y a la hostilidad de todos. Él quería vengar su
honor herido... y ahora todos se podrán reír de él. La fiel
Tecmesa y los compañeros de su Salamina natal intentan
confortarlo, pero temen lo que aún podría hacer. Dos veces
derrotado, dos veces privado de lo único que cuenta: la consideración y el respeto de los demás. ¿Hay sitio todavía para
él entre los hombres, después de eso? Ciertamente no puede volver a combatir entre las filas del ejército junto a los
compañeros y a los comandantes, contra los cuales se ha re-
belado abiertamente. Pero tampoco le es dado hallar refugio en la patria, volver a aparecer en casa manchado por un
deshonor absoluto e irremisible. Para quien tiene un afán de
perfección y excelencia, el mero hecho de sobrevivir al fracaso no es una opción a contemplar. No queda sino la muerte, único modo de reafirmarse a uno mismo con un gesto
extremo para así reafirmar, en el cruento esplendor de una
aniquilación voluntaria, la forma de la perfección de la propia persona más allá de la suerte y del infortunio.

Para no alarmar demasiado a quienes están con él y no encontrar tampoco obstáculos en su designio, Áyax simula
una especie de resignación a los acontecimientos. Dice haber sido «ablandado» por las palabras cariñosas y solícitas
de Tecmesa, y estar preocupado ante la idea de dejarla sola
con su hijo, que todavía es pequeño, en medio de los enemigos. Incluso los «ánimos más duros», recios cual acero tem-

plado, ceden en ocasiones y se dejan vencer. Incluso los juramentos más solemnes pueden quebrantarse. «Nada es imposible» en el largo transcurso del tiempo[11]: todo puede suceder, igual que sucede que un eclipse apague el sol en pleno día. Parecen palabras tranquilizadoras, del mismo modo que tranquilizadora suena la intención que Áyax manifiesta de dirigirse a la orilla del mar para «purificarse» de la mancha que lo envilece y para esconder en la tierra la espada con la que ha realizado la matanza; una espada que otrora perteneciera al troyano Héctor y, como es sabido, «los regalos de los enemigos traen desgracias». Hay que «aprender a ceder», dice Áyax, en condiciones normales inflexible. Ceder ante los dioses, ceder ante las distintas potencias que urden la realidad; ceder ante quien ostenta la autoridad en cada caso. ¿No es esa, por otra parte, la ley suprema que lo gobierna todo en la danza de los opuestos, los cuales a su vez claudican los unos ante los otros? Ni siquiera las «fuerzas más tremendas» pueden sustraerse a tal principio:

Las nieves del invierno dejan paso al verano, fecundo de mieses; la oscura bóveda nocturna recula ante el carro fúgido del día; se aplaca el gemido del mar cuando el soplo impetuoso del viento amaina, y el sueño, que todo subyuga, primero encadena y después desata, sin durar para siempre. ¿No voy yo, así las cosas, a aprender a ser juicioso?[12].

Alternancia de contrarios, ciclo que vuelve sobre sí mismo: eterna transformación que evoluciona de un extremo

11. *Ibid.*, v. 648.
12. *Ibid.*, vv. 670-677.

al otro. Lo habían enseñado los sabios arcaicos observando la *phúsis* —es decir: la «naturaleza»— en su esencia más profunda. Pero eso que sucede con la naturaleza universal se da también, en otros sentidos, en la sustancia de las relaciones entre los hombres: unas relaciones que vuelven del revés transformándose en su contrario, y en las cuales, de nuevo, «nada es imposible» ni verdaderamente «impensable» *a priori*: «Ahora sé que al enemigo hay que odiarlo, pero con la idea de que un día será amigo; y hay que servir y ayudar al amigo pensando que, con todo, no será amigo siempre. Porque el puerto de la amistad no es seguro para la mayoría de los hombres»[13]. Piensa Áyax en sí mismo; piensa en esos «amigos» y compañeros que le han negado el premio de las armas, que lo han traicionado despojándolo de su honor. Piensa, con amargura y decepción, en lo inestable y en la falta de fiabilidad de unas relaciones que no resisten inmutables, como se querría. No hay seguridad, no hay sostén con los que quepa contar para siempre.

Toda cambia, sí. Pero no todo de la misma forma y en el mismo horizonte. Los elementos de la naturaleza, los poderes de los opuestos se mueven en un círculo en el que todo —cada cosa— termina regresando. La noche deja paso al día, pero el día vuelve luego a dejar paso a la noche y esta envuelve en oscuridad al mundo, de igual modo que sigue el invierno al verano en la rueda ininterrumpida de las estaciones, y el viento se calma en la bonanza para retomar más adelante su soplo. En otros sentidos, la mente puede abrirse a lo impensado y disponerse para un pensamiento distinto, de igual forma que las relaciones entre los sujetos pue-

13. *Ibid.*, vv. 678-683.

den variar de color y tono. ¿Qué decir, sin embargo, de la vida humana? ¿Puede acaso regresar una vez que ha cedido ante su opuesto, es decir, ante la muerte? Y ese acero indestructible con el cual se compara Áyax, ¿qué otra forma tiene de ceder, si no es haciéndose pedazos para siempre? Esa forma perfecta a la que el héroe aspira, esa forma perfecta con la cual su existencia viene a coincidir, no puede ceder sino haciéndose añicos en la colisión con su opuesto. Y sin embargo, en ese fin voluntariamente asumido y buscado, la forma encuentra también su propia salvación paradójica, teniendo en cuenta que, lanzándose a los brazos de la muerte, se sustrae para siempre a cualquier otra transformación, fijándose en una imagen perenne que el recuerdo custodia. De ahí que Áyax pueda decir que «todo va a ir a mejor. [...] Aunque yo ahora esté sufriendo, dentro de poco sabréis que estoy a salvo»[14]. De ahí que, hincada en el suelo la espada que perteneciera a Héctor, el héroe se lance sobre ella en un suicidio ejemplar que restablece, más allá de las desilusiones humanas y de la cólera divina, su valor y su honra.

Áyax ha encontrado su camino. El problema es ahora para quien sobrevive a su muerte y ha de vérselas con las repercusiones de los actos de él. El problema es qué hacer con ese cadáver que en su día fuera un espléndido campeón del ejército griego. Sus familiares —Tecmesa y su hermanastro Teucro— se preocupan, como es debido y habría que hacer siempre, por rendirle las honras fúnebres: por darle sepultura y acompañar su óbito con la ritualidad prevista por la piedad y por la tradición. Inmediata es, no obstante, la oposición de Menelao y Agamenón, los atridas, a

14. *Ibid.*, vv. 691-692.

quienes Áyax tanto odiaba. Por más que la venganza se frustrara y fueran desviados hacia bestias indefensas los golpes mortales, las intenciones eran, así y todo, palmarias y gravísimas, y clara era la sedición de Áyax contra el poder constituido que los atridas representan. Claras fueron su revuelta contra el ejército y contra los compañeros, y su negativa a reconocer la decisión mayoritaria de estos para la asignación de las armas de Aquiles. Tributar las honras fúnebres a quien ha traicionado y quebrantado todos los pactos, no es posible ni aceptable en modo alguno. Áyax debe quedar insepulto, ejemplar castigo corroborador del orden sobre el cual reposa la comunidad en el respeto a las jerarquías, a las leyes y a los procedimientos compartidos: corroborador del necesario miedo al castigo que espera a quien transgrede las normas. «No es un buen ciudadano el hombre que considera justo desobedecer a quien manda. Carecen de autoridad las leyes en un Estado donde no reine el temor, como tampoco puede conservar la disciplina un ejército si faltan, para defenderla, el respeto y el miedo. [...] La ciudad en la que reinan la arrogancia y la anarquía, un día terminará precipitándose en el abismo», afirma Menelao[15]. «¿Era acaso el único guerrero de entre los aqueos? Tristísima la competición por las armas de Aquiles [...] si, derrotados, no estáis dispuestos a acatar el veredicto de la mayoría de los jueces, sino que seguís cubriéndoos de injurias y atacándoos a traición. [...] No tendrían ningún valor las leyes si en cada ocasión tuviésemos que rechazar a quien vence con justicia, anteponiendo a quien va después. No. Eso hay que impedirlo», añade en la misma línea Agame-

---

15. *Ibid.*, vv. 1070-1083.

nón[16]. Que el cadáver se quede donde está, y que nadie se atreva a tocarlo.

Pero Teucro no se rinde y la contienda amenazaría con degenerar de no llegar, inesperado, precisamente Odiseo para mediar entre las partes, haciendo valer un punto de vista distinto. Enemigo y hostil se ha mostrado, no cabe duda, Áyax después del juicio de las armas; pero ¿realmente es posible olvidar todo lo que hizo en el pasado por el ejército? ¿Es justo negar el indudable valor de todo eso? «Yo nunca podría, a pesar de todo, corresponder a su odio llegando al extremo de no reconocer que, después de Aquiles, él era el mejor de los argivos venidos a Troya. Sería injusto por tu parte», observa Odiseo dirigiéndose a Agamenón, «infligirle tal ultraje. Tu ofensa no sería contra él, sino contra las leyes de los dioses. No es justo golpear a un héroe después de muerto, por más que se le odie»[17]. Hay un tiempo para el odio y la rivalidad y un tiempo en el cual, frente a un cuerpo exánime —frente al cadáver de un hombre al fin y al cabo glorioso—, todo eso debe dejar paso a la compasión y a las leyes divinas que prescriben honrar, en cualquier caso, a los difuntos. Agamenón se resiste a aceptar tal consejo —teme mostrarse débil y socavar su propia autoridad—, y no concibe que sea precisamente Odiseo quien tanto se moleste en abogar por Áyax. «¿Estás, pues, invitándome a dejar que den sepultura al cuerpo?», pregunta. «Yo también llegaré a la misma meta», replica Odiseo. «Yo también moriré.»[18] Es en esa conciencia donde el con-

16. *Ibid.*, vv. 1238-1249.
17. *Ibid.*, vv. 1338-1345.
18. *Ibid.*, vv. 1364-1365.

flicto se extingue y se supera: en la conciencia de la fragilidad y de la condición mortal. Es en la identificación del yo con el otro donde las oposiciones y las diferencias se anulan, entreabriendo el camino de la compasión.

Pero esta sabiduría con la que se cierra la trama —dejando que los muertos descansen en paz—, ¿acaso no deriva de aquel momento del principio, de aquella posición privilegiada de la que Odiseo pudo disfrutar por intervención de la diosa? Odiseo tuvo ocasión de presenciar, en efecto, desde la debida distancia la perdición de su enemigo. Experimentó miedo y piedad por el espectáculo que ante él se desplegaba y se dio cuenta de que todo aquello tenía que ver también con él: el mal y el infortunio no eran cosas que le concernieran solamente al loco Áyax, sino que podían afectarle exactamente igual a él, del mismo modo que a él y a todos también atañía esa meta postrera que es la muerte. Esa inestabilidad que el juego de la diosa había puesto de relieve, era la condición propia de todos los humanos. Odiseo lo había sentido y captado profundamente, haciendo suya la lección y actuando, después, en consonancia: con una mesura que es justamente lo contrario de esa ciega inflexibilidad en la que los demás se enrocan; una mesura que toca y reconoce la verdad última del *brotós* —esto es: del «mortal»— más allá de la abstracción de los principios y de la rígida defensa de las razones individuales, más allá de la política misma según la cual se rigen la ciudad y el ejército.

Es esta una sabiduría dispensada a Odiseo por Atenea: una sabiduría ofrecida por la tragedia a los espectadores de la cávea teatral para que no todo sea siempre «violencia» y conflicto. Los dioses pueden ser implacables y despiadados cuando algo o alguien los ofende, como hizo Áyax ul-

trajando a la diosa. Una «única jornada» basta para volver
del revés los destinos más prósperos y aniquilar la más fulgurante valía, como ilustra la historia. Los dioses pueden
ser indescifrables a la manera de sus oráculos o de las pro-
fecías, que se comprenden demasiado tarde o suenan terribles para el destino al que atañen, como las peripecias de
otros héroes demuestran una y otra vez. Pero a los hombres
les queda siempre la posibilidad de mostrarse «nobles» y
«justos»[19], como recomienda a los atridas Odiseo, el espectador que ha visto y comprendido todo. Amigos o enemigos, grandes reyes o simples soldados, «todos nosotros, los
que vivimos, somos solamente espectros» y «sombras vanas». Y justo por eso, al final lo único que verdaderamente
cuenta, el único principio indestructible que hace falta conservar en el corazón en cualesquiera circunstancias, es esa
«pureza reverente de palabras y de acciones»[20] que disuade
de ofender a los númenes y, al mismo tiempo, de cometer
injusticia o violencia contra los demás. Todas las cosas surgen y se esfuman. Los hombres nacen y perecen en el recorrido doliente de su destino. Pero la justicia y la pureza de
la devoción no mueren y no deben morir nunca. Su raíz
y su espejo están allá arriba, en lo alto del cielo, en las «leyes supremas generadas por el éter, las cuales tienen por padre al Olimpo y no nacieron de estirpe moral; el sueño nunca se abatirá sobre ellas»[21].

19. *Ibid.*, v. 1379.
20. Sófocles, *Edipo rey*, vv. 864-865.
21. *Ibid.*, vv. 865-870.

7. Contienda de palabras

«¡Desdichados! ¿Por qué habéis suscitado esta insensata disputa?»[1]. Así exclama Yocasta tratando de apaciguar la áspera discusión en la que Edipo, exacerbado por la cólera, acusa a Creonte de conspirar contra él para destronarlo. Es uno de los muchos diálogos tensos y acres que tachonan el universo trágico, donde los personajes se enfrentan desde percepciones opuestas de la realidad y de sí mismos. En el original, la expresión que la reina emplea es más fuerte de como suena en castellano la palabra «disputa». Sófocles dice *stásis glósses*, que sería «sedición de la lengua», «conflicto de palabras». *Stásis* es, en su acepción principal, la lucha intestina con la que la ciudad se divide en facciones opuestas; es la discordia que se enciende violenta, lancinando la unidad y la armonía de una comunidad. Es lucha que se entabla echando mano, unos contra otros, de las espadas y las

1. Sófocles, *Edipo rey*, vv. 634-635.

lanzas; pero también puede ser, como en este caso, una contienda —no menos funesta y perniciosa— que se libra y lleva a cabo a través de la palabra. Porque también la lengua es un arma que hiere y mata igual que el hierro. Porque también las palabras actúan una vez pronunciadas, poniendo en marcha una cadena de consecuencias que no cabe anular.

La tragedia está hecha de palabras con las que los personajes expresan sus razones y sus emociones, pero al mismo tiempo es un horizonte donde es el propio lenguaje lo que se escruta y se cuestiona en sus dinámicas y en sus efectos: la manera en que se habla, el sentido que se atribuye a cuanto se dice, las estrategias con las que se trata de corroborar el valor de un punto de vista o con las cuales se defiende un camino por el que se ha optado; el arte con el que se ejercita positivamente la persuasión, pero también los sagaces artificios con los que se trata de ocultar las intenciones efectivas o hacer que parezca bueno lo que está mal. Se querría que la palabra fuera sencilla y transparente, carente de ambigüedad; expresión directa de una verdad susceptible de reconocerse y compartirse: «Sencillo por su naturaleza es el discurso de la verdad»[2]. Con lo que siempre topamos, sin embargo, es lo opuesto: esa complicación en la que todo se desportilla y se enturbia; palabras opacas con las que las personas engañan y se engañan, y que atrapan como redes; palabras que no se entienden, o que significan otra cosa distinta de lo que parece; palabras que se pronuncian sin darse cuenta de lo que se está realmente diciendo o de lo que el propio discurso puede, de otra forma, implicar; palabras, también, con las que se termina

2. Eurípides, *Fenicias*, v. 469.

ejerciendo un abuso o una violencia más grave todavía que cualquier acto concreto.

Y así, de un drama a otro resuenan, como un deseo imposible, las reacciones de quien querría exorcizar el peligro y el riesgo que el lenguaje en todas las ocasiones comporta. «Para mí, si un hombre es diestro en el hablar, pero no conoce justicia, merece las penas más duras, porque piensa que esconde sus fechorías con las palabras y es capaz de cometer cualquier crimen», denuncia Medea, para quien ser «sabio en el decir» puede llevar, si no hay una ética nítida y consciente, a la audacia del *panourgéin*, esto es, del «cometer fechorías» de todo género, aplastando el derecho y la dignidad del prójimo[3].

¡Ay de mí! Habría que tener una prueba segura para reconocer a los amigos, para entender qué piensan: para saber quién es de verdad amigo y quién no. Todos los hombres tendrían que tener dos voces: una sincera, y otra a como dé lugar. Así la voz falsa quedaría desenmascarada frente a la otra y nosotros no seríamos engañados,

grita Teseo en el convencimiento —por lo demás erróneo— de que su hijo Hipólito es un canalla y todos sus discursos sobre la santidad y sobre la virtud son solamente un modo de engatusar a los ingenuos y de esconder unos deseos de signo absolutamente contrario[4]. «Es justamente eso lo que arruina a las familias y las ciudades bien gobernadas: los discursos demasiado bonitos. No hace falta pronunciar dis-

3. Eurípides, *Medea*, vv. 580-583.
4. Eurípides, *Hipólito*, vv. 925-931.

cursos que agraden a quien escucha, sino decir cosas que procuren honra y buena fama», denuncia en otros términos Fedra, señalando la distorsión sistemática de hacer sonar «bonito» aquello que, en su esencia, es vil y vergonzoso: lo dañino de una destreza retórica capaz de presentar positivamente el vicio, cuando resulta que el discurso debería siempre encaminar hacia la virtud[5].

Pero más allá de las mentiras deliberadas, de las ambigüedades voluntarias o de la astuta mala fe que los discursos se prestarían a vehiculizar, hay otro aspecto —más atroz y aciago— que el lenguaje comporta de cara a la relación con la realidad, y es el hecho de que es precisamente cuando usamos las palabras más importantes y esenciales para la convivencia, cuando no nos entendemos (palabras como «bien», «justicia» o «virtud»). Todo el mundo se reconoce en tales palabras y apela a ellas. Todo el mundo se engaña en el sentido de pensar que las entiende y que las declina de la forma más apropiada y más verdadera respecto a las circunstancias en las que se encuentra. Todo el mundo cree, también, que su propia actuación se inspira en tales palabras y las encarna. Pero es precisamente ahí donde, en todos los casos, surge la *stásis*, la sedición en la que cada quien se vuelve enemigo del otro, haciendo violencia o padeciéndola, porque cosas distintas son las que unos y otros creen y entienden. «Si el bien y la sabiduría fueran la misma cosa para todos», se dice en las *Fenicias* de Eurípides, «los hombres no tendrían sobre qué contender y no habría discursos contrapuestos. Pero no es así. Para los mortales no hay cosa que sea idéntica e igual a otra, salvo por los nombres que se

5. *Ibid.*, vv. 486-489.

usan. Pero luego, si atendemos a los hechos, todo es diferente»[6]. Común a todos es el acto de *onomázein*, es decir, de «pronunciar nombres», de «llamar» a las cosas con los términos del idioma que se habla; pero esos *onómata* («nombres», «palabras») que todo el mundo utiliza, no remiten a los mismos *érga*, a los mismos «hechos»: a la sustancia de las mismas «cosas». Los significantes de los que todo el mundo se sirve, remiten a una multiplicidad de significados que van cambiando según las contingencias y según la naturaleza de quien los pronuncia. Un mismo término puede traducirse, bien mirado, de maneras completamente opuestas, por más que a primera vista suene, en la percepción común, como la expresión positiva y unívoca de un valor. Tal es el caso de la *aidós* («pudor», «respeto»), virtud que induce a observar unas normas y unos límites asignados al comportamiento. Hay, sin embargo, determinadas situaciones en las que esa misma cualidad puede resultar, antes bien, un «daño» terrible del que no se cobra conciencia de inmediato: «El pudor es doble; hay uno bueno, y otro que es la perdición de la casa. Si la situación estuviera clara siempre, no tendrían el mismo nombre», observa filosóficamente Fedra[7], quien, por «pudor» y por «respeto» a la súplica que le dirigen, se ve obligada a revelar su pasión secreta, encontrándose, con ello, expuesta y atrapada, a pesar suyo, en una serie de repercusiones que la llevarán al suicidio.

Cosas y hechos distintos y contrarios entre sí, no deberían designarse con las mismas *grámmata*, es decir, con las «letras» de una misma palabra. Pero así es. Y es eso lo que

---

6. Eurípides, *Fenicias*, vv. 499-502.
7. Eurípides, *Hipólito*, vv. 386-387.

la tragedia repetidamente explora, renovando la pregunta de a qué nos referimos cuando pronunciamos un *ónoma* —o sea: un «nombre»— y con base en él orientamos nuestra conducta, y también la pregunta de qué excluimos y no vemos de cuanto ese *ónoma* puede igualmente indicar a pesar de lo que a primera vista creemos.

Pensemos, por ejemplo, en la *Antígona* de Sófocles, donde *nómos* es el significante en disputa que da lugar a una hecatombe de muertos («ley», «norma», «costumbre»). ¿Con qué se corresponde dicho significante y cuáles son, si es que existen, los confines que lo circunscriben? Los hijos de Edipo, disputándose la herencia paterna, se han enfrentado en una guerra fratricida. Para defender su derecho al trono, Polinices ha guiado al ejército de Argos contra Tebas, es decir, contra su propia patria. Etéocles se le ha opuesto, defendiendo la ciudad y, al mismo tiempo, su propio poder. Ambos hermanos han caído en combate y el ejército argivo se ha dado a la fuga. Tebas vuelve a respirar y no tiene otro deseo que olvidar la atrocidad de cuanto acaba de ocurrir. Sube al trono Creonte por proximidad de sangre: es hermano de Yocasta, cuñado de Edipo, tío de ambos caídos. Y cuando sube al trono explica, delante del coro de ancianos de Tebas, los criterios que han de inspirar, desde el primer momento, su política. Unos criterios que suenan, así de entrada, razonables y compartibles en la medida en que propugnan el bien común —el bien y la salvación de la patria— por encima de la familia y de las relaciones personales:

Quien no mantiene recto el timón de la ciudad, quien no toma las decisiones mejores y se queda callado por el miedo, ese es el más despreciable de los hombres. [...] Quien a un amigo o a un pariente lo considera más importante que la patria, ese para mí no existe. Yo no podría —dios es testigo— callar nunca si viera que amenaza a la ciudad un infortunio. Un enemigo de nuestra ciudad no podrá ser jamás amigo mío. Sobre esto no tengo dudas: la patria es nuestra nave y nuestra salvación. Solo si está bien gobernada y va derecha por su ruta, podemos hacernos amigos verdaderos. Con tales leyes, yo voy a hacer grande a nuestra ciudad[8].

Estos son los únicos *nómoi*, los únicos principios de ley en los que Creonte está dispuesto a reconocerse. Y, con base en tales *nómoi*, ha decidido publicar un edicto relativo a la pareja de los difuntos: «El bando que acabo de emitir para los hijos de Edipo, refleja estos principios como un hermano se parece a un hermano»[9]. Es un bando coherente, en efecto, con los mencionados compromisos, intrínsecamente afín a ellos, como quien comparte los mismos progenitores y el mismo nacimiento (observa Creonte con una ironía acaso inadvertida). Es necesario dispensar tratos distintos a un hermano y a otro. Etéocles ha muerto por su ciudad, combatiendo valerosamente, defendiendo las murallas y el conjunto de la comunidad. Por eso habrá de recibir sepultura y cuantos ritos acompañan a los héroes al mundo de los muertos. A Polinices, por el contrario, se le tendrán que negar todos los ritos. Por lo que ha hecho, no es digno de nada:

---

8. Sófocles, *Antígona*, vv. 178-191.
9. *Ibid.*, vv. 192-193.

Había sido exiliado y regresó para destruir, con el fuego, la tierra de sus padres y a los dioses de la ciudad: para saciarse con la sangre de sus conciudadanos y convertirlos en esclavos. He prohibido a la ciudad que le celebre funerales. Su cadáver debe quedar insepulto: debe quedar como pasto de perros y pájaros que lo destrocen. Tal es mi pensamiento. ¿Honrar a los criminales? ¿Preferirlos a las personas de bien? Eso nunca, ¡nunca! Por lo que a mí respecta, solamente quien ama esta ciudad deberá ser honrado tanto en vida, como muerto[10].

Con un acto lingüístico, con la palabra del poder —tal es la naturaleza del edicto—, Creonte considera que puede distinguir los predicados opuestos de *phílos* y *echthrós* —respectivamente «amigo» y «enemigo»—, asignando sendos predicados a uno y otro hermano sin reparos ni titubeos. Pero ¿puede bastar un discurso para resolver la escandalosa contradicción que, en la realidad, atañe a ese cadáver condenado a descomponerse en la llanura de Tebas? Polinices ciertamente se comportó como un *echthrós*; pero no deja de ser, por nacimiento y pertenencia, un *phílos*, un amigo, un pariente: el descendiente directo de la estirpe real de la ciudad (una estirpe, además, de la que el propio Creonte forma parte).

Acaso hubiera sido más juicioso olvidar —como la polis esperaba— y volver a empezar de cero, sin cimentar una nueva ruta política precisamente en un caso y en un asunto tan escabrosos. Los tebanos, sea como sea, reciben la decisión silenciosos. Todos excepto la hermana: Antígona, la hija de Edipo. Ella no puede aceptar una medida que se le antoja, a

10. *Ibid.*, vv. 198-210.

todos los efectos, un impío ultraje, conque se dirige, sola y a escondidas, adonde está el cadáver de Polinices para celebrar, sobre el cuerpo, los gestos del rito, llorando al muerto con la desesperación de una pérdida irremediable. Los guardias la descubren y la doncella es arrestada y llevada ante Creonte, quien la interroga sorprendido y escandalizado por su audacia inaudita. Antígona no duda en reconocer que ella es la autora de ese acto: «He sido yo y no lo niego»[11]. Es una aseveración nítida y firme que, en el plano verbal, equivale a una suerte de reiteración del delito mismo. Sin arrepentimiento y sin atenuantes. Conocía el edicto y lo había entendido perfectamente: «¿Y has osado, con todo, quebrantar la ley?», pregunta el soberano entre la incredulidad y la cólera. «¿Y quién ha emitido ese bando? ¿Zeus?», replica Antígona.

> A mí no me lo parece... ¿O acaso ha sido la Justicia de los muertos? Jamás ha establecido tales leyes... No creía yo que tus leyes tuvieran tal poder como para obligar a un ser humano a quebrantar las leyes de los dioses. Esas son leyes no escritas y que están en vigor siempre. No son de hoy ni de ayer, sino que viven desde el principio y nadie sabe cuándo aparecieron. No voy a hacer que me castiguen los dioses por temor a un hombre. ¿He de morir? Eso ya lo sabía sin necesidad de tu edicto. ¿Muero ahora? Pues muy bien. [...] Pero dejar insepulto ese cuerpo, al hijo de mi madre: eso sí que habría sido un dolor...[12].

Para Antígona, los *nómoi* y los edictos de Creonte, las leyes y las proclamas de la ciudad no tienen valor ninguno:

11. *Ibíd.*, v. 443.
12. *Ibíd.*, vv. 450-466.

su origen no viene ni de la sede celestial de Zeus, ni del reino subterráneo de ultratumba. Tales son, en efecto, las únicas fuentes trascendentes e inmutables que, a juicio de ella, pueden decir y ordenar qué debe hacerse en semejantes casos. La palabra y la ley de los hombres no tienen fuerza —para la hija de Edipo— frente a las «leyes no escritas de los dioses». Ningún discurso de la ciudad, ni de quien esté investido con el poder, podrá borrar ese predicado de *phílos* que, más allá de cualquier otra consideración, la sangre y la carne acreditan (con todo lo que eso comporta). Un predicado, por lo demás, exclusivo y bien circunscrito en su aplicación, como la propia Antígona explica. Ella jamás habría hecho lo que ha hecho si se hubiera tratado de un esposo, o incluso de un hijo. Pero el hermano —nacido de la misma madre y del mismo padre—, el príncipe heredero de la estirpe real no puede quedar privado de honras fúnebres. Hades y la Justicia de los muertos lo exigen a pesar de la polis y de la autoridad que, en las contingencias del tiempo, dispone las normas de la misma.

Entre ambas posiciones, el contraste es absoluto y no cabe contacto: «Tu discurso no va a gustarme nunca. Y a ti no te gusta el mío», observa secamente Antígona[13]. No recula Creonte en su principio: «Él había venido a destruir su tierra. El otro murió por defenderla. [...] No se puede tratar del mismo modo a un héroe y a un criminal»[14]. No recula Antígona e insiste en la imposibilidad de tratar distintamente a hermanos igualmente *phíloi*: «No importa. El dios de los muertos quiere esos ritos. [...] Donde nací, no

---

13. *Ibid.*, vv. 499-500.
14. *Ibid.*, vv. 518-520.

hay enemigos: solamente amigos»[15]. En ese horizonte eterno de las normas divinas en el que Antígona se reconoce y se coloca, únicamente cuentan el nacimiento y la estirpe real, la familia y el linaje. El resto es sabido: condenada a la reclusión en una caverna subterránea —imagen simbólica de ese mundo de los muertos en nombre del cual ella ha sido la única que se ha sublevado—, Antígona se ahorca con el cinturón que ceñía su vestido. Hemón, el hijo de Creonte, se suicida abrazando el cadáver de la moza con la que lo habían prometido. Eurídice, la madre de Hemón, se clava a su vez una espada en el costado nada más enterarse de la muerte de su hijo. Creonte, rodeado de cadáveres, sobrevive como puede sobrevivir un «muerto que camina», un hombre que ha perdido toda posibilidad de alegría y de placer, no obstante sus buenos propósitos de «hacer grande a la ciudad». Parcial y facciosa es la manera en que ambos contendientes han atribuido un valor al significante a propósito del cual se enfrentan.

Para Creonte, *nómos* es solo aquello que pertenece al espacio y al tiempo de la ciudad, aquello que «sirve» a la misma y define el papel y la condición del ciudadano. Para Antígona, *nómos* es solo aquello que pertenece a su familia y al reino de los muertos. Y esa diferencia irreconciliable estalla y se hace extensiva a las demás palabras que ambos pronuncian en su contienda. Por ejemplo al verbo *sébein* («venerar»), que en primer lugar remite a la reverencia y al temor debidos a cuanto trasciende la medida corriente de lo humano: a los dioses y a todo lo relativo a ellos. *Sébein* se dice, para Antígona, exclusivamente con

15. *Ibid.*, vv. 519-522.

relación a Hades —al señor de los infiernos— y a ese más allá en el que están ahora todos sus seres queridos. La reverencia de la heroína se expresa solamente con relación a la muerte y a los muertos: al mundo «otro» al que han marchado sus consanguíneos. Esa es la única comunidad de la que ella siente que forma parte; ese es el único *sébein* que ella reconoce, imperativo absoluto y no susceptible de limitaciones ni de censura: «No es vergüenza venerar a quienes nacieron de las mismas vísceras»[16]. Para Creonte, en el polo opuesto, el *sébein* no atañe sino a la comunidad política de los vivos y al orden por el que dicha comunidad se rige, y únicamente con relación a eso tiene sentido. Se trata de una «veneración» al poder constituido, de una «veneración» a las leyes y a las decisiones de la ciudad: de un «respeto» indefectible al poder ejecutivo y a quien legítimamente la ostenta. ¿Acaso es incorrecto *sébein* («venerar», «respetar») la autoridad, que es necesaria para evitar que todo se precipite en la anarquía? ¿Habría acaso que «venerar a quienes traen desorden»?[17] De ningún modo. «Venerar a Hades» representa, para él, una «fatiga vana y absurda»[18]. Es necesario «honrar», en todo caso, a Zeus, en la medida en que ese dios es garante y fundamento de la ciudad misma[19].

De manera que ni una ni otro captan la unidad de un conjunto, ni muestran capacidad de síntesis, como tampoco parecen capacitados para ejercer ese olvido que les habría permitido liberarse de un pasado al que ambos perte-

16. *Ibid.*, v. 511.
17. *Ibid.*, v. 730.
18. *Ibid.*, v. 780.
19. *Ibid.*, vv. 304-305.

necen. Creonte había querido diferenciarse de tal pasado en exceso, desmarcándose de la estirpe de la que él mismo procedía y a la cual debía su poder. Antígona se había quedado, en un gesto antitético, tenazmente aferrada a ese mismo pasado, sin aceptar ninguna otra posibilidad de pertenencia o de discurso. Resulta, sin embargo, que, para comprender una palabra —*nómos* o cualquier otra—, para entender una palabra en toda la complejidad de sus valores, hay siempre un requisito fundamental, a saber, descargarse del peso de la historia personal de uno y de las cadenas de experiencias previas: de todo cuanto prejuzga las palabras y las fuerza, reactivamente, a asumir un único sentido exclusivo.

La contienda que opone a los personajes puede asumir, en la escena, la estructura canónica y formalizada de un *agón lógon*, de una competición verbal o debate donde dos discursos —dispuestos secuencialmente uno después del otro— articulan sendos puntos de vista opuestos sobre un mismo tema, con una intervención del coro que funge de marco y de comentario conclusivo para cada uno de ambos discursos, como se observa en los dramas de Sófocles y, todavía más, en los de Eurípides. En esto, el teatro imita y retoma, en la ficción del espectáculo, prácticas discursivas propias de otros contextos de la vida cívica tales como los tribunales —donde las intervenciones contrapuestas de la acusación y de la defensa jalonan las fases del procedimiento judicial— o bien la asamblea, donde la propuesta de un decreto es discutida y desentrañada por oradores de facciones políticas diferentes. Se trata de una pasión —cien por cien ateniense— por la palabra y por la competición que a través de la misma se despliega. Los maestros de la retórica y de la sofística habían mostrado y enseñado, por otra parte, que, con la técnica adecuada y el entrenamiento debido, era posible desarrollar, sobre cualquier tema, un *dissós lógos* —esto es: un «discurso doble»—, sosteniendo de manera igualmente cumplida y convincente dos tesis opuestas.

En las tragedias, sin embargo, el *agón lógon* no solo es un punto de inflexión de la trama que conduce a que uno de los contendientes se imponga sobre el otro, sino que es también, y sobre todo, una ocasión para el pensamiento. Así ocurre, por dar un caso, en las *Suplicantes* de Eurípides, cuyo punto de partida es, por lo demás, el mismo que el de la *Antígona*: el momento sucesivo a la victoria de Tebas sobre el ejército argivo capitaneado por Polinices. En este caso, no obstante, la prohibición de dar sepultura que decreta Creonte no solamente afecta al hijo de Edipo, sino indistintamente a todos los guerreros del bando enemigo. Las madres y las viudas de Argos buscan entonces auxilio en Atenas, donde, como es sabido, piden a Teseo y al conjunto de la ciudad que intervengan en su favor para que puedan recuperar los cuerpos y celebrar las exequias. La petición es recibida favorablemente y se dispone a partir hacia Tebas un mensajero ateniense... cuando de Tebas precisamente llega, en ese instante mismo, un heraldo de Creonte que entre tanto ha sido informado de la tentativa de las mujeres de Argos. El heraldo, que parece desconocer los usos y las instituciones de la ciudad, pregunta a quién debe dirigirse para entregar su mensaje: «¿Quién es el soberano absoluto *(túrannos)* de esta tierra? ¿A quién debo trasladar las palabras de Creonte, que reina en la tierra de

Cadmo?»[20]. Un exordio más fuera de lugar habría sido imposible:

> Empiezas, oh extranjero, tu discurso de manera equivocada si buscas un soberano absoluto aquí. La ciudad no está gobernada por un único hombre, sino que es libre. Aquí es el pueblo quien gobierna, desempeñando por turnos anuales las magistraturas. Los ricos no tienen más privilegios que los pobres: todos gozan de iguales derechos[21].

Teseo, aunque en el plano mítico sea rey, aquí encarna, en efecto, simplemente la figura de quien gobierna en el seno de una polis democrática como es, en la realidad histórica, Atenas. Y, de un modo coherente con tal papel, expone los principios fundamentales del mismo: la soberanía del «pueblo», la distribución por turnos de las funciones públicas y las magistraturas, la libertad y la igualdad de los derechos. Pero el heraldo, lejos de quedar cohibido por su traspiés, se siente incluso aliviado. Mucho mejor y mucho más fácil, para Tebas, tener que medirse con un régimen débil y precario como es, según él, una democracia:

> Esto nos coloca en una situación de ventaja, como en el juego de los dados. Porque la ciudad de donde yo vengo no está a la merced de una turba, sino que la dirige un hombre. Nadie hay allí que, hinchando palabras vanas, adule al gentío y lo arrastre acá o allá por mor de su propio interés; nadie que sea dulce y complaciente con el pueblo, pero que luego lo perjudique y en-

---

20. Eurípides, *Suplicantes*, vv. 399-400.
21. *Ibid.*, vv. 403-408.

cuentre siempre el modo de sustraerse a la justicia cubriendo sus errores pasados con calumnias nuevas. Por otra parte, ¿cómo iba a poder gobernar bien la ciudad el pueblo, si ni siquiera de hablar y razonar correctamente es capaz?[22].

Añádase que incluso quien no sea completamente ignorante tendrá dificultades para participar en la política si, por lo exiguo de sus recursos personales, no puede permitirse quitar tiempo a su trabajo para acudir a la asamblea o para estar pendiente de la evolución de los debates. Y en semejante panorama es una auténtica calamidad para la gente de bien si «un hombre malvado, uno que antes no era nada, llega al poder conquistando el favor de la masa con sus palabras»[23].

Replica al punto Teseo a las contundentes críticas de este «hábil» y «sutil» heraldo y entrando, con ello, en la *hámilla*, es decir, en la «competición» verbal:

Dado que me desafías a tal certamen, escucha ahora tú; porque tú eres quien ha encendido esta disputa. Nada hay más nocivo para una ciudad que un señor absoluto *(túrannos)*: deja de haber leyes comunes y pasa a ostentar el poder uno solo que se hace la ley él mismo. Y eso no es igualdad. Donde hay leyes escritas, en cambio, tienen iguales derechos el pobre y el rico. Quien es más débil, si resulta ofendido, puede responder al poderoso en condiciones de paridad, y, si tiene razón, prevalece. Eso es la libertad[24].

Para las dinámicas propias del régimen democrático —prosigue Teseo—, se da a todo el mundo la posibilidad de

22. *Ibid.*, vv. 409-416.
23. *Ibid.*, vv. 423-425.
24. *Ibid.*, vv. 426-438.

expresar su parecer en la asamblea, a todo el mundo la oportunidad de dar un «buen consejo» a la polis, granjeándose con ello la persona «buena fama» entre sus conciudadanos. También es libre cada quien —si lo prefiere— de callar. Allí donde es el pueblo quien gobierna, la juventud crece próspera y segura; y los más válidos tienen forma de destacar sin correr riesgos. Todo lo contrario sucede en un país regido por un régimen tiránico, donde el señor absoluto es frecuente que elimine o destierre a los jóvenes mejores y más inteligentes por temor a que le disputen el poder. Por no hablar de los abusos de los que pueden ser víctimas las mozas cuando el señor, por su gusto, las desee:

> ¿Cómo va a hacerse fuerte una ciudad si se le siega la juventud y se cercena la valentía de la misma, cual si de espigas de un prado en primavera se tratara? [...] ¿Qué sentido tiene criar con tal cuidado hijas vírgenes en casa, para que deban después convertirse en objeto de placer del señor, si es que a este se le antoja? Preferiría yo morir, antes que ver a mis hijas violadas. Y con esto he respondido a tus críticas[25].

El primer asalto ha concluido, pero todavía no han entrado en el contenido del mensaje que trae el heraldo. Sigue, pues, un segundo díptico de discursos contrapuestos. El heraldo conmina a que Atenas expulse cuanto antes a las suplicantes argivas y no se entrometa en la cuestión de la sepultura. Añade que Teseo, que tan solemne elogio ha hecho de su ciudad «libre», debe guardarse de abrir de manera temeraria un conflicto, por orgullo solamente o por rabia

25. *Ibid.*, vv. 447-451.

derivada de las críticas recibidas; porque ese es otro límite de la democracia. Sucede, en efecto, que, en la asamblea, todos están dispuestos a votar en favor de la guerra a la más mínima provocación, pues, respaldándose los unos a los otros y sintiéndose masa, los individuos no piensan y no ven tan cercano è inmediato el riesgo de su propia muerte.

Si la muerte estuviese, por el contrario, ante los ojos de cada quien en el momento de votar, el furor bélico no supondría la perdición de Grecia. Y sin embargo nosotros, los hombres, sabemos cuál es el mejor de esos dos razonamientos; distinguimos el bien del mal y [vemos] que la paz es superior a la guerra. [...] ¿Tú quieres ayudar a unos enemigos que ya están muertos, dando sepultura a quien ha perecido por su propia arrogancia?[26]

Pero Teseo, obviamente, no va a aceptar órdenes de Creonte: la espléndida Atenas no puede, desde luego, someterse a voluntades ajenas. De lo contrario, «el mundo iría al revés». Y eso es tanto más así, cuanto que se trata de una causa justa y noble: «¿Crees que estás perjudicando solo a Argos, si no das sepultura a los cadáveres? Es un asunto que afecta a toda Grecia. Si se deja insepultos a los muertos —privados de las debidas honras—, semejante práctica, una vez establecida, envilecería incluso a los más fuertes»[27]. Por no hablar de la irracionalidad que supone ensañarse con cadáveres exánimes. Porque los enemigos de Argos ya han sido castigados y vencidos; su agresión ha sido sojuzgada y, los perjuicios, reparados. ¿Qué sentido tiene

26. *Ibid.*, vv. 484-495.
27. *Ibid.*, vv. 537-541.

seguir insistiendo? «Ya se ha hecho justicia. Dejad que se dé sepultura a los cuerpos y que vuelva, cada cosa, al lugar de donde vino: el alma al éter celeste y, el cuerpo, a la tierra. Pues nosotros poseemos el cuerpo solamente para habitarlo durante la vida; luego debe ser devuelto a aquella que lo alimentó»[28]. Toda la vida humana es una dura «lucha» compuesta de vicisitudes sucesivas. Justo por eso, sin embargo, es inútil y absurdo reaccionar con dureza y obstinarse por cosas que, en última instancia, importan poco. Concluye, pues, Teseo planteando una acuciante disyuntiva, un *tertium non datur*: «Concedednos enterrar a los caídos, [...] o tendré que llegar yo para enterrarlos por la fuerza»[29]. Y ante la falta de disposición de Creonte, guerra habrá.

En el desarrollo completo del debate se carean, en una radical oposición, dos perspectivas y dos regímenes. Al modelo tiránico y despótico de Tebas, donde nadie es libre ni está a salvo, se opone la constitución de Atenas, cuyo manifiesto ideológico va detallando, punto por punto, Teseo, quien pone de relieve las consignas y los conceptos clave de la democracia. El espectador, sentado en el teatro, escucha y reconoce, en lo que se dice, la imagen positiva de una comunidad a la que pertenece, recordando, una vez más, lo que distingue a Atenas frente a cualquier otra polis: la inigualable originalidad de su constitución. También una vez más oye demonizar, en el retrato negativo de Tebas, la arbitrariedad de la *turannís*, esto es, del poder absoluto que niega la ley y la libertad (la forma de gobierno, se mire como se mire, más temible y detestable). Vuelve a aplaudir el es-

28. *Ibid.*, vv. 530-536.
29. *Ibid.*, vv. 559-560.

pectador la actitud adecuada y juiciosa que, por boca de Teseo, se expresa en la exigencia de honrar a los caídos. Pero esto es solo el aspecto más superficial del «certamen» discursivo y del placer identitario que el mismo puede procurar. En la dinámica de la contraposición, el discurso del heraldo tebano es, en realidad, un discurso, por así decir, íntimamente ateniense, en la medida en que saca a la luz y revela la otra cara de la propia polis: lo que está por debajo de la ideología y del «deber ser», los límites consustanciales al sistema, dejando al margen (o a pesar de) sus méritos proclamados. Pues la participación en los asuntos comunes, aunque en principio está garantizada, choca, no obstante, en cierta medida con la disparidad de las clases sociales y de los recursos económicos, con las dificultades de quienes están más atados a las necesidades de la subsistencia inmediata. Y el sorteo que asigna por turnos las magistraturas, permite a todos ser parte del Gobierno cívico; pero no es garantía de capacitación o saber ningunos en el ejercicio de las correspondientes funciones, como tampoco discrimina en términos de valía individual ni favorece la elección de quienes efectivamente sean más aptos. Allí donde es la mayoría quien decide, todo se juega en la conquista del consenso y es posible, por tanto, que la política termine cayendo en la más aviesa demagogia, la cual «adula» a la masa con palabras complacientes —y simula responder a las expectativas y a los humores predominantes— sin preocuparse por lo adecuado o por lo razonable de las propias decisiones adoptadas. Es fácil, en efecto, inflamar con el arte retórica una asamblea, manipularla en el sentido que sea menester; e incluso una decisión tan terrible como una guerra puede ser acogida con entusiasmo inmediato, no siendo capaz la mayoría, aturdida en ese momento por los discursos, de valorar en profundidad los riesgos que se presentan, salvo que tengan después que arrepentirse, *a posteriori*, de lo que inicialmente votaran. Son los mismos temas y las mismas críticas que resuenan desde el frente interno de Atenas: tanto en los versos de Aristófanes, como en las páginas de Tucídides o de los oradores.

La contienda de las palabras no contrapone dos mundos ajenos y antitéticos, distantes entre sí como pueden ser, geográficamente, Atenas y Tebas, sino que describe y articula los términos de una misma realidad (vista desde dos lados que resultan ser verdaderos ambos y complementarios). Vencen, es cierto, en el desarrollo de la acción la actitud razonable y la piedad para con los difuntos propugnadas por Teseo; pero en el movimiento global del *agón* no se trata de dar la razón a uno en lugar de a otro en nombre de un obtuso patriotismo, sino de integrar en un único cuadro los argumentos que ambos desarrollan. Tampoco aquí es, en efecto, el hecho mismo de que una parte prevalezca sobre la otra lo que cuenta, sino el resultado de una síntesis que se produce más allá de los contendientes: la dinámica positiva que puede surgir de la fricción de tesis y antítesis en un recorrido que va —o debería ir— en todas las ocasiones desde la «contienda de los discursos» hasta una nueva conciencia distinta que recompone y excede los contrarios en una unidad superior; una conciencia que puede darse solo cuando todo ha terminado y las voces implicadas en el duelo verbal guardan silencio.

Hay, no obstante, otro tipo distinto de «sedición de la lengua» que la tragedia pone en práctica y explora repetidamente. Se trata de una escisión que se produce, toda ella, dentro de los personajes y de la que estos no son en absoluto conscientes. Sucede cuando el sujeto es «hablado» por el lenguaje más allá de cuáles sean sus intenciones. El sujeto habla, en efecto, de otros y dirigiéndose a otros; proyecta, con el discurso, pensamientos e imágenes los cuales él considera que se refieren a una realidad diferente y externa. Resulta, sin embargo, que, sin percatarse ni remotamente, está hablando, en realidad, de sí mismo y de todo aquello que de la forma más íntima y propia tiene que ver con su vida y con su naturaleza. El ejemplo más flagrante en tal sentido, lo ofrece *Edipo rey*. Para que remita la peste que está arrasando Tebas, hace falta identificar al desconocido que, años atrás, matara al rey Layo. Edipo —que con posterioridad a dicha muerte se hizo con el trono que había quedado vacante— promete esclarecer tales hechos. Sobre los cuales él, personalmente, nada sabe —o eso cree—, teniendo en cuenta que llegó a Tebas, como hemos dicho, cuando aquel crimen se había cometido ya. Está resuelto, en cualquier caso, a tomar todas las medidas necesarias por el bien de la ciudad. De ahí que pronuncie con la gravedad y la solemnidad debidas, conforme a los modos propios del rito y de la ley, una fórmula de interdicción u ostracismo en virtud de la cual el susodicho asesino queda expulsado de la comunidad y de cualquier forma de participación en la misma:

Yo os defenderé y os libraré del mal, a condición de que obedezcáis y me prestéis vuestro apoyo contra esta pestilencia. Yo soy ajeno respecto a todo lo que se ha dicho, igual que ajeno soy a los hechos acontecidos en el pasado. Sin ayuda no podría llegar muy lejos, al no disponer del menor indicio. [...] Ahora, por tanto, os dirijo la siguiente proclama: quien de vosotros sepa quién mató a Layo, venga a mí y lo denuncie. [...] Y ordeno que al culpable, quienquiera que sea, nadie, en esta tierra sobre la cual yo mando, jamás ya lo acoja, ni le dirija nadie la palabra ya; ni se le haga partícipe de ritos comunes, plegarias o purificaciones, sino que todos lo ahuyenten; porque el culpable de la peste es él, como el oráculo de Delfos nos ha revelado. Y yo deseo a ese hombre que termine miserablemente sus días. [...] Por Layo, como si fuera mi padre, he de librar esta batalla[30].

Edipo se considera *xénos* («ajeno») a los discursos y a los acontecimientos de ese oscuro pasado, pero, por la función que ahora desempeña, quiere liberar a Tebas del mal. Cada palabra que pronuncia es, sin embargo, en realidad una palabra que él se está dirigiendo a sí mismo: contra sí mismo es contra quien declara interdicción u ostracismo. Cree que es un *xénos* («ajeno») que lucha por vengar a Layo como si fuera su hijo y su legítimo heredero, pero es eso justamente lo que en la realidad y por nacimiento es: un hijo que ha matado a su padre (aunque aún lo ignore). El desarrollo de la acción llevará al cierre de un círculo en el cual el otro resultará ser, una vez más, uno mismo: Edipo en persona. Se suele hablar de «ironía trágica» cuando se dan en la escena este tipo de discursos y situaciones; pero *eironéia* denota, en su acepción más corriente, un acto de «simulación», un juego en el cual se finge ignorar lo que se sabe perfectamente. Aquí no hay, por el contrario, disimulación ninguna, sino un radical desconocimiento de uno mismo que la lengua, sediciosamente, pone en jaque. Nuestras palabras nos acusan precisamente cuanto más pensamos que somos *xénoi*, ajenos a ellas.

30. Sófocles, *Edipo rey*, vv. 219-265.

8. Cuerpo, lágrimas y poesía

La tragedia no solo son palabras; es también espectáculo de cuerpos donde el infortunio se manifiesta como vestigio indeleble y crudo, como destrucción que aniquila la figura y la fisicidad del viviente. El cuerpo de Heracles devastado por el filtro con el que Deyanira ha empapado su manto: carnes corroídas por un fuego devorador, miembros inmirables e intocables en los que la forma heroica y la fuerza viril han quedado reducidas a nada[1]. La llaga pútrida que lleva a gritar de dolor a Filoctetes hasta hacerle perder el sentido: gangrena fétida e insoportable que se corresponde, de una forma del todo evidente, con la condición de soledad y marginación a la que ha sido condenado por sus propios compañeros de armas[2]. Los miembros destrozados del casto Hipólito, a quien han arrastrado por sobre agu-

1. Sófocles, *Traquinias*, vv. 749 y ss., 1046 y ss.
2. Sófocles, *Filoctetes*, vv. 254 y ss.

das rocas caballos desbocados: un cuerpo lacerado y deshecho que lleva al virginal joven a coincidir simbólicamente —por antítesis y a pesar suyo— con la feminidad que él había rechazado e injuriado, con el cuerpo de su madrastra —Fedra—, a la que consumía su pasión por Hipólito hasta el punto de no tenerse en pie[3]. Pero es quizás en el perfil de Hécuba donde la dimensión corpórea adquiere mayor elocuencia y se convierte en una imagen radical de la catástrofe trágica. Es quizás en la figura de una mujer donde el mal y el dolor pasan a ser un símbolo absoluto.

Estamos en las *Troyanas* de Eurípides. La guerra ha terminado. La ciudad de Príamo, expugnada ya por los aqueos, ha quedado reducida a un «desierto» de ruinas y de escombros humeantes, de cuerpos estragados y de sangre, de altares y lugares sacros profanados. Los varones que causaron y protagonizaron el largo conflicto, parecen haberse esfumado o estar, en cualquier caso, ausentes. Los hombres de Troya están todos muertos. Los griegos vencedores están apartados y no se los ve directamente. El careo con las víctimas está reducido al mínimo, gracias a la intervención de un mensajero que hace de intermediario transmitiendo disposiciones y órdenes tajantes a las presas humanas conquistadas, a las viudas y mozas que se han convertido en botín de guerra. No hay margen para el diálogo entre las partes. Todo el foco está ahora en ese elemento femenino que no tiene ninguna posibilidad de acción, pura pasividad de quien ha sido cosificado por la violencia, crudo espejo en que se miran el horror y el *sóma* de las mujeres: cuerpo humillado, devastado, reducido a la mera vida; cuerpo que

3. Eurípides, *Hipólito*, vv. 198 y ss., 1343 y ss.

ha perdido, de una forma al mismo tiempo concreta y simbólica, la verticalidad de la postura, la verticalidad de quien puede confrontarse en plano de igualdad con un interlocutor, la verticalidad de quien puede alzar todavía los ojos al cielo con lo que eso comporta en la relación con lo divino.

> Y allí, mirad, delante de las puertas está Hécuba, tirada en el suelo bañada en lágrimas; y no le faltan los motivos para llorar... Ella todavía no lo sabe, pero a su hija Políxena, ¡pobrecilla!, la han matado sobre la tumba de Aquiles. A Casandra, la virgen a la que el dios Apolo volvió loca, la ha cogido de concubina Agamenón: un auténtico sacrilegio... Adiós, ciudad mía: fuiste próspera y feliz otrora. Adiós, hermosas torres...[4].

Está hablando el dios Poseidón, quien al comienzo de la tragedia observa por última vez el paisaje de una ciudad que él amaba. La indicación, explícitamente dirigida al espectador, pone de relieve la fuerza de una solución dramatúrgica inédita. El espectáculo se abre con un prólogo divino donde el señor del mar dialoga con Atenea desde lo alto de la escena: desde la posición privilegiada de los celícolas. Y durante todo el tiempo de este prólogo, Hécuba no es, en efecto, sino un *sóma* inerte y mudo, cerrado en sí mismo, tirado inmóvil boca abajo en el suelo, ajeno a la presencia divina y a cualquier otra mirada: un *sóma* que traduce, en su postura y en el dolor físico que lo atraviesa, el fin mismo de la polis.

Hay una referencia cruzada especular entre el cuerpo de la reina y los escombros de la ciudad, coincidiendo ambos elementos en la imagen del derrumbe, en la postración sub-

4. Eurípides, *Troyanas*, vv. 36-45.

siguiente a la caída: «Troya ya no existe y yo no soy ya una reina»[5]. Hécuba llora por la pérdida del reino, pero al mismo tiempo gime por el sufrimiento físico: por esas articulaciones doloridas, por esos miembros tan débiles. «Ya no aguanto más rato tirada en el suelo; me duele por todas partes. Oh, la cabeza, las sienes, los costados...». Ninguna parte del cuerpo se sustrae a la decrepitud, del mismo modo que nada se ha sustraído en Troya al saqueo de los griegos. La falta de fuerzas, las piernas temblonas, el paso infirme son la impotencia absoluta de un país derrotado: «Ánimo, en marcha... Mis pobres piernas, qué trabajo caminar...», repetirá, con perfecto contrapunto, al final de la tragedia: «¡Venga! Vamos a nuestra vida de esclavas...»[6]. Si la ciudad no es ahora sino humo que asciende por el aire, la reina ha quedado reducida a un espectro, a la sombra evanescente de una muerta: «Yo, una pobre vieja devastada, con el pelo rapado, arrastrada fuera de su casa...»[7]; «Yo, una pobre vieja sin fuerzas, un cadáver ambulante, fantasma de mí misma...»[8]. Y, sin embargo, intenta todavía algún movimiento: «Quisiera darme la vuelta —primero sobre un costado y sobre el otro después—, mecerme sobre la espalda [...] como el balanceo de una nave [...] siguiendo el ritmo de mis lamentos sin fin»[9]. No encuentra paz, se menea: agita sus costados de piel flácida con un bamboleo que, en un contexto diferente, podría recordar obscenamente a los actos del *éros* o a los trabajos del parto. Pero en ese vientre estéril,

5. *Ibid.*, vv. 99-100.
6. *Ibid.*, vv. 1328-1330.
7. *Ibid.*, vv. 140-142.
8. *Ibid.*, vv. 191-193.
9. *Ibid.*, vv. 116-119.

quien habla es, si acaso, la riada de un dolor que ya no tiene motivos para preocuparse por la decencia.

Hécuba se da a sí misma órdenes tajantes —casi alucinadas— para intentar reconquistar una postura: «Vamos, desdichada: levanta la cabeza, mantén derecho el cuello»[10]. Un esfuerzo para volver a levantarse en sentido concreto y moral: para afrontar, de algún modo, la catástrofe. A lo largo de la tragedia, sin embargo, Hécuba volverá a desplomarse, pues no paran de llegar horrores nuevos a aumentar el peso de lo ya consumado: «Mujeres, ¿dónde tenéis los ojos? Nuestra reina se está desplomando sin [pronunciar] una palabra... Sujetadla, ¡rápido! Desgraciadas, no querréis dejarla en el suelo así, a su edad... ¡Levantadla!»[11]. La reina rechazará, entonces, incluso el auxilio de las esclavas, reconociendo la humillación de su destino y el hundimiento de toda esperanza: «Dejadme como estoy... No os he pedido ayuda... Dejadme así... Con todas las desgracias que he sufrido, sufro y sufriré, tengo todas las razones para dejarme caer a plomo al suelo... [...] ¿Queréis volverme a poner en pie? ¿Con qué esperanza?»[12]. La correspondencia entre la comunidad política y el cuerpo de Hécuba queda reforzada por la enfática repetición de un juego metafórico:

El destino ha cambiado: resígnate. Sigue la ruta. Así lo ha querido un dios. ¿Qué quieres hacer? ¿Virar la proa contra las olas? Esto te ha tocado y tendrás que seguir así. Pobre de mí: razones para llorar no me faltan. Con todas estas calamidades: la patria

10. *Ibid.*, v. 98.
11. *Ibid.*, vv. 463-464.
12. *Ibid.*, vv. 465-505.

destruida, el marido y los hijos muertos... ¡Oh el gran orgullo de otrora! ¡Abajo cual vela arriada! No era nada, en verdad...[13].

La reina, hecha pedazos, se compara a sí misma con un barco: la espalda y la espina dorsal son como el casco y la quilla; los costados que se menean para escandir los gemidos, son como el balanceo de una embarcación entre las olas. Pero en la tradición poética griega —desde Alceo hasta Esquilo—, el Estado azotado por la guerra o lancinado por las luchas intestinas es, precisamente, una nave a merced de la tempestad: una sentina que se llena de agua, un timón que no logra mantener la ruta. Y Hécuba sabe que los marineros se dejan llevar —se rinden ante su destino— cuando la furia del oleaje es demasiado grande para oponerse a ella. Cuando los elementos se desatan, ha llegado el momento del abandono desesperado de quien cede frente a lo ineluctable: «Los dioses han suscitado contra nosotros una tempestad terrible y yo, contra eso, no puedo hacer nada»[14]. El boato y el orgullo de Troya es ahora una vela amainada que ningún viento propicio empuja: una barca sin rumbo, un cuerpo catatónico. Los gestos y los miembros de Hécuba imitan la deriva extrema, el fracaso de toda estrategia política y militar: «Llevadme adonde pueda extenderme: un jergón de hojas en el suelo y una piedra por almohada. Quiero tirarme ahí... y llorar: llorar hasta consumirme»[15]. La piedra, las lágrimas incesantes: Hécuba se concibe a sí misma —y concibe su cuerpo— cual Níobe transformada en

---

13. *Ibid.*, vv. 102-109.
14. *Ibid.*, v. 696.
15. *Ibid.*, vv. 506-509.

roca chorreante, metamorfosis que cristaliza para siempre el dolor en la forma del mineral y del agua conforme a un paradigma que lo trágico repite en otros sitios: «Níobe transformada en una roca allá en Frigia, en la cima del Sípilo. La piedra le fue creciendo alrededor y la apretó en un abrazo, [...] y ella ahora se consume sin tregua, sin dejar de llorar nunca, bañándole las lágrimas los costados»[16].

El dolor petrifica, doblega el cuerpo, quita las fuerzas, paraliza la lengua: «Delante de todas estas desgracias, quedo muda, sin palabras»[17]. Se trata del silencio que, como en otros lugares, define la condición absoluta de la víctima y del abandono irremisible. Y, sin embargo, si la manta rocosa del silencio envolviera a Hécuba no habría teatro. La tragedia consiste, entonces, en este movimiento opuesto que suspende la elisión mortal de la palabra, que capta lo humano apenas antes de que se precipite en lo *áphthongon*, en la condición de «cosa muda». Pero ¿cuál es, en realidad, la naturaleza —aun si provisional— de este *phthóngos*, de este sonido-verso-lengua que es salvado y restituido por la escena?

«¿Qué debo hacer?», se pregunta la reina. Pero Hécuba y sus compañeras, reducidas a la esclavitud, nada pueden en rigor «hacer» en el sentido de una acción que produzca efectos o que modifique los términos de la realidad en el juego de las relaciones de fuerza. Ellas pueden solamente decir. Y sin embargo el *lógos*, entendido como palabra del razonamiento y del diálogo —como comunicación en el plano de lo «hablado»—, está continuamente amenazado, en la práctica, por el *nonsense*, por el sinsentido, por la inutilidad, por el

---

16. Sófocles, *Antígona*, vv. 825-833.
17. Eurípides, *Troyanas*, vv. 694-695.

desmentido cruel. Hécuba, Andrómaca y Casandra se intercambian discursos. Se dicen el extravío que les suscitan la pérdida y el contraste con la vida anterior. Se dicen el vuelco radical de la suerte, donde van incluidas no solo la destrucción de los seres queridos y de la tierra y la privación de libertad, sino también la desaparición de las riquezas y de los privilegios que anteriormente caracterizaban sus existencias.

Así hace Hécuba, quien, como reina venida a menos, no acepta la «humildad» de una existencia cualquiera: «Me tocará estar en la puerta o hacer el pan. A mí, que traje al mundo a Héctor. Dormir en el suelo con esta pobre espalda resequísima, yo que estaba hecha al tálamo de un rey. Y estaré sucísima, vestida con harapos mugrientos. Menuda humillación después de toda una vida en el lujo»[18]. Hécuba y las mujeres intentan imaginarse esclavitudes comparativamente llevaderas; intentan formular razones para la esperanza, estrategias para tratar o mediar con los vencedores, para poder rascar todavía alguna cosa a la cual agarrarse. La viuda de Príamo aconseja a Andrómaca —no sin cinismo— que sea dulce y complaciente con su nuevo amo. Le sugiere, literalmente, que lo «embauque» a fin de garantizar la posibilidad de que el pequeño Astianacte viva y crezca, remota esperanza de renacimiento del linaje troyano[19].

Pero tanto el cinismo como la esperanza, apenas han sido formulados se desvanecen. Llega, en efecto, el mensajero argivo y comunica la decisión de matar de inmediato a Astianacte para conjurar, precisamente, la posibilidad de criar a un futuro enemigo. Despeñado desde lo alto de la

18. *Ibid.*, vv. 492-497.
19. *Ibid.*, vv. 697-705.

muralla —lanzado como un «disco»—[20], el hijo de Héctor se estrella contra el suelo: otro «cuerpo a tierra» que Hécuba mira y describe con una conmoción rayana en un macabro y alucinado «barroco». Los huesos blancos asomando de la carne y la herida abierta se le antojan, a una Hécuba desencajada, una boca que sonríe mostrando la cándida hilera de los dientes[21].

En dinámicas análogas afloran más formas discursivas. Los módulos del epitafio —del tradicional discurso epidíctico que celebra a los caídos por la patria—, son evocados por Casandra, pero en un contexto que se confunde ambiguamente con lo que sería una parodia de los lugares comunes de la celebración política. La petición de justicia, la atribución de la responsabilidad de la guerra cae, igualmente, en el vacío. Hécuba se empeña con fervor —y rencor— en argumentar que la culpa es de Helena: en ir mostrando, sin omitir detalle, sus fechorías y su mala fe. Sin embargo se trata —como advierte Menelao antes aún de que la exreina se lance a su alegato— de un *lógos* superfluo: «Es tiempo perdido; pero, si quieres hablar, habla»[22]. Le dejan simplemente que diga. Para nada.

Ante lo cual resuenan las tradicionales máximas de la *consolatio*, las fórmulas acreditadas de ese tipo de discurso que debería mitigar el dolor. También en este caso, sin embargo, la articulación de tales fórmulas parece vaciarse en un movimiento que oscila entre el juego mecánico de una retórica digamos «obligada», y el tono desquiciado de palabras pronunciadas histriónicamente. Tal es el caso de la alocución

20. *Ibid.*, v. 1121.
21. *Ibid.*, vv. 1175-1177.
22. *Ibid.*, vv. 911-912.

que Andrómaca dirige a Hécuba para atenuar —o eso dice el personaje que pretende— la noticia del sacrificio de Políxena en la tumba de Aquiles: «Quiero hacerte un buen discurso; estarás más serena. Estar muerto es igual que no haber nacido nunca y la muerte es preferible a una vida de dolor. Quien no siente el mal, no sufre»[23]. Pero en absoluto se trata de eso: en absoluto es la clase de discurso capaz de refrenar y contener de inmediato la desesperación de una madre (como la continuación de la escena demuestra). De manera parecida, tanto la idea de los dioses, como el recurso de la invocación y la plegaria, son obliterados en el momento mismo en que llegan a la mente: «Oh dioses...», dice Hécuba. «Pero ¿qué hago invocando a los dioses? Tampoco antes me escuchaban, pensándolo bien»[24]. En un instante de lucidez subjetiva y a la vez «actorial», Hécuba parece consciente, en lo básico, de que el *lógos* no tiene ningún propósito salvo que se trate, en un último espasmo egoico, de atraer la atención sobre sí, de «existir» como víctima: de repetir, en una suerte de rictus irreductible, lo que ella en otro tiempo era y ya no es: «¡Oh dioses! Aunque a bonitos aliados invoco... Pero da igual: en la desgracia, siempre suena bien invocar a los dioses. En primer lugar tengo ganas de celebrar mi felicidad de antaño. Con ello despertaré más compasión por mis calamidades. Era reina y me casé en la casa de un rey...»[25].

Y, así, si cada forma discursiva, si cada discurso topa con lo inútil —roza el vaniloquio o vira hacia una suerte de negra parodia—, ¿qué les queda a estas mujeres? ¿Qué queda en el

23. *Ibid.*, vv. 635-638.
24. *Ibid.*, vv. 1280-1281.
25. *Ibid.*, vv. 469-474.

horizonte de la escena? Queda la voz: el cuerpo como pura *phoné*, como instrumento del dolor que se transfigura en *mélos* («canto»). El teatro de víctimas de guerra —del que las *Troyanas* son paradigma— no puede ser sino «lírica». Desde el grito desarticulado que prorrumpe de las bocas, hasta las formas estructuradas del lamento antifonal; desde la monodia al dueto; desde el verso amebeo hasta el unísono coral, todo se convierte en sonido y música, en quejido y melodía. La sintaxis se reduce, pues, a un precario esqueleto y las palabras, en ocasiones, no quieren decir nada: son puro signo del padecer. *Ió, ómoi, aiái, phéu phéu* son las interjecciones que explotan de un modo obsesivo y que salpican el texto: el grado cero de la expresión, el mero gemido a partir del cual se despliega, después, el abigarrado abanico del canto a plena voz. La interjección se expande entonces para convertirse en *thrénos*, en *góos*, en *iálemos*: términos no menos repetidos —y en parte sinónimos— que designan las modulaciones del «lamento», jalonando las manifestaciones codificadas del *pénthos*, es decir, del «duelo» fúnebre. Hécuba, señora del *planctus* —igual que la María cristiana—, rompe el silencio y, a la vez, guía a sus compañeras, pidiéndoles que se sumen a su voz dolorida: «¿Qué hacer? ¿Debo quedarme callada? ¿Debo hablar? ¿Quejarme? [...] Desgraciadas esposas de los guerreros troyanos, pobres muchachas mal casadas: uníos a mis lamentos. Troya no es, ahora, sino humo de incendios... Como un pájaro con sus pequeños, doy yo inicio al canto»[26].

Cuerpo-voz, cuerpo-animal que no tiene *lógos*, sino solo el sonido pesaroso de un verso, de una llamada: el canto de un pájaro que modula obsesivamente una triste melodía, como

26. *Ibid.*, vv. 110-111, 143-147.

ese ruiseñor «jamás saciado de quejidos» que en otros dramas se evoca[27]. En esta relación entre *sóma* y sonido —entre cuerpo y voz—, el lamento acompaña repetidamente los gestos tradicionales del *pénthos*, donde el dolor se desahoga en una violencia ritualmente autoinfligida: en el movimiento rítmico de los puños que se levantan para golpear la cabeza o el tórax, en las uñas que desgarran la piel de las mejillas y del pecho —haciendo que brote la sangre—, en las manos que aporrean la tierra para invocar a los muertos: «Hijas mías, escuchadme: es vuestra madre quien os llama. [...] Mirad cómo inclino este pobre cuerpo mío y doy golpes a la tierra con las manos». «Y nosotras», responden las otras prisioneras, «nosotras hacemos como tú: nos arrodillamos para invocar a nuestros pobres maridos»[28]. Tal es —como después remarca la propia Hécuba— el único *drán*, el único «actuar» que le está permitido a quien ya no es nadie: «¿Qué puedo hacer por ti? Mira: me doy golpes en la cabeza, me doy golpes en el pecho por ti. Yo era reina y ahora esto es todo mi poder...»[29].

Pero la dramaturgia del cuerpo doblegado por el dolor, lleva la ritualidad hasta un punto límite y casi más allá de sí misma, por así decir. Los sonidos, las palabras y los gestos del duelo van dirigidos a los muertos como homenaje debido, como norma consuetudinaria: como articulación de un tránsito-despedida entre el mundo de los vivos y el otro mundo. La propia Hécuba termina preguntándose, no obstante, qué sentido tenga la ejecución de la práctica fúnebre. Hay que encontrar vestidos y adornos para envolver el

---

27. Esquilo, *Agamenón*, vv. 1142-1145; Sófocles, *Electra*, vv. 104-109.
28. Eurípides, *Troyanas*, vv. 1305-1308.
29. *Ibid.*, vv. 793-795.

cuerpo de Astianacte; hay que adecentar y llorar dignamen-
te al pequeño difunto. Una vez reunido lo necesario, sin
embargo, se impone la percepción del sinsentido, porque
el decoro o la riqueza de un funeral son solamente un vano
pensamiento de los vivos: «No creo que a los muertos les
importe mucho», concluye Hécuba[30].

Una vez más, a través de un instante en el que el cuerpo-
voz se mira y observa su propio hacer, el significado se desva-
nece. Tampoco el rito es nada en esta vorágine, donde el
cuerpo-voz llega al cénit de su exasperación-desesperación
en la contraposición de los sonidos y en el oxímoron de las
melodías, una contraposición que es evocada y puesta de relieve en el momento en que la tonalidad vocal del presente es
la inversión de los sonidos familiares del pasado —«La melodía ya no es la de otrora, cuando yo era reina, esposa de Príamo; cuando, marcando el compás, guiaba yo nuestras boni-
tas danzas y entonaba los himnos dedicados a los dioses»—[31],
una contraposición que es realizada en plan de provocación
y de locura en el momento en que Casandra salta, cual bacante enloquecida, de la vocalidad y de las cadencias del duelo a la danza y a las notas gozosas de un himeneo:

> Mamá, tú no haces más que llorar por la muerte de papá, por
> nuestra patria. [...] Vamos, arriba esas piernas: baila, canta,
> como hacías en los buenos tiempos, cuando estaba papá. [...]
> Baila, mamá, guía tú las danzas, baila conmigo, sigue mis pa-
> sos: uno aquí, otro allá... ¡y luego una bonita pirueta! Canta
> por mi matrimonio, grita: "¡Vivan las nupcias, viva la esposa!"[32].

30. *Ibid.*, v. 1248.
31. *Ibid.*, vv. 149-152.
32. *Ibid.*, vv. 315-337.

Pero aquí no hay ningún matrimonio: Casandra está destinada, como botín de guerra, al lecho de Agamenón... y a ser degollada junto a él en el palacio de los atridas. El vuelco estridente de la música, la aplicación escandalosamente impertinente del registro «equivocado» no son sino la hipérbole del fin y de la muerte. Es una vuelta de tuerca en la que la catástrofe y el dolor alcanzan su expresión absoluta precisamente en el momento en que el lamento se cancela: en el momento en que el cuerpo-voz alcanza su polo opuesto, movilizando al rito contra sí mismo. Y donde no se moviliza el contraste, interviene la superposición oximorónica directa, que hace colisionar, de manera distinta, melodías y ritos incompatibles entre sí. Es el relanzamiento continuo de un cuerpo-voz que no conoce *métron*, que no conoce «medida»; de un cuerpo-voz que excede cualquier *métron* y cualquier código porque, precisamente, de medida y de código carece su *páthos*. El llanto conjunto de Andrómaca y Hécuba, el dueto convulso de las dos supervivientes de la familia real se configura, en la intención y en el canto mismo de estas mujeres, como el *stenázein* de un *paián tón algéon kái symphorás*[33], expresión intraducible y que se sitúa en el límite de lo pensable, porque el «peán» es canto propiciatorio y de victoria —manifestación de júbilo y gratitud—, y nada tiene que ver con el «quejido». «Un peán de dolores y desventura» es un sinsentido musical debido al sinsentido del acontecimiento que ha puesto patas arriba la existencia, debido a ese absurdo escandaloso del mal al cual ningún cielo responde salvo para confirmar que los dioses y la suerte son lo mismo: los espasmódicos «brin-

33. *Ibid.*, vv. 578-580.

cos» de un demente que no sabe lo que hace y carece de norte.

Desde el principio hasta el final —en la transición desde la «nada» de Troya hasta la «nada» de la esclavitud en Grecia—, Hécuba y sus compañeras encarnan, por tanto, de una manera metadiscursivamente consciente la voz y la figura de las musas trágicas. «Esta es la música (*móusa*) de los infelices: cantar sus desventuras», afirma Hécuba antes de entonar su desesperado solo lírico al inicio del drama[34]. «Qué gusto llorar, lamentarse, cantar sobre dolor cuando se está mal...», comenta el coro después de oír el patético diálogo lírico entre Hécuba y Andrómaca[35]. Más allá de la ritualidad —y a falta de ninguna otra perspectiva hacia la que apuntar—, queda el desahogo, la voz que se escucha a sí misma en el momento en que por sí misma llora: «También en los males existe un placer», reza el fragmento de un drama euripideo perdido, «el placer de lamentarse y derramar lágrimas; así el dolor del alma se alivia y el corazón se libera del peso excesivo de los afanes»[36]. Tales apuntes con los que tanto los personajes, como el coro, acompañan la *performance*, constituyen una especie de comentario metapoético sobre el sentido y la función del propio género trágico. Pero habría que preguntarse si el alivio de las lágrimas y el *kouphízein* («aligerarse») del corazón en el canto-lamento son el punto de llegada efectivo del recorrido trágico.

Llegado cierto punto del espectáculo, el coro de mujeres se pone a invocar a la musa para recordar los sucesos de

34. *Ibid.*, vv. 120-121.
35. *Ibid.*, vv. 608-609.
36. Eurípides, frag. 573 Kannicht.

Troya: «Cántame, musa, la historia de Ilión...»[37]. Semejante invocación recuerda mucho al exordio precisamente del aedo arcaico: al *incipit* ritual de la poesía homérica. En este caso, sin embargo, no se trata —a diferencia de lo que ocurre en la *Ilíada* y en el ciclo épico— de celebrar el *kléos* —esto es: la «gloria»— de la guerra y de los héroes, de fijar para siempre la forma absoluta y memorable de las gestas realizadas por espléndidos guerreros. La similitud es solo aparente y se pone sobre la mesa buscando justamente el contraste, buscando señalar el extravío de una voz que no está rememorando gloria ninguna, sino que se modula en la sonoridad exclusiva del sufrimiento: «Cántame nuevos himnos de lágrimas y de lamentos para su funeral». Un «epicedio» lírico donde, de nuevo y como enésimo ejemplo, los sonidos se evocan por oposición. En la noche fatal de la caída —recuerdan las mujeres—, los troyanos

> acababan de terminar el trabajo en medio de la alegría general, cuando oscureció. Había música de flautas, melodías de Asia; las muchachas bailaban y cantaban animadas canciones. En las casas se apagaban los fuegos, pero afuera la festa continuaba a la luz de la luna. [...] De pronto, gritos de masacre atravesaron la ciudad. [...] Los troyanos eran degollados alrededor de los altares y las mujeres jóvenes, ya viudas, con la cabeza afeitada en señal de luto se convertían en esclavas de los griegos[38].

Es un juego especular: el canto y la danza evocan, en su desarrollo, unos cantos y unas danzas que se transforman

---

37. Eurípides, *Troyanas*, vv. 511 y ss.
38. *Ibid.*, vv. 542-565.

en gritos y en quejidos mientras el grito y el lamento resuenan en la escena como el nuevo canto de una musa que ha dejado atrás el código homérico.

Al precedente tradicional del *épos* y del *kléos* parece que se agarra, contrariamente, Hécuba cuando, por un momento, intenta formular una suerte de justificación del mal y de compensación del trauma sufrido. Le vuelven a la mente la promesa de la fama póstuma y la perspectiva de la perennidad poética: «Si el dios no nos hubiera desbaratado y destruido, habríamos desaparecido en la nada *(aphanéis)*; no seríamos celebrados por los poetas *(ouk [...] hymnethéimen móusais aoidás dóntes)* y la posteridad no sabría nada de nosotros»[39]. Es la lógica homérica habitual, que acepta la violencia y la muerte a cambio de la gloria: «A nosotros Zeus nos asignó una suerte funesta», le decía Helena a su cuñado Héctor, «para que fuéramos también, en el futuro, materia de canto para las gentes venideras»[40]. Pero la consolación de Hécuba —ese estremecimiento épico de la memoria imperecedera: no ser *aphanéis*, no ser cancelado de la faz de la tierra sin dejar, por lo menos, la huella del recuerdo— salta por los aires, instantes después, con las palabras mucho más amargas y desconsoladas del coro. Los griegos se disponen a ultimar su obra destructora. Troya se derrumba —como arrollada por la onda de un terremoto— ante los ojos aterrorizados de las mujeres: «Una nube de polvo sube hasta el cielo. [...] Pérgamo está desmoronándose. [...] Tiembla todo. [...] Es como una ola que engulle la ciudad»[41].

39. *Ibid.*, vv. 1242-1245.
40. Homero, *Ilíada*, 6, 357-358.
41. Eurípides, *Troyanas*, vv. 1320-1337.

Las prisioneras, contemplando este espectáculo terrible, pronuncian la sentencia definitiva: «Nuestros templos, nuestras pobres casas, [...] pronto serán ruinas sin nombre (*anónumoi*). [...] Desaparecerá el nombre de nuestra patria (*ónoma dé gás aphanés éisin*). Todo termina, de una forma u otra. La desventurada Troya ya no existe»[42]. También el «nombre», también la «fama» son una ilusión, un engaño que el fuego del incendio —real y simbólico a la vez— devora rasgando definitivamente el velo de la ideología y de la retórica, acallando esa opuesta sonoridad del *kléos* homérico.

Las ciudades, los sujetos, las historias abandonan —como cualquier otro «ente»— la manifestación para sumirse en lo «invisible». Ese es su destino; esa es la ley universal de la *phúsis*. La dramaturgia trágica de Troya enuncia el desvanecimiento de la memoria en el momento mismo en que la escena la reevoca —y la *rerrepresenta*— en el breve tiempo del espectáculo. Es el poder del arte y de la poesía. El teatro materializa las «sombras» y los «simulacros», pero, en el acto mismo de presentarlos y hacerlos corpóreos, los «quita» en la medida en que los exhibe, desde el primer momento, como sombras sin sustancia. Y todo eso se produce bajo el signo del *mélos*. La visión de cuanto está a punto de volverse «invisible», se articula en torno a las notas de un diálogo lírico en el cual las voces de Hécuba y de las mujeres se alternan en el canto del fin, antes de volver a ponerse en marcha hacia un lugar distinto en el que sus «personas» serán canceladas en la humillación de la esclavitud o en el tránsito definitivo de la muerte. Es la *kátharsis* extrema, la «purificación» que produce la voz trágica del dolor. En

---

42. *Ibid.*, vv. 1316-1324.

la efusión del lamento, la voz del cuerpo —la materialidad del sonido que surge del *sóma* ofendido— manifiesta el alma y la deja al desnudo allende y más allá del pensamiento y de la razón. El canto del cuerpo despoja a los sujetos: les arranca cualquier concreción producida por la historia y por el devenir. Los despoja de las vestiduras ordinarias de una existencia hecha de pertenencias y de roles, de adhesiones a los lugares y a las «cosas».

La afligida dulzura de la musa trágica no es solo desahogo de una pena abrumadora. El teatro de víctimas no responde únicamente a una admonición ética contra el delirio de la guerra y de la conquista. El placer psicológico de las lágrimas y la crítica de la violencia son, ciertamente, componentes esenciales de la dinámica escénica y del espectáculo. «Necio el hombre que saquea las ciudades, los templos, las tumbas y los santuarios de los muertos: deja el desierto tras de sí, pero mal acabará también él», advierte el dios Poseidón[43]. La satisfacción de las tensiones emotivas y el contenido del *lógos* que reflexiona sobre las derivas cosificadoras de la fuerza no agotan, sin embargo, ese fin hacia el cual la musa apunta. Con un salto a un nivel superior, la voz doliente de la tragedia perfecciona, de forma más radical todavía, una *nigredo* o un *opus nigrum* que obliga a la experiencia de la nada, pues exhibe el no ser de toda *dóxa* en su doble acepción de «opinión» y de «fama» (perseguida o postulada por los sujetos). Una *nigredo* o un *opus nigrum* que, suspendiendo cualquier significado y cualquier forma, manifiesta el espectáculo de una vida al desnudo, expuesta y fragilísima: destinada a la aniquilación como cualquier otra cosa mortal.

43. *Ibid.*, vv. 95-97.

Y es ahí, en ese punto en el que todo se suprime —en el que todo está perdido—, donde la tragedia empieza otra vez a entonar —siempre desde el principio— el que es su canto, como si se tratara ni más ni menos que de la melodía armoniosa, pero triste, de un pájaro —comparación que Hécuba se había aplicado, en efecto, a sí misma—, como si se tratara, concretamente, del lamento agudo del ruiseñor, cuya figura es emblema por excelencia de un desgarro inolvidable y de un llanto incesante. Y es que dicha ave se originó —según la tradición del mito— con la metamorfosis de una fémina que, en un arrebato de locura, en un tiempo lejano había dado muerte a su propia prole[44]. Conforme a la versión más conocida, aquella mujer fue Procne, hija del rey de Atenas. Procne, para vengarse de su marido —el cual había violado a la hermana de ella—, ofreció al hombre, en un insólito guiso, la carne nada menos que del hijo de ambos. ¿Puede haber un crimen más horrendo que el de una madre infanticida? Al mismo tiempo, sin embargo, ¿qué dolor más atroz puede haber que el luto de una madre? Aquel fue, con todo, un «sacrificio ofrecido a las musas»[45], si resulta que, de la coincidencia de tales extremos de horror y sufrimiento, pudo surgir, simbólicamente, la vocalidad de la tragedia misma, placer de lágrimas que en el canto se vierte, poesía de cuerpos devastados por la desventura, poesía que trasfigura la pena y que recuerda, a la vez, ese umbral de lo «invisible» al que el mortal está destinado; sacrificio supremo de poesía bañada en sangre.

44. Homero, Odisea, 19, 518-522.
45. Eurípides, Heracles, vv. 1021-1022.

9. ¿El azar o los dioses?

En cualesquiera circunstancias, Belerofonte se había esforzado por actuar conforme a la virtud. La suerte, sin embargo, parecía ensañarse contra él sin tregua, colocándolo, una y otra vez, frente a situaciones extremas y peligros mortales. Estenebea lo había acusado falsamente de forzarla —cuando resulta que fue ella quien intentó seducirlo a él—, y de ese modo lo había expuesto a la inmerecida venganza de su marido. Belerofonte fue enviado a enfrentarse a monstruos y enemigos imposibles —la quimera, que escupía fuego y llamas; los belicosos sólimos; las terribles amazonas— con el objetivo implícito de hacerle perder la vida. A pesar de todo, él siempre había conseguido, empresa tras empresa, salir victorioso; y su conducta había sido impecable. Dio la impresión, llegado un punto, de que la fortuna le había sonreído, pues lo llevó a un opulento matrimonio y a la conquista de un próspero reino. Pero una vez más, lo perdió todo. Se le murió un hijo y él mismo quedó en la pobreza, alejado de los hombres, privado de amigos. La envidia y la hostilidad del prójimo no dejaban de perseguirlo, suscitando nuevas amenazas y nuevas insidias en daño de él.

Pensándolo bien, algo no cuadraba. Belerofonte había acatado cualquier orden que le hubiesen impartido; había obrado con rectitud y cordura; había dado pruebas indudables de excelencia. ¿Por qué no encontraba paz su vida y seguía hostigándolo el mal? ¿Por qué todo aquel dolor y aquella pena?

¿Dicen que los dioses están en el cielo? No, no lo están. En absoluto están allí, salvo que uno sea tan idiota como para creer en las fábulas antiguas. Planteaos el asunto vosotros mismos, sin basaros en mis palabras. Los tiranos matan a muchísimas personas y las despojan de sus bienes. Los perjuros arruinan las ciudades. Sin embargo, a pesar de actuar así, son más felices ellos que no cuantos viven tranquilos, día tras día, en el respeto a lo divino. ¿Y las pequeñas ciudades que siempre han honrado a los dioses? Pues resulta que son sometidas por la potencia militar de otros Estados habitados por descreídos[1].

Así termina gritando Belerofonte en un drama perdido de Eurípides. Es la protesta indignada e incrédula de quien no logra encontrar ninguna correspondencia entre el ejercicio de la virtud y la condición de una existencia feliz. Los mortales cuentan con que los dioses protejan a los hombres de valía y lleven a la perdición a los malvados. Así suele creerse y esperarse. Así enseñan las «antiguas historias» y repite la piedad religiosa. Ahora bien: si la experiencia demuestra incesantemente lo contrario, eso quiere decir que

---

1. Eurípides, frag. 286 Kannicht.

tal es la cruda verdad. Quiere decir que los dioses en absoluto existen y que no hay ninguna justicia superior de la que sea garante el cielo. Lo que prospera es la injusticia de los violentos y de los impíos, y no la devoción de quien respeta las normas. Hasta el punto, de hecho, de que el justo no solo no recibe su recompensa, sino que se ve oprimido por el atropello ajeno, se descubre víctima de daños y fraudes, inmerecidamente golpeado por la desventura. Todo lo que se dice de los dioses es, por tanto, una mera «fábula» a la cual solo pueden dar crédito inadvertidos. ¿O a lo mejor hay que pensar, antes bien, que los dioses sí que existen, pero no responden en absoluto a las expectativas de los mortales y a cuanto estos arbitrariamente se imaginan?

De manera que Belerofonte decide, en plan retador —y en parte contradiciendo su propia afirmación de un Olimpo vacío de cualquier presencia divina—, subir hasta el cielo con su caballo alado —Pegaso— para pedir cuentas al mismísimo Zeus de tamaña insensatez y tamaño escándalo. Será desarzonado de su corcel —estrellándose contra el suelo tras precipitarse por los aires— sin haber podido satisfacer su protesta. Pero la pregunta que su exasperada reacción formula resuena, con acentos variados, en muchos otros lugares del teatro de Eurípides. Por ejemplo en el coro inquieto y doliente del *Hipólito*: «Gran cosa es la providencia divina. Cuando me entra en el corazón tal pensamiento, todo sufrimiento acaba. En mi interior espero poder comprender, pero luego me extravío cuando miro las suertes y las acciones de los mortales: los acontecimientos se van concatenando y la vida de los hombres muda de continuo, pasando de un error a otro»[2].

2. Eurípides, Hipólito, vv. 1102-1110.

La idea de que los dioses se ocupan de los hombres elimina cualquier dolor y cualquier pena. El hecho de que exista un sentido, de que haya una inteligencia en el acontecer, conforta el corazón y enciende, al mismo tiempo, la esperanza. Pero luego el ánimo vuelve a vacilar y la turbación se apodera otra vez de la mente ante el espectáculo de la vida humana, donde los acontecimientos parecen sucederse los unos a los otros sin una lógica aparente —de manera errática y casual— en una inestabilidad que no parece responder a ningún designio. La situación es, en ciertos sentidos, análoga a la de Belerofonte. También Hipólito es víctima, en efecto, de una falsa acusación. Su padre —Teseo— lo ha maldecido y lo ha condenado al exilio, convencido —sin razón— por la carta que Fedra había escrito antes de suicidarse, en la cual denunciaba una presunta violación por parte del joven. Por respetar un juramento que lo obliga a guardar silencio —un juramento que le fue arrancado a traición—, Hipólito no puede siquiera explicar lo que realmente sucedió, ni articular argumento ninguno para exculparse. Debe, pues, marcharse; se ve expulsado de su propia casa. Los siervos y los compañeros de caza lo observan —consternados y también con desconcierto— mientras se aleja del lugar. ¿Come es posible que un joven tan pío y puro, devoto e intachable como ha sido siempre Hipólito, sufra semejante destino y sea considerado un criminal? ¿Cómo es posible que se vea entregada a la desventura una persona justa, inocente? De manera que la fe en la providencia celestial se pierde, y en el corazón no moran ya sino el dolor y el extravío. Es como si cualquier pregunta que el sujeto pueda hacerse sobre los dioses, naufragase en un misterio insondable e irresoluble.

Evidente ante los ojos queda solo el espectáculo de cosas que acontecen porque acontecen (de manera absolutamente aleatoria, como si el destino obrara con esos movimientos descontrolados propios de los locos, que se mueven por «sacudidas» o por «convulsiones» sin ningún motivo)[3]. La duda vuelve a imponerse, por tanto, continuamente: cada vez que un descomunal infortunio inmerecido vuelve a verificarse. «Zeus, ¿qué debo decir? ¿Que velas sobre los mortales? ¿O que eso es una vana creencia, y es el azar quien gobierna los asuntos humanos?»[4]. Si todo ocurre por azar y al azar se vive, los dioses no cuentan para nada y efectivamente es vano fiar en su presencia o en su auxilio... De un drama de Eurípides al otro, resuenan los mismos interrogantes con una dinámica que se antoja, por así decir, inversa a la del coro de viejos del *Agamenón* de Esquilo. Allí el pensamiento apuntaba, desde la angustia de los acontecimientos, a tocar la cúspide firme e inquebrantable de Zeus, donde en efecto hallaba paz y sabiduría. Aquí, por el contrario, la meditación parte de lo divino para estrellarse contra una angustia que no logra comprender ni encontrar certezas. ¿Cómo entender tal vuelco y, con él, esa desazón de interrogantes que permanecen suspendidos en un desaliento absoluto? ¿Cómo recibir las palabras de estos coros y de estos personajes que parecen querer negar el cielo e impugnar cualquier creencia?

En la congoja del dolor —igual que cuando se es testigo de calamidades que no encuentran explicación—, sucede —y es humano— poner en tela de juicio a los dioses o pensar que son fruto de una simple ilusión. Es una reacción obvia

---

3. Eurípides, Troyanas, vv. 1205-1206.
4. Eurípides, Hécuba, vv. 488-491.

sentirse abandonado a la mera casualidad de la suerte cuando, sin culpa aparente, se ve uno acometido y arrollado por el mal. Y es a esa dimensión humana y psicológica a la que las dudas y las preguntas dan voz cuando se produce el puro padecer. ¿Qué otra cosa tendría uno que decir cuando todo se derrumba y la existencia entera es destruida? Pero eso que suena como distancia o inversión respecto a la dinámica esquilea, ha de leerse, al mismo tiempo, como el signo de un clima intelectual distinto que la dramaturgia euripidea atestigua a la manera de un sensible sismógrafo. La consolidación de nuevos saberes y nuevos lenguajes —desde el estudio de la naturaleza hasta las enseñanzas de la sofística— había abierto un debate sobre los frutos de la tradición y sobre los contenidos del imaginario compartido, esbozando perspectivas y modelos ulteriores. Empezando, de hecho, por la concepción de lo divino y por la relación del hombre con ello. ¿Cabía seguir dando crédito a las imágenes de los dioses que Homero y Hesíodo fijaran en sus poemas en los albores de la edad arcaica? ¿Seguían teniendo valor las antiguas concepciones que a partir de ahí se habían desarrollado, erigiéndose en punto de referencia para la vida cívica?

A lo mejor al conjunto de la realidad le había dado origen —como sugería Anaxágoras— el impulso de una «mente» divina, pero eso no implicaba, en modo alguno, que tal «mente» interviniese, de manera directa, para ordenar y dirigir los asuntos humanos; los cuales venían dados y se calibraban, si acaso, por el resultado de otras fuerzas y por la mera casualidad de sus interacciones recíprocas. En tal sentido, el «destino era solo un vacuo nombre» —igual que la noción misma de providencia—, mientras que el cielo, lejos de ser la sede de entes inmortales, era con toda probabilidad un mero cúmulo de piedras incandescentes[5]. Y a lo mejor no era en absoluto posible, como sostenía el sofista Protágoras, conocer o afirmar nada sobre los dioses —«Ni que existen, ni que no existen, ni cuál forma tengan»—[6], siendo mejor, por tanto, centrar la atención en la dimensión humana y en sus posibilidades intrínsecas, teniendo en cuenta que, desde tal perspectiva, el hombre se presentaba y se acreditaba, cada vez más, como la única «medida de todas las cosas» susceptible de identificarse[7]. Los hombres de épocas más remotas —decía, por su parte, Pródico de Ceos— probablemente tuvieran por divinidades a los elementos y a los recursos esenciales para su vida, y terminaran llamando a las mieses «Deméter» —o al vino «Dioniso»— y haciendo surgir de ahí las correspondientes creencias[8].

A lo mejor, de manera aún más radical, la idea de que los dioses se ocupaban de los mortales no era —como afirmaba el sofista Critias— sino la sagaz invención de un sabio; una invención encaminada a que los hombres sintieran temor y respeto hacia las leyes, al tener miedo de un castigo celestial:

> Un hombre inteligente y sabio inventó el temor a los dioses para que los malvados temieran también por cuanto hacían, tramaban o urdían a escondidas. Por eso introdujo lo divino como un ser inmortal que, con la mente, ve y oye y vigila las acciones humanas. [...] Así, si uno trama algún crimen en silencio, ese crimen no pasará inadvertido para los dioses. [...] Y

---

5. Anaxágoras, 59 A 1, 45, 66 Diels-Kranz.
6. Protágoras, 80 B 4 Diels-Kranz.
7. Protágoras, 80 B 1 Diels-Kranz.
8. Pródico de Ceos, 84 B 5 Diels-Kranz.

dijo que estos vivían en el lugar en el que más había de impresionar a los mortales que vivieran: [...] en las esferas celestes, donde veía que había relámpagos, fragores y truenos. [...] De tales miedos rodeó a los hombres aquel sabio y con ello instituyó, mediante la palabra, lo divino[9].

El eco de tales debates se refracta, pues, en la escena, embebiendo los discursos y razonamientos de los héroes, así como los comentarios de los coros. Porque la tragedia también es eso: un espejo de las transiciones culturales, divulgación de inéditas visiones del mundo, representación de las tensiones y de las contradicciones que se generan en el careo entre viejos y nuevos paradigmas, laboratorio de pensamiento que persigue, con un espíritu problemático y abierto, ulteriores síntesis y equilibrios en ciernes. La tragedia se nutre, por su naturaleza, de «fábulas antiguas», pero al mismo tiempo es caja de resonancia de planteamientos e ideas que apuntan en direcciones totalmente distintas respecto al dictado de tales narraciones. Y, así, en los dramas de Eurípides oímos de repente formulaciones en las cuales módulos tradicionales se mezclan, de modos incluso estridentes, con palabras y conceptos de origen muy otro.

Tal es el caso, por ejemplo, de la original invocación que en las *Troyanas* hace Hécuba, quien asocia el nombre de Zeus —y la fe en la providencia— con nociones derivadas precisamente de los nuevos saberes, conectando, en efecto, la majestad divina con las leyes de la naturaleza, el perfil del dios con el éter que rodea la superficie terrestre, y la mente inmortal con el intelecto de los mortales: «Oh tú que sostie-

---

9. Critias, 88 B 25 Diels-Kranz.

nes la tierra y sobre ella resides, Zeus, quienquiera que seas, ser incognoscible e indescifrable, necesidad de la naturaleza o mente de los hombres, te suplico. Por caminos silenciosos tú guías, conforme a justicia, todos los asuntos humanos»[10]. ¿A quién se está dirigiendo Hécuba? ¿Al Zeus de Homero —a la divinidad tradicionalmente venerada–, o a una entidad que, más allá de la superficie, en absoluto coincide con el antiguo padre de los hombres y de los dioses? Poco después de pronunciar estas palabras, Hécuba muestra —contendiendo con Helena– que ella no cree, para nada, precisamente en el mito del origen de la guerra de Troya. Porque se contaba —y la propia Helena acaba de repetirlo— que todo había empezado con el certamen de belleza entre Hera, Atenea y Afrodita, así como con el hecho de que se eligiera a Paris juez para dicho certamen. Pero la vieja reina —justamente ella, que ha visto caer Troya– considera que esa historia es una tontería. Las cosas sucedieron de otro modo, ya que los dioses —de los que ella no parece dudar– no pueden responder al contenido literal de tal relato:

> Yo no creo que Hera y la virgen Atenea sean tan imbéciles. [...] ¿Por qué iba Hera a tener tal deseo de ser la más bella? ¿Para hacerse con un marido mejor que Zeus? ¿Y Atenea? ¿Para casarse, justamente ella que le ha pedido a su padre mantenerse virgen? [...] No hagas a los dioses tan estúpidos. [...] No vas a convencer a ninguna persona inteligente[11].

En cuanto a la supuesta intervención de Afrodita en el hecho de que Helena se enamorase Paris, el asunto es toda-

---

10. Eurípides, *Troyanas*, vv. 884-889.
11. *Ibid.*, vv. 971-982.

vía más ridículo: «Mi hijo Paris era guapísimo y fue tu mente», observa Hécuba, «la que se convirtió en Afrodita cuando le viste»[12]. Conque es en la «mente» de los hombres donde está el dios.

De manera análoga —en ciertos sentidos— a tales arrebatos o desviaciones de Hécuba, el adivino Tiresias de las *Bacantes* celebra la importancia de Dioniso y Deméter, equiparando —y fusionando alegóricamente— el perfil de los dioses con los elementos del mundo físico y con la lógica de los opuestos en que consiste la urdimbre de la realidad:

> Dos principios son esenciales para el hombre. Primero está la diosa Deméter, o sea, la tierra —puedes llamarla de las dos formas—, y ella nos nutre con el elemento seco, es decir, con los cereales. Luego llegó Dioniso —el hijo de Sémele— con el elemento opuesto: él inventó lo húmedo, el jugo extraído de los racimos de la vid[13].

El mismo Tiresias afirma también que esa historia según la cual Dioniso habría nacido del muslo de Zeus derivaría de un mero malentendido, concretamente de la confusión de un término con otro, de donde habría resultado la deformación de la historia entera. Con un enfoque correcto, sin embargo, no sería difícil reformular el mito de manera más creíble y apropiada, eliminando la imagen inaudita de un parto masculino. Zeus en realidad había modelado un simulacro de Dioniso y se lo había entregado como «rehén» a Hera, de forma que la diosa pudiera descargar en

---

12. *Ibid.*, vv. 988-989.
13. Eurípides, *Bacantes*, vv. 275-280.

él la cólera que le había provocado el enésimo adulterio de su marido (pero sin que el verdadero Dioniso corriera ningún riesgo). El problema era que, con el tiempo, la palabra *hómeros* («rehén») había sido confundida con *merós* («muslo») y por tal vocablo reemplazada, dando lugar a la versión del mito comúnmente conocida[14]. El enfoque sugerido por Tiresias permitiría, pues, actualizar sin demasiada dificultad las fábulas antiguas: reescribirlas conforme a la mentalidad y a la sensibilidad del presente, expurgándolas de cuanto en ellas suena absurdo o inverosímil. En cuyo caso, sin embargo, ¿seguirían siendo las mismas fábulas o se transformarían en otra cosa totalmente distinta y alejada del espíritu originario de la tradición? Huelga aclarar que esas mezcolanzas y esas reinterpretaciones que formulan los personajes euripideos, suscitaban perplejidad y desconcierto en el público. Las afirmaciones de descreimiento, o las obvias desviaciones respecto de fórmulas y valores del pasado, resultaban problemáticas —cuando no escandalosas—, pero, precisamente por eso, inducían a reflexionar, reimpulsando, más allá del ámbito estricto de la escena, la necesidad inexhausta de indagar y de hacerse preguntas.

Todo esto va, en el horizonte de los dramas euripideos, de la mano con el modo igualmente singular en que los héroes y las heroínas parecen tomar distancia respecto de sus propias peripecias, o bien remeditarlas en una clave harto crítica. El Orestes de Esquilo había obedecido sin titubear la orden que Apolo le diera de castigar a su madre con la muerte. Dio crédito al oráculo que le transmitieron, y el

14. *Ibid.*, vv. 294-297.

dios le brindó su respaldo y su amparo haciéndose garante de su camino y de sus acciones. Finalmente todo se equilibraba y, en la conclusión, había un orden y un significado. El Orestes de Eurípides, por el contrario, después de actuar está lleno de dudas sobre lo que ha hecho y sobre la figura divina que lo habría empujado en tal sentido: «Febo Apolo, ¿qué oráculo insensato pronunciaste? [...] Me ordenaste matar a mi madre y no había necesidad. [...] ¿Y si fuera un demonio quien hablaba bajo la apariencia del dios? [...] No logro convencerme de que el vaticinio fuera correcto»[15]. Dice también: «Si yo le hubiera preguntado a mi padre, mirándole a los ojos, "¿Debo matar a mi madre?", estoy convencido de que me habría suplicado que no hundiera la espada en la garganta de mi progenitora, [...] porque él de todas formas no volvería a ver la luz del sol y yo tendría que padecer estos males»[16].

También en este caso se da una dinámica doble. Desde un punto de vista psicológico, este comportamiento de Orestes responde a la situación de quien, mirando hacia atrás, ya no se reconoce —como a menudo ocurre— en un itinerario vital previo. Una decisión o un acto que se había asumido con absoluta convicción como cosa necesaria o justa, se le antoja *a posteriori*, a esa misma persona, un error terrible, un gesto desatinado que, lejos de hacer que la existencia prospere, la ha arruinado de modo irremediable. Al mismo tiempo, sin embargo, tan drástico reenfoque pone en cuestión la esencia del relato y de lo divino que en el relato se expresa. El matricidio que Apolo manda es, en efecto, una historia

15. Eurípides, *Electra*, vv. 971-981.
16. Eurípides, *Orestes*, vv. 284-293.

equivocada y atroz: el dios, que debería expresar sabiduría, es un insensato, cuando no la máscara ficticia y provisional de un demonio maligno que se expresa a través de las figuras del Olimpo homérico. El propio mito que Orestes protagoniza, es algo que no tendría que haber ocurrido nunca, que no debería ser: un absurdo horror que merece cancelarse y relegarse a un olvido por lo demás imposible.

Una deriva todavía más extrema tiene lugar en el *Heracles* euripideo. El héroe acaba de terminar el último de sus doce trabajos y puede, por fin, volver a casa. Pero allí resulta que lo agarra, por designio de Hera —que desde siempre le es hostil—, de improviso un ataque de locura. *Lússa*, la diosa del «furor» homicida, acatando la orden de la esposa de Zeus le obnubila la mente. El héroe se lanza, abandonándose al instinto, contra sus familiares, tomándolos por enemigos. Mata, uno tras otro, a sus hijos y a su esposa en una cruenta masacre. Cuando por fin vuelve en sí y se da cuenta de lo que ha hecho, su desesperación es absoluta. Toda la gloria conquistada con tanta penuria y con tanto sacrificio ha sido destruida, cancelada por esa acción horrible. Y Heracles ha perdido a las personas que amaba. ¿Qué le queda ya? ¿Qué vida iba a poder llevar tras semejante desventura? Su existencia, por otra parte, ha sido una auténtica sucesión de tormentos y afanes. Hera ya le tenía ojeriza cuando nació, y desde entonces no había dejado de serle hostil, sometiéndolo a las órdenes de Euristeo e imponiéndole la obligación de realizar insólitas empresas:

> Mi vida ahora es invivible igual que lo era antes. [...]. Zeus, engendrándome, me lanzó contra la cólera de Hera. [...] Siendo todavía yo un lactante, la esposa de Zeus puso en mi cuna dos

serpientes con ojos de fuego para hacerme perecer. [...] Superé innumerables pruebas [...] y he terminado masacrando a mis hijos. [...] ¿Por qué habría de seguir viviendo? [...] Baile, pues, la ilustre consorte de Zeus; haga resonar bajo sus pies el palacio del Olimpo: ha cumplido su proyecto. [...] ¿Quién podría rogar a semejante diosa? Celosa de los amores de Zeus, ha provocado, por causa de una fémina, la ruina de un inocente, la ruina del benefactor de Grecia...[17].

Feroz es la crítica de Heracles para con la divinidad que le es hostil. Hasta aquí, sin embargo, todo transcurre en los términos previstos por la historia en su concepción tradicional. Heracles querría suicidarse, pero su amigo Teseo, que entre tanto ha llegado a su casa, trata de disuadirlo de tal propósito. Lo invita a soportar el mal, a resignarse a lo inevitable. Para corroborar sus palabras y dotarlas de más autoridad, el rey de Atenas cita el ejemplo ni más ni menos que de los dioses:

Nadie de entre los mortales puede sustraerse a los golpes de la suerte; ni siquiera los dioses lo logran, si los relatos de los poetas no mienten. ¿No se unieron entre ellos en amores que están prohibidos por todas las leyes? ¿No ofendieron y encadenaron a sus padres para conquistar el poder? Y, sin embargo, siguen habitando en el Olimpo y se resignan a sus culpas. Y tú, que eres un mortal, ¿no quieres hacer otro tanto?[18].

Cabría preguntarse si tal uso de los mitos divinos es lícito y apropiado. ¿Es realmente posible colocar en el mismo

---

17. Eurípides, *Heracles*, vv. 1257-1310.
18. *Ibid.*, vv. 1314-1321.

plano a inmortales y mortales, como si lo que vale para unos valiera igualmente para los otros? Crono castró a Urano; Zeus encadenó a su padre. Los dioses se disputaron la soberanía del mundo luchando entre ellos. Cometieron adulterios e incestos. Pero todas esas vicisitudes del pasado absoluto, ¿verdaderamente sirven como ejemplos y precedentes de algo que el hombre pueda repetir o imitar en el tiempo distinto y finito de su propia existencia? El arsenal de los mitos presenta el peligro, si se utiliza desde semejante perspectiva, de autorizar cualquier comportamiento (con lo que quedaría reducido a un fácil y astuto pretexto retórico para naturalizar transgresiones y anomalías prohibidas, en condiciones normales, por la ley y por las costumbres humanas). Sea como sea: cabe decir, obviando tales implicaciones, que son buenas intenciones las que aquí mueven a Teseo. Quiere impedir, en efecto, un suicidio y, en tal caso, cualquier argumento está bien si sirve para salvar una vida. Heracles, sin embargo, no deja de reaccionar a tales argumentos: «Yo no creo que los dioses se complazcan con amores ilícitos, como tampoco he considerado nunca digno de ellos encadenarse por los brazos o poder avasallarse los unos a los otros. El dios, si verdaderamente es tal, no necesita nada: todo eso son míseras historias inventadas por los poetas»[19]. La crítica no podría ser más feroz y explícita. Toda la tradición poética, toda la tradición mítica expresada por los cantores, es una colosal mentira a la que hay que negar cualquier crédito. Lo divino no responde, en absoluto, a la configuración antropomórfica que Homero, Hesíodo y todos los poetas fueron con el tiempo

19. *Ibid.*, vv. 1340-1346.

consagrando. Lo divino no es susceptible de pasiones o deseos: es pura autosuficiencia que nada tiene que ver con las miserias mortales.

Si formulara tales consideraciones un filósofo, no habría de qué sorprenderse. Pero resulta que las pronuncia un héroe del mito en el presente de una acción que representa... el mito. ¿Qué pasa entonces con los celos de Hera? ¿Qué pasa con el ensañamiento de esta diosa contra Heracles y con todo lo que este acaba de recordar? También eso es mentira, por tanto: míseras historias de poetas. Y entonces tampoco el rapto de locura tiene origen celeste ninguno, sino que se trata de un mero accidente: de una «casualidad» entre tantas como pueden ocurrirle a cualquiera en cualquier momento así porque sí. En la escena, Heracles termina negando implícitamente su propia historia conforme siempre se ha contado. Niega el mito que lo define a él como héroe. Con ello es, sin embargo, el teatro mismo el que llega al límite extremo de negarse, recusando el acto que más lo ha caracterizado siempre: ese incesante extraer y remodular las historias de la tradición. Tampoco el contenido de los dramas es, en efecto, sino «mísera» y «desgraciada» historia inventada por poetas que nada saben de lo divino.

La deconstrucción es radical. Eurípides empuja a la tragedia hasta el sinsentido, corroyendo y desmantelando la materia en la que dicho género viene basándose desde su inicio primero. En lo que parece una absoluta contradicción hay, sin embargo, una fidelidad a Dioniso no menos absoluta. ¿No es el señor del teatro quien destruye toda forma cristalizada y todo sentido consolidado, obligando a llevar la mirada más allá, hasta dentro del abismo? ¿No es él quien liquida toda certidumbre a la que los mortales vanamente se aferran, quien agota y destruye todos los discursos cuando dejan de tener relación y significado respecto del núcleo palpitante de la vida y respecto de la verdad —sea esta lo que sea— que hay del otro lado de los semblantes fenoménicos?

La tradición del mito —de la que el teatro bebe— no es ningún monumento estático, sino una fuerza plástica que se coagula y se reconfigura, de forma siempre distinta, conforme a las exigencias de los tiempos y conforme a las crisis mismas que los saberes humanos atraviesan, produciendo, en cada ocasión, cuanto hace falta para reflejar las mutaciones del presente y para ofrecer un término en el cual los hombres se miren a sí mismos. Y el resultado que así se concreta, puede ser incluso la denuncia de un sinsentido extremo y la desesperación de un grito que despotrica contra el cielo, si eso es lo que el cuerpo y el alma viven en el aquí y ahora de la mera existencia. Grande es, ciertamente, la distancia que separa a Eurípides de Esquilo y de su solemne himno a Zeus en el *Agamenón*. Distintos son los tiempos y el público al que uno y otro se dirigen. Distinta es, en sus humores y en su configuración, la Atenas para la que ambos producen sus obras. La de Esquilo es una ciudad en alza que está consolidando sus instituciones y acrecentando su poderío. La Atenas de Eurípides es, por el contrario, un horizonte cada vez más extenuado por la guerra, cada vez más lancinado por luchas intestinas, y en el cual ni la política ni el pensamiento logran recomponer un cuadro que está hecho añicos.

En Esquilo Zeus, Apolo y Atenea son el término trascendente al que la polis mira para cimentar su propio orden y su propia justicia: son la instancia que vela sobre la comunidad y que la custodia. En Eurípides, en cambio, los dioses de la tradición son algo que cuesta reconocer... y a lo que cuesta, más aún, dirigir ruegos. El coro de Esquilo podía invocar al dios confiando en una intervención del mismo y también —como antes vimos— en su sabiduría:

> Alguien ha dicho que los dioses no prestan atención a los mortales, a cuantos pisotean el respeto [debido] a las cosas intangibles; pero ese no es un hombre pío. De acciones de audacia inaudita surge ruina para aquellos cuyo aliento es más soberbio y violento de cuanto corresponde. [...] No hay baluarte, no hay defensa para quien la emprendió a puntapiés con el gran altar de la Justicia[20].

El coro de Eurípides alcanza solo a plantear una pregunta a la que no responde formulación categórica ninguna: «¿Qué es dios? ¿Qué no lo es? ¿Y qué hay en medio? ¿Quién de los mortales podría decirlo? Una búsqueda sin fin, sin respuesta... Las cosas que atribuimos a los dioses van ora por aquí, ora por allá. Imprevisibles y contradictorios [son] los acontecimientos»[21]. Pero eso no significa parón ni fin, porque ahí sigue estando Dioniso: su teatro y el mito del cual se nutre (aunque sea para subvertirlo). Y precisamente cuando parece que todo se desmorona, cuando parece que todo se desintegra, es cuando hace falta seguir buscando y seguir haciendo poesía en el vacío del horizonte. Es en el vacío donde a lo mejor se hace más agudo el deseo de plenitud. Es en el vacío donde el hombre se ve remitido a su propia nada y, a la vez, a la necesidad de encontrar su propia perfección posible.

20. Esquilo, *Agamenón*, vv. 369-384.
21. Eurípides, *Helena*, vv. 1137-1143.

10. La ciudad entre el progreso y la involución

En la época de los orígenes, los hombres carecían de todo y pasaban apuros para sobrevivir. Los animales habían sido dotados de cuerpos y capacidades que les permitían conseguir alimento, guarecerse de la intemperie y defenderse de sus enemigos. Los hombres, por el contrario, parecían totalmente desvalidos, desprovistos de toda defensa y de todo recurso: como si estuvieran extraviados e *in albis* en una naturaleza hostil y extraña, sin el menor conocimiento de sí mismos ni de cuanto los rodeaba.

Oíd qué calamidad era la vida de los hombres. [...] Al principio tenían los ojos y no eran capaces de ver; oían, pero sin comprender; eran como las sombras de un sueño: vivían toda su vida al albur, en la confusión más absoluta. No sabían construir casas de ladrillos, bien expuestas al sol; no sabían trabajar la madera. Vivían bajo tierra, en cuevas, en la oscuridad: como hormiguitas. No sabían con certeza cuándo había de llegar el invierno, o la primavera con sus flores; o el verano con sus frutos. Hacían todo sin ningún criterio[1].

Son las palabras con que el titán Prometeo describe, en el drama esquileo al que da nombre, las condiciones iniciales de una humanidad para la que todo era «confuso» e indistinto, lábil y casual. Así había sido hasta que una próvida intervención, una iniciativa precisamente de él —del titán recién mencionado—, cambió el desalentador panorama de aquella existencia ciega e incierta.

Desafiando el poder de Zeus, Prometeo robó el fuego y se lo dio a los hombres para que dejaran de ser volátiles y evanescentes cual sueños, niños pasmados, criaturas incapaces de ver y comprender. Y, junto con el fuego, el titán les hizo entrega de todo el rico tesoro de las técnicas con las que la naturaleza podía ser por fin dominada y modelada. Volvió a los humanos «inteligentes» y «capaces de razonar», aptos para orientarse en la realidad y para conquistar una existencia mejor y más segura. Del alfabeto a los números, de la astronomía a la agricultura, de la medicina a la navegación, de la extracción de metales a la adivinación, Prometeo enumera con orgullo los distintos saberes que inventó y transmitió a los hombres:

Les descubrí los números —una invención que supera a todas— y cómo se ponen juntas las letras; la escritura conserva el recuerdo de todas las cosas, permite hacer poesía y cultura. Yo fui el primero que uncí animales al yugo; así, domados con arreos y colleras, aligeran a los hombres los trabajos más peno-

1. Esquilo, *Prometeo*, vv. 443-454.

sos. [...] Yo inventé —nadie más— las naves que van por el mar veloces con sus velas. [...] Y, si alguien se ponía malo, no existía ningún remedio: no había ni comidas, ni pociones, ni ungüentos. Las personas se consumían y morían por falta de medicinas hasta que yo les enseñé a hacer compuestos de sustancias curativas con los que derrotar a todas las enfermedades. A lo cual añadí distintos métodos para conocer el futuro. [...] Y aquellos bienes que otrora quedaban ocultos bajo tierra —el bronce, el hierro, la plata, el oro..., ¡tan útiles para los hombres!—, ¿crees que alguien los había descubierto antes que yo? [...] Resumiendo: Prometeo dio a los hombres todas las artes[2].

Explayándose en una larga lista, el titán alardea de su papel de gran benefactor de los mortales, en contraposición con un Zeus envidioso y tiránico que habría querido, antes bien, exterminar a la humanidad, liberando a la Tierra de un peso inútil. Prometeo, como es sabido, pagó cara aquella extrema filantropía suya. Zeus, por toda respuesta, lo condenó a ser encadenado a una peña, expuesto al tormento de un águila que, día tras día, se alimentaba de su hígado. Y es justamente desde esa situación —encadenado a una roca en los confines del mundo— como recuerda sus méritos y sus descubrimientos, esperando el día en que alguien llegue a liberarlo del atroz suplicio y, con ello, el mismísimo Zeus se vea obligado a capitular.

En la escena, la figura de Prometeo ofrece, más allá de la trama representada y de la tradición mítica con la que entronca, la oportunidad de celebrar el fulgurante progreso que la conquista de las múltiples técnicas permitió. La po-

2. *Ibid.*, vv. 455-506.

sesión y el uso de las artes se presenta —con independencia de que sea el don de un ser divino o bien, conforme a otros relatos, el descubrimiento autónomo de unos sabios— como el rasgo característico de un universo humano que por fin logra distinguirse y descollar por sobre todas las demás especies vivientes, compensando su inferioridad inicial. Es la marca definitoria y el requisito de una civilización que se constituye y evoluciona, pero también es honra y prez de la polis misma, que, gracias al creciente desarrollo de las técnicas, puede asegurarse una vida más próspera y serena. Así había sido en el caso de Atenas, un Estado floreciente de artes y producciones, de innovaciones y descubrimientos; y el teatro, fiel espejo de la comunidad, no deja de recordarlo, articulando implícitamente una satisfacción de carácter absolutamente cívico por el avance de los conocimientos y por los resultados conseguidos. En tal contexto, la conciencia positiva del proceso civilizador y de los recursos intelectuales disponibles puede dar lugar a cierta forma de razonable optimismo.

Tal es la tesis, por ejemplo, que un ilustrado Teseo hace resonar en las *Suplicantes* de Eurípides, contradiciendo la visión de cuantos consideran la existencia mortal más proclive a la desventura, que no a la posibilidad de un positivo bienestar:

Se dice que, para el hombre, el mal supera al bien. Yo pienso lo contrario: creo que nuestra vida es más rica de bienes que de males. Por otra parte, si así no fuera, ni siquiera podríamos vivir. Loado sea el dios que dio orden y norma a nuestra existencia, elevándola respecto al caos de una condición ferina. En primer lugar nos infundió la razón, tras lo cual nos dio la lengua para comunicarnos y para comprender el sonido de la voz. Nos dio las mieses para alimentarnos, y la lluvia desde el cielo para hacerlas crecer. [...] Nos enseñó a protegernos del frío del invierno y a defendernos del sol abrasador, a navegar por los mares y a intercambiarnos los productos de los que cada tierra careciese. Y para todo aquello que permanece oscuro y no conocemos con claridad, están las respuestas de los adivinos, que saben interpretar el fuego de los sacrificios, las vísceras de los animales y el vuelo de los pájaros. El dios nos dio todo eso para vivir y nosotros, ¿todavía no estamos contentos? ¿No es eso arrogancia?[3].

El designio inteligente de los dioses, y el progreso alcanzado respecto de aquella «confusión» inicial propia de bestias, coadyuvarían en el mismo sentido de permitir al hombre vivir bien, estar a gusto con su propia existencia, siempre y cuando el hombre se diera cuenta de lo mucho que ya tiene y fuera, al mismo tiempo, capaz de observar una sabia mesura. Resulta, sin embargo, que el hombre no se conforma y cree que él sabe más que el mismísimo dios, con lo que acaba sobrepasando el límite y echándolo todo a rodar. Podría disfrutar en paz los frutos de las artes y de la civilización, pero sucumbe, por falta de consideración y por orgullo ciego, a la violencia y al conflicto: quiere más y lo pierde todo. Le pasa igual que a Adrasto (que es a quien le dirige estas consideraciones Teseo): contra el parecer de los adivinos y contra todo sentido común, el soberano de Argos se ha dejado arrastrar a una guerra absurda, arruinando su propia casa y perdiendo, a la vez, al ejército.

3. Eurípides, *Suplicantes*, vv. 195-215.

Es justo, por tanto, celebrar el progreso. Es justo ese amor de la polis por el conocimiento y por las técnicas. Pero eso a lo mejor no basta para que también la vida sea siempre buena. Entre el orgullo del irreductible Prometeo —que ostenta contra Zeus el amor que él les tiene a los humanos—, y la reflexión de Teseo —que ve el proceso civilizador como parte de una providencia divina—, resuena la voz —más problemática e inquieta— de la Antígona sofoclea. En el mundo, «muchas son las cosas *deiná*» —dice el coro de los ancianos—, «pero nada hay más *deinón* que el hombre»[4]. *Deinós* quiere decir «admirable», «extraordinario»; pero también, como sabemos[5], «terrible», «tremendo». La ambivalencia es clarísima y queda grabada en la mente de quien escucha. Da la impresión, en efecto, de que el coro se dispone a realizar un enfático loor del género humano por el progreso que ha marcado la evolución del mismo, considerando al hombre una «maravilla» digna de admirarse con incesante estupor. Pero ¿es realmente así, o lo que se impone es, por el contrario, el «miedo» que esa criatura suscita en quien lo observe? Conforme el canto avanza, a lo primero parece que se impone la celebración positiva. Así y todo, bajo la superficie de las palabras no deja de resonar algo siniestro. Es posible que al espectador más avezado, oyendo la mención de las «muchas cosas *deiná*» existentes, le haya venido a la memoria cierto coro de los *Coéforos* de Esquilo:

La tierra alimenta a muchos terribles flagelos que suscitan horror (*pollá* [...] *deiná deimáton áche*), y los recovecos del mar bu-

4. Sófocles, *Antígona*, vv. 332-333.
5. Véase el capítulo 1.

llen de monstruos enemigos del hombre. Llamaradas se abaten desde el cielo sobre los seres del aire y de la tierra, y aun de los vientos rabiosos y de las tempestades podríamos hablar. Para la desvergonzada osadía del hombre *(hypértolmon andrós phróne-ma)*, sin embargo, ¿quién podría encontrar las palabras? ¿Y para las desenfrenadas pasiones de las mujeres —cuya mente es temeraria—, pasiones que traen a todos perdición?[6].

Singular e irónica interferencia: el horror extremo que exhala la casa ensangrentada de los atridas, que es a lo que este coro esquileo se refiere —un horror de crímenes inauditos—, se proyecta en lo humano y lo envuelve en su escalada de progreso...

Sea como sea: los ancianos empiezan a enumerar los distintos ámbitos en los que se han desplegado las artes y las capacidades humanas:

El hombre atraviesa el mar cuando sopla tempestuoso el Noto, con la espuma y las altas olas irguiéndose por doquier en derredor. Trabaja y exprime a la Tierra inmortal, infatigable, la diosa más grande de todas: año tras año la revuelve con el arado, arriba y abajo por el campo, con los caballos de tiro. Con las redes captura a los pájaros, a los animalillos del monte y a los peces del mar. Así de listo es el hombre... Con sus artes domestica a los animales salvajes, unce al yugo al caballo de hermosa crin y al fuerte toro de montaña[7].

La navegación, la agricultura, la pesca, la domesticación son los términos recurrentes de los repertorios del proceso

6. Esquilo, *Coéforos*, vv. 585-601.
7. Sófocles, *Antígona*, vv. 334-352.

civilizador, como tampoco sorprende que se llame al hombre *periphradés*, es decir, «sagaz», capaz de una inteligencia versátil que se aplica a cualquier objeto posible. Pero vuelve a haber detalles que expanden esa sombra que ya se insinuaba en la ambivalencia inicial. La sabiduría tradicional recomendaba, desde siempre, no hacerse a la mar en los meses otoñales, que era cuando soplaba violento el Noto. En tal época del año convenía dedicarse a otras actividades —como también indicaba Hesíodo—, pero desde luego no a los barcos ni a las travesías marítimas, si no se quería correr peligro de naufragio y muerte. Aquí es, en cambio, justamente esa época desfavorable y prohibida del año la que se evoca con todo lo que implica (las altísimas olas, el mar rugiente que se abre al abismo, la furia desatada de los elementos...). La pericia marítima desemboca en la imagen de una audacia sin remilgos e insólita que no duda en desafiar abiertamente a la naturaleza, rompiendo antiguas costumbres y ritmos ancestrales con los que las actividades humanas se adaptaban a las estaciones. Y ¿qué decir de la agricultura? Año tras año la tierra, arada y sembrada, renueva el don de las mieses, don benigno de una diosa inmortal que alimenta a los mortales como una madre. Pero el trabajo de los campos llega al punto de una explotación que «desgasta» y «agota» lo que por su naturaleza es, sin embargo, divino. Temeridad que no se arredra, exceso que avasalla. Pues de manera sutil —o no tan sutil—, ese hombre «sagaz» deja entrever el perfil de una fuerza que violenta el orden natural, que impone su «yugo» a cada cosa arrancándola del lugar al que pertenece y de su vida.

La lista continúa enumerando las siguientes y cruciales etapas de esta evolución: el aprendizaje del habla, el desarrollo de la razón, las formas de la agregación social, la elaboración de instituciones y normas, la construcción de edificios y los remedios de la medicina, que curan las enfermedades aunque no logren derrotar a ese término último que es la muerte. Pero, si lo lograran, el hombre sería igual a los dioses. «Se enseñó a sí mismo la palabra», cantan los ancianos,

el pensamiento —que es rápido como el viento—, el instinto de crear leyes y ciudades. Aprendió a resguardarse de la intemperie, de los rigores del cielo y de la azotadora lluvia. Tiene recursos de todo tipo: nada le falta para afrontar el futuro. Únicamente a la muerte no le ha encontrado remedio. Pero ha descubierto el modo de sustraerse a enfermedades incurables[8].

Pantopóros, «rico en expedientes»: capaz de encontrar en cada ocasión, como la propia palabra indica, el *póros*, o sea, el «medio» y el «camino» para «avanzar» hacia lo que se quiere y se desea, es decir, para dar forma al futuro de uno. Y luego, a la inversa —como si hubiera que insistir en ello con todo el énfasis posible—, *áporos ep'oudén*, esto es, jamás «indefenso ante nada», jamás impedido por el estorbo de ninguna dificultad insuperable, dispuesto a vencer cualquier obstáculo y sin detenerse nunca. El arte y la técnica son algo verdaderamente *sophón* («sabio») por la posibilidad inagotable de encontrar *mechanái* («estratagemas», «ocurrencias»). Y ciertamente es eso lo que causa estupor: esa posibilidad de ir siempre más allá de lo que ya viene dado, de superar cualquier expectativa y cualquier término que antes parecía definido y fijado.

8. *Ibid.*, vv. 353-363.

Todo eso, sin embargo, ¿en qué dirección lleva? Esa es la pregunta en que se acaba centrando esta ambivalente celebración: «¡Cuántas cosas sabe el hombre y cuántas encuentra! ¿Quién lo hubiera podido imaginar? Artes, inventos... Pero ¿adónde va con sus conquistas? Algunas veces sigue los caminos del mal; otras, las sendas del bien»[9]. La oscilación entre lo «extraordinario» y lo «terrible» depende de tal alternativa y se resuelve en ella. Y resulta significativo que, en todo este panorama que se ofrece, no haya una sola mención explícita de una intervención divina. En los discursos de Prometeo y de Teseo, el proceso civilizador hemos visto que se presentaba como el resultado de una providencia celeste enviada en auxilio de los mortales. Aquí, por el contrario, todo tiene lugar en el plano de una conquista autónoma cuyo único héroe y artífice es el hombre mismo. El hombre, como dicen los ancianos, se «ha enseñado a sí mismo»: lo ha hecho todo «él solo», forjando, paso a paso, su propio mundo. Pero en esa soberana autonomía –que parece prescindir de las potencias del cielo y de los infiernos, del Olimpo y del Hades–, ¿es también capaz de determinar y reconocer en cada caso lo *kakón* y lo *esthlón*? ¿Es consciente de qué trayectoria imprime a su propia actuación? ¿Y de dónde saca el criterio para distinguir lo que es «malvado» y lo que es realmente «noble»? Porque es evidente que las repercusiones de esa doble dirección no solo afectan al individuo, sino que de una forma aún más decisiva reverberan en el destino de la polis que en tal progreso se ha edificado a sí misma.

La opción que indican los ancianos, es clara y nítida en el sentido de que pone de relieve la necesidad de una armonía

9. *Ibid.*, vv. 364-366.

capaz de *paréirein*, esto es, de «entrelazar» y «entretejer» el plano terrenal y con el celestial, lo profano con lo sacro, lo mortal con lo inmortal: «El hombre es grande y hace grande a su ciudad cuando respeta las leyes de la tierra, la justicia de los dioses y los sagrados juramentos. Qué hermosa armonía entonces... Pero no tiene ciudad quien está dispuesto a cualquier cosa, quien se alía con el mal»[10]. Desde tal perspectiva, ese canto que dedican a la terriblemente extraordinaria condición humana se cierra con una fórmula a todos los efectos apotropaica: «A alguien así, no lo queremos entre nosotros. Nada tenemos para él»[11]. Lejos, pues, del hogar común de la ciudad quien, audaz en el pensamiento y en los actos —«terrible» desde todos los puntos de vista—, olvida el propósito esencial de ese salvífico entramado.

Mientras los ancianos modulan en el canto tales reflexiones, la acción del drama acaba de empezar con la decisión de Creonte que todos sabemos: dejar insepulto el cuerpo de Polinices, que ha atacado Tebas enfrentándose a su hermano. Ahora bien: llamando la atención sobre las repercusiones y los problemas del proceso civilizador humano, ¿el coro está pensando en ese decreto de Creonte, está reflexionando sobre la colisión fraterna recién concluida, o bien es la suya una perspectiva puramente general? La pregunta queda en el aire —como a menudo ocurre—, y no es sino después cuando se ponen de manifiesto las implicaciones ulteriores de aquellas palabras. Cuando el decreto ya ha dado lugar a la reacción de Antígona y al posicionamiento de Hemón contra Creonte, aparece en la escena de

10. *Ibid.*, vv. 368-371.
11. *Ibid.*, vv. 372-375.

manera totalmente inesperada Tiresias, quien llega para hablar urgentemente con el soberano. El adivino está alarmado por los siniestros presagios que ha podido advertir observando el comportamiento de las aves: «Escucha las señales que de mi arte he sacado», dice dirigiéndose a Creonte,

> y lo entenderás. Estaba yo en el antiguo lugar de los auspicios, donde se posan pájaros de toda especie. Y entonces oigo unos graznidos raros: gritaban como locos, con una furia salvaje. Se destrozaban entre ellos con sus garras. (Lo entendí por cómo batían las alas; no había ninguna duda.) Me asusté y probé inmediatamente a ofrecer un sacrificio en el altar. Pero en las ofrendas no prendía el fuego. La grasa de los muslos estaba putrefacta y rezumaba sobre la ceniza, [formándose] una nube de vapor y salpicaduras por doquier. La bilis se dispersaba por el aire, los huesos goteaban todos y asomaban de la grasa. El rito había salido mal y no daba respuesta...[12].

Los pájaros se atacan entre ellos con una ferocidad inaudita; se hacen sangre, profieren estridentes chillidos. Se estremece Tiresias ante aquel *óistros bebarbaroménos* que nunca se había oído. Porque los gritos y el vuelo de los pájaros son, en general, interpretables; pero ahora estos animales diríanse arrebatados, en efecto, por un «furor salvaje», incomprensible e ininteligible. Aunque igual sería más exacto parafrasear esta expresión como un «furor» que es síntoma de una aterradora «barbarización». Y tal síntoma no puede referirse a los animales, en la medida en que ellos, la civilización, no la conocen. De manera que el signo apunta direc-

---

12. *Ibid.*, vv. 998-1113.

tamente a la situación en que se halla la ciudad: es Tebas la que se ha vuelto «bárbara» y «salvaje» de resultas de las decisiones de Creonte. El cadáver de Polinices se está pudriendo, con nauseabundo hedor, en la llanura de Tebas en lugar de ser entregado a la tierra con arreglo a una sepultura digna y tradicional. Antígona, por el contrario, ha sido condenada por el rey a ser sepultada, estando todavía viva, en una caverna subterránea. Todo está al revés: los muertos arriba y los vivos abajo, mientras despojos del cadáver trasportados por los pájaros mancillan todos los altares de la ciudad. La ciudad del progreso se transforma, así, en el lugar del horror más extremo y, allá en lo alto, los dioses rechazan los sacrificios. A pesar de las artes y de las técnicas, la polis de la civilización y del saber se hunde, sin justicia y sin lo divino, en la regresión violenta de los orígenes: en aquel estado en el cual todo se aparece —por usar las palabras de Prometeo y de Teseo— «confuso» y «mezclado» y los humanos no se diferencian de las bestias o son, si cabe, peores.

Progreso y regresión. Encontramos la misma dinámica en muchas otras tragedias, dejando ya al margen el tema explícito del proceso civilizador humano. La dirección de la flecha temporal se invierte y todo se precipita en el caos indiferenciado de los orígenes. Algo remoto, pretérito y olvidado vuelve de improviso y se materializa aquí y ahora, descompaginando la construcción de cualquier orden y los confines de cualquier supuesta normalidad que se hubiera adquirido entre tanto. El pasado vuelve a fluir como una ola que engulle personas y cosas, como una pesadilla espantosa que oscurece la luz de la vigilia. Es un pasado hecho de violencia y de horror, un pasado que se creía superado para siempre y dejado atrás en favor de configuraciones nuevas y, precisamente, más avanzadas y cívicas. Pero es como si el pasado en realidad no pasara nunca; es como si ahí siguiera acechante a la manera de una fuerza destructiva que obliga a la realidad a retroceder sin que ninguna confianza optimista en que el mundo humano va siempre a mejor lo pueda evitar. De lo cual es símbolo la trama, por ejemplo, de las *Traquinias* de Sófocles.

Deyanira acababa de ser dada como esposa a Heracles. Ambos se hallaban de viaje y, debiendo cruzar el cauce de un río, la espléndida moza había subido a lomos del centauro Neso, que parecía haberse ofrecido benignamente para transportarla. Justo en mitad del río, sin embargo, aquella criatura híbrida —mitad hombre y mitad caballo— no pudo resistirse a la tentación y se propasó audazmente con la recién casada. (Inmoderados y lujuriosos solían ser, por su naturaleza, los centauros; a lo mejor no había sido lo más prudente ponerse en manos de tal transbordador...). Deyanira gritó al agresor y Heracles, corriendo de inmediato en su defensa, golpeó a aquel bruto con una de sus temibles flechas empapadas en el veneno de la hidra. Neso, mientras agonizaba, parecía arrepentido y, con sus últimas palabras, recomendó a la joven que recogiera la sangre que manaba de la herida mortal de él, porque ese líquido —prometía el centauro— podría servirle, si en algún momento llegara a necesitarlo, como un potente filtro de amor para subyugar a Heracles.

Desde aquel día habían transcurrido muchos años. Aquel penoso y singular suceso parecía ya lejano. Entre tanto, Deyanira se ha hecho vieja y ahora, como muchas otras mujeres, se queda en casa esperando con ansiedad el regreso de un marido que siempre anda ocupado en otra parte en guerras y empresas. Llega por fin la noticia de que el héroe está a punto de volver a casa. Pero, junto con esa novedad que la alegra, Deyanira se entera también de una verdad que la turba profundamente: Heracles se ha prendado de la bella Íole y la ha convertido en su concubina, enviándola a Traquis junto con otras féminas como parte del botín conquistado. ¿Cómo va a poder la ya madura Deyanira competir con los encantos de esa virgen en flor? ¿Tendrá quizás que resignarse a compartir los abrazos de su marido con una rival? De pronto se acuerda del filtro del centauro. Lo había guardado en un sitio apartado de la casa, en la oscuridad, en un recipiente de bronce. Allí había estado, sin que nadie se acordara de él, todo ese tiempo, residuo aparentemente inerte de aventuras de otrora. Pero hete aquí que, ahora, aquel singular fluido y las instrucciones de Neso se antojaban inesperadamente útiles y próvidas. Sin pensárselo dos veces, Deyanira empapa con la sangre del centauro un manto que ordena entreguen, como regalo suyo, a Heracles. Está convencida de que va a poder reconquistar, con tal magia, el afecto de su esposo. Huelga decir que el resultado es todo lo contrario de lo esperado y funesto: lejos de producir un hechizo amoroso, aquella sangre mezclada con la ponzoña de la hidra es, en realidad, una pócima letal que inmediatamente aniquila al héroe. Deyanira, destrozada por el dolor y por el sentimiento de culpa, se suicida apenas se da cuenta de lo que ha hecho.

Al final, todo queda claro: el consejo de Neso había sido completamente fraudulento y maligno, dictado por la sola voluntad de golpear a distancia e indirectamente a Heracles y a su ingenua mujer. Inopinadamente, por la ansiedad de una esposa traicionada, el antiguo mundo de los monstruos y las fieras había vuelto a invadir la realidad con toda su fuerza destructiva. La hidra de cien cabezas que vigilaba la ciénaga infernal, los seres prodigiosos y temibles de los comienzos, los peligros y riesgos de una naturaleza ajena y hostil: todo aquel universo primitivo y feroz había vuelto a asomarse, contra cualquier candorosa expectativa, para subvertir el presente y consumar su venganza. Es ilusorio pensar que a los monstruos se los derrota para siempre, que quedan confinados en el relato de arcaicas fábulas o en una habitación apartada de la que ya no pueden escaparse para hacer daño.

Es ilusorio creer que el caos está superado de una vez para siempre. Basta una obnubilación momentánea, un gesto incauto o el trasporte fatídico de una emoción, y esa puerta vuelve a abrirse. En un instante, la regresión salvaje aferra al cosmos y a la ciudad. El furor vengativo de los muertos, la memoria rencorosa de los antepasados, el delirio homicida de los antiguos héroes, el miasma de ancestrales crímenes, la huella de transgresiones innombrables..., todo eso que parecía enterrado vuelve a salir a la luz. Vuelve a suceder. Sucede en el tiempo y en el espacio del drama, como admonición y como esperanza de que ese reflujo exhibido con horror en la escena no se produzca también, del mismo modo, en el horizonte de la ciudad y en el presente efectivo del público.

11. Mujer y alteridad

Por Jasón, Medea se lo había jugado todo. Abandonó la lejana y exótica Cólquide en que naciera. No dudó en traicionar cualquier pertenencia y cualquier vínculo que hasta ese momento hubieran podido importarle: desobedeció a su padre, masacró a su hermano y cometió más atrocidades. Todo por estar con él, por seguirlo hasta Grecia y convertirse en su esposa. Después de una serie de travesías, la pareja se había establecido en Corinto. Nacieron dos hijos y daba la impresión de que entre los cónyuges reinaba una armonía perfecta. Un buen día, sin embargo, Jasón se cansó de estar con aquella mujer extranjera que nada más podía ya ofrecerle. Exiliado, también él, de su tierra natal, ya no estaba dispuesto a llevar una existencia oscura, marcada por la exigüidad de los recursos y sin relaciones en las que apoyarse. Decidió, por tanto, contraer nuevas nupcias con la hija de Creonte, el rey de la ciudad: un matrimonio ventajoso que podía por fin garantizarle riqueza y prestigio. Le había parecido la cosa más juiciosa y más útil que hacer en beneficio suyo propio, pero también de sus hijos, que así podrían llevar una vida más cómoda. Era lo único que se había planteado. ¿Y Medea? De la casa donde se había quedado sola, prorrumpen gritos de rabia y de dolor que preocupan y asustan a quien los oye. Está llorando y se desespera por ese abandono. Despotrica y lanza amenazas contra el héroe, contra su nueva esposa y contra el rey. Con grandes voces invoca a los dioses como testigos del agravio que ha sufrido: Jasón se había comprometido, había prestado solemnes juramentos y luego, como lo más normal del mundo, había pisoteado todas sus promesas y había actuado a espaldas de ella, sin decirle una palabra.

Un sufrimiento inaudito, un ultraje intolerable que suscita deseo de venganza. «Malditos hijos, [...] así os muráis junto con vuestro padre. [...] Quisiera yo verlo destruido a él, a su joven esposa y la casa entera»: así grita la heroína cuando empieza el drama de Eurípides que lleva su nombre[1]. La densa «nube de gemidos» que Medea hace resonar, es ya un claro y temible presagio de la calamidad que está a punto de producirse, del huracán que está a punto de desatarse[2]. El corazón de Medea está incandescente de furor; sus vísceras están hinchadas de cólera. En medio de todo eso, por si fuera poco, Creonte la intima a marcharse de Corinto. El rey tiene miedo de lo que pudiera hacer esa mujer enfurecida, esa bárbara con fama de sabia, de experta en filtros de amor y en maleficios. Más vale desterrarla y no correr riesgos.

---

1. Eurípides, *Medea*, vv. 112-114.
2. *Ibíd.*, vv. 106-107.

Cuando, poco después, Jasón y Medea se encuentran cara a cara, la mujer le reprocha la «impudencia» con la que ha actuado, la ingratitud de que ha dado muestras y, sobre todo, esa absoluta negligencia de violar la sacralidad de la palabra dada: «Ya no hay respeto de los juramentos. ¿Crees acaso que ya no existen los dioses, o que rigen entre los hombres nuevas leyes? [...] Tú sabes bien que eres un perjuro para conmigo»[3]. Para el héroe, sin embargo, las razones de Medea no serían sino la manifestación de una irracionalidad totalmente femenina: «Vosotras, las mujeres, sois todas así. Cuando el matrimonio va bien, pensáis que no os falta nada; pero, si una desgracia se abate sobre vuestro lecho, entonces todo lo que antes era bueno y bonito se os vuelve odioso»[4]. Desde ese punto de vista, la hostilidad y el furor de Medea tendrían una única y cruda motivación, no obstante todos los argumentos que la heroína pone de relieve en su acusación. Sería, en efecto, la frustración del lecho abandonado, la frustración del sexo y del deseo lo que a Medea le «raspa» o «escuece» (*knízein*) en el ánimo y en la carne, llevándola hasta ese punto de desmesura y furia. Sería esa punzada lo que le hace perder la cordura y le impide comprender y valorar los hechos: «¿He tomado la decisión equivocada?», observa el héroe. «Ni siquiera tú lo dirías, si no te atormentara la obsesión del lecho»[5]. La cuestión de la justicia que pone sobre la mesa Medea, las consideraciones sobre los pactos quebrantados y sobre el respeto a los dioses, se reducen y se liquidan tranquilamente en términos de

---

3. *Ibid.*, vv. 492-494.
4. *Ibid.*, vv. 569-572.
5. *Ibid.*, vv. 567-568.

desazón erótica, de una vergonzante debilidad que nubla el juicio. El planteamiento es, en cualquier caso, que una mujer *sóphron* —una mujer «honesta» y «casta»— no incurriría en semejantes exabruptos y no llegaría a tales excesos, sino que sabría controlarse y sufrir en silencio, salvo que padeciera una incurable y vergonzosa «insaciabilidad del lecho», como se dice en otro drama euripideo centrado en lo que sería la deriva de los celos femeninos[6].

Jasón tampoco duda, de manera análoga, en redimensionar su deuda de gratitud. En la mencionada aventura de la Cólquide, la ayuda decisiva no habría venido tanto de Medea, como de la propia diosa Afrodita, ya que esta habría hecho, para que el héroe pudiera llevar a término su empresa, que aquella se enamorara: «Mi salvación se la debo únicamente a Afrodita. [...] No quieres admitir que fue Eros, con sus flechas infalibles, quien te obligó a salvarme»[7]. Medea no habría sido, así las cosas, sino un medio contingente: un instrumento de la voluntad divina en beneficio de Jasón. Lo que equivale a decir que la pasión y el deseo de Medea no tenían en aquel entonces, por sí mismos —como tampoco en el presente de la acción dramática—, ningún tipo de peso o significado que merezca preocupación o respeto. De todas formas —prosigue Jasón—, también ella había sacado sus ventajas con todo ese juego. De hecho había recibido bastante más de cuanto había dado: «Ya no vives en un país de bárbaros, sino en Grecia; conoces la justicia y ya no usas la fuerza, sino las leyes. Además, debido a tu sabiduría eres famosa entre los griegos. Si te hu-

6. Eurípides, *Andrómaca*, vv. 217-218.
7. Eurípides, *Medea*, vv. 527-530.

bieras quedado en los confines del mundo, nadie hablaría de ti»[8]. Las cuentas estarían, pues, saldadas y no habría nada más que decir. El valor de tal intercambio y el planteamiento en su conjunto ofrecen, sin embargo, motivos para la perplejidad. Los bárbaros serían salvajes y cruentos, y Medea ciertamente había demostrado ser capaz de acciones atroces. Grecia sería, por el contrario, la sede de la civilización y de la justicia, la tierra donde la ley y el derecho ocupan el lugar de la violencia y del abuso, el país que ama la sabiduría y dispensa gloria. Todo eso, en los estereotipos de la ideología. Pero ¿qué luminosa justicia habría experimentado la bárbara Medea siendo traicionada y abandonada por su civilizado marido griego que se ensucia con la negligencia del perjuro? ¿Cuál ley habría intervenido para salvaguardar aquella unión que ambos sancionaron dándose la mano derecha? ¿Qué gloria se habría granjeado ella si su sabiduría se considera temible y oscura, y precisamente por eso la expulsan de la ciudad?

El griego Jasón se asombra de que Medea no entienda la importancia de la riqueza y del prestigio social, del linaje y de la descendencia, que son las cosas con base en las cuales él ha obrado. ¿Para qué iban a servir los matrimonios y las féminas, sino para constituir patrimonios y asegurarse progenie? Tópicos, también estos, de una mentalidad griega marcadamente androcrática. ¿Esas serían, entonces, las ventajas que la bárbara Medea había sacado llegando hasta allí? ¿Ella, que hizo lo que hizo «con el corazón enloquecido de amor»?[9]. ¿Cómo iba a aceptar que el matrimonio y el

8. *Ibid.*, vv. 536-541.
9. *Ibid.*, v. 8.

deseo, los vínculos formales y los afectos, se deshagan brutalmente? ¿Cómo iba a interesarle una apología de la conveniencia si eso le hiere el corazón y la condena al abandono? Jasón había recriminado a Medea un «habla impúdica y violenta»[10], pero la desvergüenza de él no es en absoluto menor cuando detalla las supuestas ventajas de vivir en Grecia y llega a reprochar a Medea abiertamente que se sienta tan desgraciada y no quiera ver la «suerte» que las nuevas nupcias suponen[11]. Este comportamiento del héroe, ¿es una insensibilidad estúpida e inconsciente —acorde con una mentalidad imperante—, o estamos ante un caso flagrante de mala fe que aduce la ideología y los lugares comunes de la ciudad para enmascarar su culpa?

Sea como sea, desde el principio resulta evidente que Medea no tiene intención de limitarse a padecer sin hacer nada. Es una mujer que no se rinde a las lógicas de ese orden masculino, una mujer que busca, en primer lugar, la solidaridad de las otras mujeres de la ciudad, articulando las dificultades y la penuria de su condición común: «De entre todos los seres que tienen alma y razón», afirma Medea,

nosotras, las mujeres, somos la raza más infeliz. Para empezar tenemos que comprarnos, con una gran dote, un marido que se convierte en dueño de nuestro cuerpo; y ese es el peor de los males. Pero hay un riesgo todavía mayor: ¿será bueno [el marido] o será malo? Para las mujeres, separarse es un oprobio y rechazar al marido es imposible[12].

10. *Ibid.*, v. 525.
11. *Ibid.*, v. 602.
12. *Ibid.*, vv. 230-237.

Pero luego se añaden más dificultades. Al casarse, hay que adaptarse a una nueva casa; puede que haya que cambiar de ciudad y de costumbres, y en todo ello hay que intentar desesperadamente entender cómo comportarse con el esposo: «Si se consigue y la convivencia con el marido funciona, entonces la vida es bonita; de lo contrario, mejor es morir»[13]. Los hombres pueden salir a distraerse, pero eso a las féminas no les está permitido. Ellas están confinadas en el espacio doméstico, abrumadas por el peso y los riesgos de la maternidad: «Dicen que vivimos en casa, lejos de los peligros, mientras ellos van a la guerra; [...] pero es mil veces mejor embrazar un escudo que dar a luz una única vez»[14]. Asienten las mujeres que la escuchan, comprenden su dolor y sueñan con una musa que cante, por fin, también la gloria de las féminas, restituyéndoles su honra y buena fama contra los estereotipos, que las tachan de locas o malévolas; contra los hombres, que las traicionan y urden engaños ofendiendo a los dioses. Pero ¿pueden esa musa y esa gloria surgir de lo que la heroína está tramando?

Medea habla de «nosotras, las mujeres»; pero al mismo tiempo insiste, varias veces, en su propia condición diferente. «Esto vale para vosotras, no para mí»[15], subraya recordando que ella es extranjera, está lejos de su patria y no puede contar con amigos y familiares, como sí el resto de las mujeres de Corinto. Dice que «somos la raza más infeliz» buscando el apoyo y la empatía femeninos, pero a la vez reivindica la fama siniestra y cruenta que pesa sobre su

13. *Ibid.*, vv. 242-243.
14. *Ibid.*, vv. 248-251.
15. *Ibid.*, v. 252.

sexo: «Nosotras, las mujeres, somos incapaces, por naturaleza, de bellas acciones, pero somos sapientísimas artífi-
ces de males»[16]. Y más adelante repite: «Yo soy distinta de
los demás mortales»[17]. A medida que va desplegándose la
acción y va cobrando forma el plan de la venganza, la identidad de Medea en realidad se complica, se multiplica y se
rompe en un prisma bastante alejado de cuanto aquel «nosotras» podía hacer pensar. A partir de ese momento inicial
en que el ultraje la ha hecho gritar de dolor, Medea va asumiendo progresivamente rostros y modos múltiples con relación a los distintos momentos y a sus distintos interlocutores, hasta acabar dejándonos perplejos sobre quién —o
qué— sea ella verdaderamente.

Es bárbara, sí, pero en cada ocasión da muestras de dominar perfectamente las categorías y los esquemas menta-
les del mundo griego y de los hombres a los que planta
cara, llegando al punto de volver contra ellos lo que dicen
o piensan, desenmascarando su retórica o captando los
puntos flacos de la misma. Es sabia y, disponiéndose a actuar, invoca a Hécate, señora de la noche y de la magia.
Con un potente veneno aniquila a la nueva esposa y a
Creonte: impregna de tal ponzoña un tejido que, en contacto con la piel, corroe las carnes y devasta el cuerpo cual
fuego voraz. Y, sin embargo, su saber no se limita a los filtros y a las pócimas, que son atributos femeninos tradicionales. Las consideraciones que Medea desgrana sobre la
utilidad y los riesgos que la sabiduría comporta, cuadran
perfectamente también a la figura de un filósofo o de un in-

16. *Ibid.*, vv. 407-409.
17. *Ibid.*, v. 578.

telectual que se plantea su propia posición y la aplicabilidad de sus conocimientos en el ámbito de la comunidad cívica, consciente de las resistencias o de los prejuicios de que puede ser víctima, teniendo en cuenta el modo de pensar imperante o las tradiciones consolidadas: «Si ofreces nuevos conocimientos a personas incompetentes, parecerás inútil (no sabio, desde luego). Si se te considera, en cambio, superior a quienes tienen fama de poseer una cultura brillante, resultarás una persona molesta»[18]. Y ¿qué decir de la habilidad con que es capaz de engatusar con palabras a quien la escucha, ocultando sus intenciones y extinguiendo las sospechas del interlocutor? En el momento debido, su sabiduría es comparable a la de un sagaz y diestro sofista que sabe calibrar los efectos del discurso y urdir persuasivos engaños, como cuando simula estar arrepentida de su cólera y, para resultar todavía más creíble —para dar una imagen de indefensión y desvalimiento—, no duda en pronunciar lugares comunes que respondan a las expectativas de los hombres a los que se dirige: «Soy una tonta. [...] Pero nosotras, las mujeres, somos lo que somos. No diré un mal, pero somos mujeres»[19].

Medea es, por tanto, una mujer. Ella define, sin embargo, la ofensa recibida —y se refiere a la misma— desde los parámetros de una cultura aristocrática masculina. La traición vulnera su *timé*, es decir, su «honor» y sus «prerrogativas»; suscita en ella, consecuentemente, una reacción salvaje y violenta, no demasiado distinta de la de un héroe homérico que se considera ofendido o menospreciado res-

18. *Ibid.*, vv. 298-301.
19. *Ibid.*, vv. 873-890.

pecto a lo que son su rango y sus méritos. (Aquiles no es menos salvaje y violento que ella cuando se siente herido por las palabras de Agamenón). Medea concibe la venganza como un *agón* —esto es: como una «lucha» y una «competencia»— que lleva aparejada la esperanza de la victoria y del triunfo; se trata de una prueba que ilumina con la gloria a quien vence, igual que ocurre en el campo de batalla[20]. Por otra parte, ¿no fue ella quien dijo que es mejor embrazar un escudo que dar a luz? Y ella no soporta —de nuevo en esa línea del héroe obsesionado con su propia fama y con su propio valor— la idea de convertirse en objeto de mofa, de ser considerada «vil» o «débil»[21], porque el imperativo del guerrero consiste en afirmar siempre y a como dé lugar la superioridad de uno: «No se puede soportar», remacha, «sufrir burla de enemigos»[22]. De ahí que esté dispuesta a afrontar incluso el sufrimiento más grande —incluso a matar a sus propios hijos— si eso le asegura una victoria total: «El dolor me supone un beneficio», le dirá a Jasón, «si tú ya no puedes reírte de mí»[23]. Áyax, que estalla en el delirio homicida por no haber recibido de sus comilitones el premio que esperaba, se expresa en los mismos términos[24]. Y luego, cuando llega a los puntos decisivos de su plan, Medea se dirige a sí misma para exhortarse a actuar sin titubeos. Habla a su propio corazón para ratificarse en la audacia de cuanto se dispone a llevar a término y para insuflarse la necesaria firmeza. Habla a su propia mano, que

20. *Ibid.*, vv. 367, 403, 765, 910.
21. *Ibid.*, vv. 384, 404, 805-806, 1049, 1355.
22. *Ibid.*, v. 797.
23. *Ibid.*, v. 1362.
24. Sófocles, *Áyax*, vv. 367, 454, 961.

debe aferrar bien la espada y hundirla hasta el fondo sin piedad[25] (exactamente igual que Odiseo y otros campeones del mundo épico hicieran en momentos cruciales de sus empresas)[26]. La esposa ultrajada expresa y representa su propia acción de una manera sustancialmente análoga a la de un desquite viril y heroico. Pero el juego prismático de las metamorfosis no se limita a eso.

Medea es un ser humano, por supuesto. Desde el primer momento, sin embargo, su figura presenta elementos del reino animal. Su actitud y sus gritos se confunden, de tanto en tanto, con los de una fiera. A quien se le acerque o trate de dirigirle la palabra para calmarla, ella le responde con una mirada torva, cual toro a punto de embestir o cual «leona recién parida», feroz y pronta a atacar[27]. No obstante, cuando sus intrigas se cumplen, ni siquiera la naturaleza de las fieras selváticas e indómitas parece alcanzar para retratarla y definirla. Su imagen llega, con el terror que suscita y con las atrocidades de las que es capaz, a la de una «criatura monstruosa», asimilándose a la de esos seres que siembran destrucción y estragos en los relatos del mito. Medea es más terrible y feroz incluso que la Escila homérica[28], que desde su «hórrido antro» —situado frente al escollo de Caribdis— aniquila naves y marinos con sus seis cabezas y su «triple fila de numerosos y apretados dientes, llenos de muerte negra»[29].

Es una madre, Medea, que se enternece mirando a sus hijos, cuyos ojos luminosos e inconscientes, cuya piel deli-

---

25. Eurípides, *Medea*, vv. 496-497, 1056, 1242-1244.
26. Homero, *Ilíada*, 11, 403; *Odisea*, 20, 18.
27. Eurípides, *Medea*, vv. 92, 187, 198.
28. *Ibid.*, vv. 1342-1343.
29. Homero, *Odisea*, 12, 80-83.

cada, cuya respiración suave la conmueven y la hacen vacilar. ¿Cómo iba a hacerles mal a ellos? Sin embargo «es necesario» para que la venganza llegue hasta el final. Hay que matarlos, hay que «sacrificarlos» para golpear a Jasón de modo irremediable[30]. Y para eso no queda sino cancelar el recuerdo de haberlos engendrado, dejar de ser madre durante el tiempo que la ejecución del inaudito sacrificio requiere: anular ese rasgo de la naturaleza y del ser y pasar a otro plano. Al principio Medea había invocado a los dioses, los había llamado como testigos de lo que ella sufría, igual que cualquier hombre y cualquier mujer hacen cuando el peso de la desventura aplasta y desbarata la vida. Les había suplicado que le hicieran justicia. Más adelante —pasando ya a la acción—, les había rogado que se mantuvieran junto a ella y la auxiliaran propicios, como de nuevo es propio de los mortales cuando se disponen a acometer una empresa difícil. El despliegue progresivo de la venganza puede, por tanto, incluso antojarse, hasta cierto punto, una obra favorecida y respaldada por la aquiescencia divina. Medea dice, en efecto, que «los dioses y yo he tramado todo esto»[31]. Pero ¿no es raro que utilice el verbo en singular, en vez de en plural? ¿De quién es obra lo que está pasando? ¿De los moradores del Olimpo, o de un ser humano que ocupa el lugar de estos? ¿Y si ambas cosas se confundieran sorprendentemente la una en la otra? Al final, cuando ya se ha cumplido todo, la maravilla (desde este punto de vista) va a más: Medea aparece a bordo de un carro mágico alado. Sus pies ya no tocan la tierra, donde vi-

30. Eurípides, *Medea*, vv. 1054, 1062.
31. *Ibid.*, v. 1010.

ven y se mueven los demás seres humanos. Ella flota en el aire, donde ningún mortal puede ya rozarla o hacerle ningún mal: «El padre de mi padre —el dios Sol— me ha dado este carro, que me defiende de todos mis enemigos»[32]. Porque Medea pertenece a la estirpe divina del Sol y solo ahora se revela, con sorpresivo efecto, cuán grande e insalvable era su «diferencia». Inalcanzable cual diosa, Medea se perfila en el cielo escarneciendo sin piedad a quienes habían pensado que podían ofenderla impunemente. Pero ¿antes también era un ser sobrehumano? ¿Lo había sido desde el principio?

Abajo, esta vez le toca a Jasón desesperarse y despotricar calibrando la pérdida absoluta que le ha sido infligida: matrimonio, rango, descendencia. Y parece que se da cuenta y se arrepiente de lo que ha hecho, como a menudo les ocurre a los héroes trágicos. No obstante, aquí el arrepentimiento termina apuntando exclusivamente a la decisión de unirse a Medea: «Ahora entiendo; entonces no, no lo entendía, cuando de una tierra de bárbaros, de una familia bárbara, te traje a una casa griega, mujer aciaga»[33]. Incorregible hasta el final, el civilizado héroe griego no se atribuye ninguna responsabilidad por lo que ha ocurrido. Repite solamente la obvia y trillada contraposición entre civilización y barbarie. «Una mujer griega jamás lo habría hecho», exclama[34]. Hay que decirlo, por supuesto, y repetirlo como un conjuro para tranquilidad también de los espectadores y de los ciudadanos, de los hombres de la polis que están

---

32. *Ibid.*, vv. 1320-1322.
33. *Ibid.*, vv. 1329-1331.
34. *Ibid.*, vv. 1339-1340.

sentados en el teatro: las mujeres griegas no son así. En realidad, a pesar de cuanto afirma Jasón, Grecia en absoluto carece de historias de madres infanticidas. Procne, hija del rey de Atenas, ¿no había descuartizado y cocinado a su hijo? E Ino, esposa de Atamante, ¿no había matado al suyo lanzándolo en agua hirviendo? No se puede liquidar a Medea diciendo que es solo una extranjera. Pero a lo mejor tampoco basta decir que es una mujer, después de todo lo que se ha visto. Porque Medea ciertamente encarna una instancia y modos de lo femenino contra un universo masculino hecho de instrumentalidad y abuso. Ella defiende las razones del eros contra dinámicas que, en el matrimonio, ven solo juegos de alianzas y finalidad de procreación. Pero su figura va más allá de una mera encarnación de lo femenino y, teniendo en cuenta la desmesura a la que llega, difícilmente resulte aprovechable para ninguna reivindicación positiva respecto a límites y condicionamientos que, con todo, obviamente se están denunciando.

Probemos a rebobinar la cinta. Mujer, pero también viril como un guerrero. Sabia como una maga, pero también como un intelectual o un sofista. Bárbara, pero totalmente griega en el lenguaje y en las estrategias. Ser humano, pero también bestia y monstruo. Criatura mortal y, al mismo tiempo, poderosa figura de naturaleza divina. Polaridades opuestas entre sí y en tensión recíproca. Inextricable y progresivo entramado de diferencias que descompaginan identidades y géneros preconstituidos. Lo «femenino» de Medea va mostrándose en la escena, paulatinamente, como la cifra de una alteridad absoluta que todo lo cuestiona y todo lo subvierte, disolviendo cualesquiera confines y paradigmas asumidos. Ahora bien: esta fluidez cambiante, esta excentricidad radical, ¿no se asemeja a lo que el propio Dioniso es? Dioniso, que se antoja siempre extranjero, pero, como sabemos, es profundamente íntimo y griego. Dioniso, que llega para desbaratar la ciudad, para liquidar los prejuicios y las cristalizaciones de la misma, para abatirse sobre la penuria de discurso y de pensamiento, para denunciar la insensatez y la injusticia de lo que según la visión imperante es justo y cabal. Dioniso, que se hace pasar por mortal para castigar a quien reniega de lo sagrado, que construye laberintos y trampas sin salida. El dios subvierte el orden de Tebas y destruye a la familia real de la polis. Y Medea, ¿no hace igual con Corinto?

El caso de Medea es pasmoso y extremo. En el corpus de dramas transmitido, sin embargo, en realidad abundan y destacan las féminas locas y asesinas, cuyas vicisitudes están sacadas del gran archivo del mito. Hay mujeres depravadas y temerarias, esposas criminales y madres que eliminan a su propia prole, vírgenes desquiciadas y transgresoras. Son figuras que dan miedo y en las cuales reaflora el recuerdo ancestral y arquetípico de un elemento femenino que da y quita la vida, que hace nacer y al mismo tiempo mata; figuras que encarnan y representan a un género, pero a la vez lo trascienden y se convierten en la cifra de una alteridad tan absoluta como radical. En la escena, las heroínas violentas y las reinas negras se erigen en un gran «otro» que interroga e inquieta a la ciudad de los hombres. Pero esa otredad que en tales mujeres se expresa, no es tanto —o no es solo— la diversidad de un elemento «femenino» opuesto o excluido respecto a las configuraciones masculinas de la polis. Es antes bien —o al mismo tiempo— ese «otro» que los hombres son y albergan dentro de sí mismos; es la «sombra» de lo que los hombres producen con sus actos, todo aquello que rechazan o apartan tenazmente de su conciencia: las contradicciones en las que su política se enreda, los puntos ciegos de las instituciones que modelan, y las derivas del poder por las que entre ellos rivalizan; las discrepancias sutiles y los límites objetivos que socavan el valor de las leyes y normas votadas en la asamblea ciudadana, las inadecuaciones de un pensamiento que no logra contactar con la realidad, o la desconexión entre las representaciones ideológicas y las dinámicas efectivas del vivir juntos. Lo femenino trágico es el negativo de la ciudad, el espejo dionisíaco que el propio elemento masculino suscita con sus incoherencias: esa imagen de nosotros mismos que no querríamos ver y, sin embargo, debemos afrontar (tal vez para que nos aniquile).

En el tiempo de la acción esposas, madres y vírgenes del mito son y actúan como obstáculos, trabas, gigantescos pretextos, crisis temporales o catástrofes aciagas por cuyo medio se apunta a cuanto en el discurso público y en las formas políticas no cuadra y no funciona, a lo que en el campo de los saberes y en los modelos éticos genera derivas peligrosas o paradojas fatales. Antígona no solo representa, cuando da sepultura a Polinices, a una hermana fiel que llora y tributa las honras fúnebres como, por tradición, es propio de las mujeres. Antígona representa también —y sobre todo— la herencia de Edipo: «Cruda y salvaje como su padre», dice quien la escucha[35]. Es el emblema de un pasado y de una memoria que, de un modo tan insensato como ingenuo, Creonte cree poder cancelar inaugurando un nuevo

35. Sófocles, *Antígona*, vv. 471-472.

rumbo con la promulgación de un decreto ejemplar. Hécuba es, cuando cual perra rabiosa enceguece y mata, una madre que venga a su hijo, con el que ha acabado traicioneramente el huésped al que se le había encomendado. Más allá, sin embargo, de ese hecho a partir del cual se desarrolla la trama, la furia que la asalvaja es un reflejo directo de un vacío de poder y de gobierno; es el resultado de una ausencia de responsabilidad por parte de quien, por su función y por su rango, tendría que haberse erigido en garante de la justicia. Antes de urdir una trama cruenta, antes de actuar como una bestia sedienta de sangre, ¿no le había rogado la reina a Agamenón que interviniese, recordándole que la ley estaba en sus manos?[36] Los ejemplos podrían multiplicarse, abriéndose también a los casos de féminas que, aun antojándose a primera vista luminosas y reconfortantes, confirman la dinámica del espejo y del negativo. Alcestis se sacrifica, en efecto, por su marido: para alejar de él el espectro de la muerte. ¿Qué mujer puede haber «mejor» que ella?[37] Sin embargo es justamente a través de ese acto femenino como Admeto se ve puesto en crisis, obligado a mirarse a sí mismo y a saldar cuentas con su propia finitud: forzado a comprender que sobrevivir puede ser peor que bajar al Hades, y también a ver que su soberanía y su virilidad misma no pueden subsistir a costa de la muerte ajena. ¿Qué clase de hombre y de soberano puede ser quien se hace ilusiones de salvarse así? Espléndidas y ejemplares son asimismo las vírgenes que como Macaria, Ifigenia o la

---

36. Eurípides, *Hécuba*, vv. 800-804.
37. Eurípides, *Alcestis*, v. 442.

hija de Erecteo[38] van al encuentro del sacrificio, entregando su vida y su juventud por la salvación de todos. No obstante, incluso en estos casos luminosos, el coraje y la ejemplaridad de las heroínas no hacen sino poner en cuestión, como de rebote, aquello que la ciudad no consigue afrontar ni resolver, esas aporías y esos bloqueos en que la comunidad política masculina se atasca sin lograr encontrar respuestas coherentes y positivas, como si la sangre sacrificial de esas mozas fuera la única solución, como si inmolar vírgenes igual que se inmolan terneras fuese la única posibilidad de evitar la catástrofe.

Todo lo cual, sin embargo, tampoco es tan extraño, en realidad. El señor del teatro y de la tragedia, el dios de la alteridad, ¿no va siempre acompañado de una turba de devotas que lo siguen y le hacen de cortejo? Dioniso y las mujeres, ¿acaso no forman un todo? Dioniso y sus bacantes. Dioniso, Medea y las demás.

38. *Cf.* los respectivos argumentos representados en los *Heraclidas*, el *Erecteo* y la *Ifigenia en Áulide* de Eurípides.

12. Peripecias trágicas y misterios

A juicio de Aristóteles, las tragedias más logradas son aquellas que, en el desarrollo de los acontecimientos representados, comportan una transición desde la buena a la mala suerte[1]. Verdadera y eficazmente «trágicas» serían, pues, las tramas cuyo desenlace último coincide con el cumplimiento de la desventura: con la caída en el abismo de la infelicidad por parte de quien en otro tiempo gozara de una vida próspera y de éxitos, de honor y de gloria. Porque al público ciertamente lo conmueve e impresiona asistir a la catástrofe de quien echa a perder su existencia entera por un error funesto, por un momento de obcecación o por un cruce de acontecimientos imprevisto. Derramamos lágrimas y sentimos piedad por los héroes y las heroínas a los que se lleva por delante el mal, identificándonos con esa perdición que podría sucederle a cualquiera. Muerte y calamidad, dolor y

1. Aristóteles, *Poética*, 1453 a.

llanto: tal sería el puerto de llegada de los dramas y, al mismo tiempo, la trémula espera del espectador. En realidad, en la praxis antigua, semejante final no tiene nada de esencial o vinculante. No todas las tragedias concluyen, en efecto, con el volteo drástico y aciago de una situación positiva. También se da la trayectoria inversa, en la que el nudo aparentemente asfixiante e inextricable de sucesos funestos encuentra, de manera totalmente inesperada, el camino por el que todo se resuelve en un final feliz o en una superación del mal en que se había caído. Quien estaba lancinado e inmerso en la tiniebla densa de la angustia y de la pérdida, se recompone y sale adelante recuperando su posibilidad de existencia. Puede seguir siendo; puede seguir estando en el mundo. Puede seguir respirando y regocijándose, ya sea por intervención benévola de los dioses, por recursos y arrepentimientos propios de los humanos o por las vueltas, siempre sorprendentes, de la rueda de la fortuna en su cíclico giro.

En algunos de los dramas en que todo eso ocurre, la acción parece transcurrir conforme a una dinámica análoga a la de los rituales mistéricos y los relatos míticos basados en tales rituales. Es una dinámica de catábasis y anábasis, de caída y remontada. Caída o descenso a lo más hondo del sufrimiento y de la muerte: desaparición en el abismo, donde todo parece extinguirse y anularse definitivamente. Tras ello, sin embargo, otra vez y siempre desde el principio, remontada, vuelta a la vida, regreso a la luz y al esplendor (como en el sucederse de las estaciones, donde el declive otoñal de la naturaleza y el frío desolado del invierno dejan paso a la exultación de la primavera). Y esta dinámica de catábasis y anábasis se centra, en los misterios de Eleusis, en la figura de Perséfone, hija de Deméter.

Estaba un buen día jugando esta divina moza —en compañía de otras ninfas— en una pradera soleada recogiendo flores con despreocupada alegría y pasmada de tanta belleza; magnífico esparcía por el aire su perfume el narciso. Súbitamente, sin embargo, se abrió el suelo y de las profundidades surgió el carro de Hades, el dios de los infiernos, que llegaba para raptarla. Hubo un grito, un intento de zafarse de aquella violencia, pero al cabo de un instante Perséfone ya había desaparecido. Había sido arrastrada a las profundidades tenebrosas de ultratumba, donde Hades, haciéndose con su virginidad intacta, la convertía en su esposa.

Entre tanto arriba, en la tierra, Deméter, la madre de Perséfone, se desesperaba y lloraba por su hija perdida. Buscábala por doquier, ajena a lo que había ocurrido, hasta que alguien le reveló la verdad. La diosa entonces, a modo de represalia, volvió estériles los campos e hizo que todos los brotes murieran, amenazando la supervivencia de los mortales y el orden del cosmos. Arrebatada por el dolor y la cólera, exigía que le devolvieran a Perséfone. Los dioses terminaron capitulando y, por intervención de Zeus, se llegó a un acuerdo: Perséfone pasaría una parte del año en los infiernos junto a su esposo —reinando entre las sombras erráticas de los difuntos—, pero cíclicamente, llegado el momento debido, volvería a subir al mundo, redescubriendo el abrazo de su madre y, con él, la exultación de la naturaleza y el calor del sol. Porque la muerte no es, como parece, fin absoluto y término irreparable y sin remedio. El seno oscuro de la muerte es la prisión de la que vuelve a liberarse la vida. La tiniebla densa es el lugar del cual brota la luz. La semilla que parecía desaparecida, rebrota como flor y fruto. Tal era el secreto que, en los mis-

terios, se confiaba a los iniciados: el secreto de una regeneración y de un renacimiento, el don de una mirada diferente y renovada sobre la existencia y sobre la realidad. Porque
lo que regresa del Hades, lo que regresa del secuestro del
dolor y de la aniquilación, es idéntico a lo que era antes
y distinto de ello a la vez.

Y hay dramas, como adelantábamos, que en realidad
parecen repetir tal movimiento. Por ejemplo la *Helena* de
Eurípides, donde la catábasis y la anábasis terminan dando
lugar a una experiencia que atañe tanto al núcleo de la identidad, como a los modos del conocer. Homero y la tradición
que de él derivaba habían representado a Helena como una
adúltera, como una esposa infiel que había huido de la casa
de Menelao con el bellísimo Paris para ir a Troya, lo que dio
origen a aquella larga y descomunal guerra en la que incontables guerreros perdieron la vida. Aquí, por el contrario, la
trama presupone una versión alternativa del mito. Helena
no había traicionado a su esposo y no había ido jamás a Troya: los dioses habían obnubilado y engañado a Paris, haciendo que este no se llevara consigo a la mujer de Menelao
en carne y hueso, sino un simulacro que reproducía a la perfección sus facciones (un simulacro modelado con éter celeste; una «nube» perfectamente animada, totalmente tangi-
ble y a tal punto parecida, que no cabía distinguirla del
original). Sin embargo, para que el engaño fuera absoluto,
la verdadera Helena tenía entre tanto que desaparecer de la
vista. Estando, pues, un buen día —exactamente igual que
Perséfone— cogiendo alegremente flores en un risueño pra-
do, llegó de improviso el dios Hermes a raptarla: la agarró
en volandas y rápidamente se la llevó por los aires, desde su
Esparta natal, a remotos páramos. Concretamente a Egipto,

tierra de tumbas y muertos, país de una sabiduría arcana e inmemorial frente a la que los griegos parecían niños recién nacidos. Allí fue dejada y confinada Helena, alejada de todo y de todos, inalcanzable y privada de cualquier contacto con el resto del mundo. Seguía viva, pero, en el fondo, era como si fuese una difunta entre los difuntos, arrebatada de la que era su existencia y como suspendida en una suerte de limbo inmóvil, separada de sus seres queridos y de cuanto había definido, hasta entonces, su historia, bloqueada en una especie de parálisis más allá del tiempo y del espacio en los que el resto de los humanos se movían. Aunque estaba en Egipto, era como si la hubiesen arrojado, también a ella, al reino de Hades, a los infiernos de una muerte simbólica: enterrada viva, pero dolorosamente consciente de cuanto en otro lugar sucedía y de la guerra que entre tanto había estallado entre griegos y troyanos.

Aquel conflicto había sido suscitado y se estaba librando en su «nombre», es decir, por causa de ese simulacro al que todos tomaban por Helena, convencidos de que esta se hallaba entre los muros de la ciudad de Príamo. Todos la consideraban una adúltera, una desvergonzada, una asesina. Todos la odiaban ferozmente por las pérdidas y los estragos que habría provocado. Todos execraban su «nombre», pronunciándolo con repugnancia y disgusto, como una abominación sobre la cual tendría uno que escupir. Tales eran, en efecto, los discursos —malévolos y morbosos— que todo el mundo contaba sobre ella por doquier. Mas no era así. El «cuerpo» de Helena había estado siempre absolutamente puro e incontaminado[2]. Ningún otro varón que no

2. Eurípides, *Helena*, vv. 67.

fuera su marido la había tocado jamás. Su «cuerpo» no se había manchado nunca de crimen o culpa ningunos: nunca había incurrido en ningún gesto inapropiado o transgresivo. Su «cuerpo» jamás había estado presente en aquellos lugares, ni en aquellas acciones. La impureza, la traición y la culpa pertenecían íntegramente al simulacro, a la «nube» hecha de aire. Pertenecían al «nombre» y a la «imagen». Y era solo sobre la base de ese «nombre» y de esa «imagen» como todas aquellas habladurías y todas aquellas opiniones habían cundido y calado tanto.

Desde el aislamiento de ese Egipto infernal al que ha sido relegada, Helena insiste en esa diferencia crucial entre el cuerpo y el nombre, entre ella misma y el simulacro, mortificándose por el engaño en que todo el mundo ha caído, por esa mentira de la que nadie se percata y por lo distinto de la verdad, que solo ella sabe y conoce. Con frustración impotente, gime y repite que esa no es ella. Hay acontecimientos que se han consumado con el paso del tiempo, hay datos y hechos indudables —¿qué puede haber más evidente y objetivo que los restos humeantes de Troya y la plétora de cadáveres diseminados por el suelo?—, pero eso no quiere decir que tales «hechos» y tales «acontecimientos» sean «actos» imputables a ella, que tales sucesos tengan que ver con ella en modo alguno[3]. A pesar de todo y de todos, ella es otra y es insoportable sufrir ese contraste entre versiones opuestas de lo que debería ser una misma realidad compartida, entre percepciones diferentes de una identidad que se querría única y evidente. Más allá, sin embargo, de la letra del mito: ese desgarro de la heroína, ¿no

3. *Ibid.*, vv. 286-287.

es lo que siempre ocurre cuando «yo» no me reconozco en lo que los demás ven y piensan de mí, cuando lo que siento y percibo como mío es contrario e inconciliable con cuanto los demás me atribuyen, con la imagen que se han hecho de mi persona y de mi vida? Mi «verdad» subjetiva no se corresponde con la «verdad» de la que los demás están convencidos, pero no hay modo de afirmar la primera y desmentir la segunda. La persona queda entonces bloqueada en un callejón sin salida, del mismo modo que la heroína está bloqueada en ese limbo exótico y absoluto al que Hermes la transportó.

Helena no se reconoce y no se identifica en esa historia que le han encasquetado, pero no puede hacer nada para desvincularse de la misma, ni para controlar los efectos de su «imagen». Aun insistiendo en que ella no tiene ninguna responsabilidad, algunas veces no puede evitar decir «por mi causa»[4], de tan inextricable como es el nudo que la sujeta y de tan arduo como le resulta tomar distancia frente a cuanto se le imputa, que en cualquier caso la afecta. Durante el largo tiempo de la parálisis, la crisis se va haciendo más profunda y le resulta cada vez más dolorosa. Escindida y extraviada, víctima y prisionera de su nombre, ya no logra entender nada ni encontrar un significado para su destino. Todo acaba pareciéndole absurdo, insensato; no solo el estado en que se halla, sino toda su existencia, empezando por su nacimiento mismo, cuyo relato le suena totalmente increíble: «¿Cuándo se ha oído que una mujer [...] diera a luz hijos con un blanquísimo huevo? Cuentan que Leda me tuvo así de Zeus. Toda mi vida ha sido, por lo de-

4. *Ibid.*, v. 198.

más, una cosa absurda»[5]. Helena se siente un *téras*, una suerte de prodigio, de monstruosidad tan anormal, como incomprensible; una excepción que no se explica y que no parece tener cabida en el orden de las cosas. Puede, de hecho, que así sea como se siente una persona cuando su identidad queda comprometida de manera irreparable y el dolor se vuelve absoluto por las contradicciones que se experimentan. ¿Qué ha hecho ella —se pregunta— para merecer semejante destino? Recibió, es verdad, el don de una belleza sobrehumana: una figura espléndida e irresistible que inflamaba cualquier corazón y hacía enloquecer a cualquiera. Un prodigio, sí, una maravilla que suscitaba estupor. Y hubo un tiempo en que ella se volvió demasiado orgullosa y soberbia. Pero precisamente de ahí le llegaron luego todas las desgracias y todos los equívocos. Porque la belleza, al final, ¿no es también una mera imagen que golpea los sentidos y la mente del prójimo, un fantasma que causa deseo y que actúa sin consideración de las intenciones de la persona y al margen del control de esta?

Helena puede reivindicar la integridad y la pureza de su cuerpo contra la opinión impúdica y desvergonzada que del mismo tienen los demás. Lo que no puede es distinguir la belleza de su cuerpo frente a la del simulacro que la representa y la sustituye en otro lugar, porque ambas bellezas son visión y apariencia. Y, así, en el colmo de la desesperación grita: «¡Oh, si pudiera yo borrar esta belleza como se borra una pintura y ser fea!»[6]. Pero entonces Helena dejaría de ser Helena. Borrando su aspecto, Helena borraría su

---

5. *Ibid.*, vv. 257-260.
6. *Ibid.*, vv. 262-263.

identidad y su historia. Moriría, por así decir, a sí misma como quien desciende a los infiernos, despojándose de cuanto anteriormente tuviera. Allá abajo, la perspectiva se invierte y, lo que tan importante parecía, pierde todo valor. Y no es casualidad que el coro evoque la historia de Perséfone raptada por Hades, entretejiendo tal relato con un explícito reproche a Helena por el orgullo que demostró en el pasado: «Tú, [...] que no hacías sino alardear de tu belleza»[7]. Afrontar la divergencia de las opiniones ajenas —con los discursos en los que uno no se reconoce— y repudiar el aspecto de uno, son sendas fases de un proceso donde termina colapsando la imagen que la persona tiene de sí misma. Y a lo mejor es a tal resultado a lo que apuntan tanto el juego mítico del simulacro, como la catábasis al Egipto de los muertos, indicando al mismo tiempo la posibilidad de una redención o de una regeneración.

«Vacía ilusión», «vana creencia» *(kené dókesis)* es, por otra parte, todo ese asunto en el que griegos y troyanos se ven enredados igual que la propia heroína[8]. Pero vacía ilusión es tal vez la condición mortal misma en su totalidad mientras no se tenga conciencia de lo que es apariencia y de a qué límites está sujeto el modo ordinario de percibir y conocer, cosa que precisamente constituye la problemática continuación de la acción representada. Llegan por fin algunas presencias a interrumpir el aislamiento de Helena. El primero en presentarse en aquel confín de Egipto es Teucro, superviviente de Troya y exiliado de su patria. Conversando con él, Helena se entera de los últimos suce-

7. *Ibid.*, v. 1368.
8. *Ibid.*, v. 36.

sos que desconocía: el suicidio de su madre (Leda), la desaparición de sus hermanos (los dioscuros), y los accidentados y funestos regresos de los héroes desde Troya. Desventuras que se añaden a desventuras, pues los efectos de ese engaño del que todos son víctimas parecen una larga ola que no cesa de romper. Teucro está obviamente impactado por el parecido que esa mujer desconocida que tiene delante guarda con la «Helena» que él conoció bajo los muros de Ilión. Y refiere que dicha «Helena» fue al cabo reconquistada por los griegos y que su legítimo marido volvió a llevársela consigo arrastrándola del pelo.

Por su parte, la verdadera Helena que oye todo esto no dice nada de sí misma. Intenta solo preguntarle a su interlocutor si realmente está seguro de que las cosas sucedieron como él dice, sugiriendo la posibilidad de una duda: «Pero ¿viste tú mismo a esa desgraciada, o te lo han contado? [...] Podría ser solo una ilusión, un engaño de los dioses»[9]. Teucro, sin embargo, confirma y asevera sin titubeos: «La vi con mis propios ojos como te estoy viendo a ti. [...] Pues claro; la vi yo mismo con estos ojos y la tengo bien grabada en la mente»[10]. ¿Qué podría haber más seguro y fiable que una «autopsia» directa para determinar la objetividad de los hechos? ¿No es ese el criterio en el que confían médicos, estudiosos de la naturaleza e historiadores? Hipócrates y Tucídides lo consideran un elemento imprescindible de un método científico que pretenda captar la realidad de los cuerpos y de los acontecimientos. El ojo ve y transmite a la «mente» —al *nóus*— el contenido del dato senso-

9. *Ibid.*, vv. 117-119.
10. *Ibid.*, vv. 118-122.

rial. De ahí sale, de nuevo, una imagen —una representación— que debería ser verdadera en su referencia a un objeto externo. Pero ¿realmente es así? ¿Es esa la verdad? Helena no insiste y no desvela quién es. Se limita a recibir con desaliento las enésimas confirmaciones de su desventura junto con el saludo final de Teucro, quien se despide observando que ella, a pesar de parecerse tanto a la «enemiga» —a la «odiosísima Helena»—, es totalmente distinta por sus maneras y su índole amables. Soberana ironía.

El laberinto de los sentidos y de la mente se complica, poco después, con la llegada del propio Menelao. En su viaje de regreso a Esparta, el héroe ha sufrido un naufragio y ha ido a parar a aquel lugar. Ha perdido la nave y solamente se han salvado él y unos pocos compañeros, aparte de esa «Helena» a la que embarcaron con ellos en Ilión (un «simulacro» al que el desapercibido Menelao manda encerrar en una gruta cercana al mar para estar seguro de que nadie vuelva a llevarse a su bellísima esposa). Cubierto de harapos, hambriento e indefenso, se dispone acto seguido a explorar la zona con la esperanza de encontrar ayuda y medios para proseguir su viaje. En tal estado de absoluta indigencia, también él vive, a pesar suyo, una crisis de identidad. Era un gran comandante, un soberano poderoso, rico y suntuosamente vestido, el vencedor de la guerra..., y ahora, con el naufragio, resulta indistinguible de cualquier pordiosero. En esa tierra de bárbaros, su nombre y su historia no dicen ni importan nada. En Egipto —igual que en el Hades—, todo se nivela y las personalidades se anulan. Por si fuera poco, oye decir a una sierva del lugar que allí vive Helena de Esparta. Escucha incrédulo y no entiende nada: si Helena estaba con él, si él la ha encerrado en esa cueva, ¿cómo puede encontrarse allí? No puede ser que haya dos «Helenas». La explicación más razonable es la homonimia. Un «nombre», como es sabido, puede «estar en cualquier parte» e indicar cosas distintas entre sí. Un «cuerpo», sin embargo, puede estar solamente en un sitio[11]. Eso no admite duda.

El desconcierto es, pues, total cuando, momentos después, Menelao ve venir hacia él a una mujer que, exultante de alegría, lo llama «queridísimo esposo» y no ve la hora de abrazarlo tras años de separación. ¿Quién puede ser esa criatura que se dirige a él de ese modo? Tal vez sea un fantasma: una alucinación. Esa es la única posibilidad; su Helena no puede ser. Pero la mujer insiste en declararse su esposa y, con una dinámica inversa respecto a la conversación que mantuvo con Teucro, esta vez es ella quien apela, desesperadamente, a la evidencia de la autopsia con el objetivo de que Menelao la reconozca: «Mírame bien, ¿no te parece que yo soy tu esposa? [...] Pero mírame. ¿Qué más necesitas? ¿Quién puede saberlo mejor que tú? [...] Me estás viendo con tus ojos, ¿qué otra confirmación quieres?»[12]. Menelao, aunque ve y advierte el parecido, en modo alguno puede «creer» que tal visión testimonie algo real: dice que «la vista engaña», que los ojos pueden ser objeto de afecciones y patologías y que el contenido de los sentidos puede resultar del todo falaz[13]. Para él, al final, la única cosa real es el dolor: todo lo que ha sufrido en los largos años de la guerra. Esa es la verdad que él reconoce, la verdad que

11. *Ibid.*, vv. 490-498, 588.
12. *Ibid.*, vv. 575-580.
13. *Ibid.*, v. 581.

la experiencia le ha proporcionado con indecible tormento: «Creo en todo lo que he padecido en la guerra; en ti no, desde luego»[14], replica secamente despidiéndose de esa «mujer».

Pero, justo cuando todo esto está ocurriendo en la escena, llega temeroso y sobresaltado uno de los compañeros de Menelao —los cuales se habían quedado junto a la costa— para anunciar que la «Helena» a la que habían encerrado en la gruta se ha desvanecido. El simulacro hecho de aire se había liberado de la caverna y, elevándose por el cielo, se había disipado, revelando a los incrédulos asistentes tanto su naturaleza de doble, como el engaño del cual, durante todo ese tiempo, había sido herramienta:

Mientras salía de la cueva en que la teníamos, dijo estas palabras: "¡Pobres troyanos! ¡Pobres griegos! Os habéis matado por mí en las orillas del Escamandro y era, todo, un engaño de la diosa Hera. [...] Ahora mi tiempo ha terminado. He cumplido la tarea que se me asignó y vuelvo ya a subir al cielo, que es mi padre. La desdichada hija de Tíndaro ha sido cubierta de infamia, pero no tiene ninguna culpa"[15].

La ficción etérea se autodenuncia antes de desaparecer, restituyendo a los patidifusos mortales los términos de una realidad que no habían sido capaces de captar por sí mismos. La mentira produce, quitándose y declarándose, la insospechada verdad. «Pero entonces es cierto... Tus palabras coinciden con las suyas...», exclama Menelao preci-

14. *Ibid.*, v. 593.
15. *Ibid.*, vv. 607-615.

pitándose con entusiasmo a abrazar a su esposa: a la «verdadera» Helena[16]. De no haberse dado esta «coincidencia», nunca habría quedado todo al descubierto. Inexplicablemente, sin embargo, así ha sido y no queda sino regocijarse.

Ahora el problema de los cónyuges felizmente reencontrados es cómo salir de ese país extranjero, cómo abandonar ese punto muerto que amenaza con retenerlos allí para siempre. Hay que hallar el modo de marcharse de Egipto, de marcharse del reino de los muertos. Representa el principal obstáculo Teoclímeno, el soberano que manda en esa tierra, pues querría tener a Helena toda para él, convertirla en su esposa (igual que Hades no quería, bajo ningún concepto, separarse de Perséfone). ¿Cómo hacer para escapar y no ser capturados luego? ¿Cómo sustraerse furtivamente a su control? Helena y Menelao deciden hablar con Teónoe, la hermana de Teoclímeno. Es una virgen consagrada, una adivina infalible e inspirada que penetra todos los misterios ocultos del cielo y de la tierra. Su nombre significa, no por casualidad, «mente divina» y ella es, en efecto, la única que, en virtud de dicha cualidad excepcional que tiene, conoce lo verdadero y no cae en esos engaños de los que todas las mentes comunes son víctimas casi inevitables. Si esta singular y prodigiosa moza les es favorable, tal vez puedan encontrar una vía de salvación. Preguntada, pues, por la pareja, Teónoe revela que en cielo no se ha decidido aún cuál deba ser el destino de ellos, qué más deban esperar Helena y Menelao: «Los dioses andan peleando. [...] La diosa Hera estaba contra ti, pero ahora está de tu parte y quiere que vuelvas a tu patria con tu esposa. Afrodita, por

16. *Ibid.*, vv. 622-623.

el contrario, trata de impedir tu regreso»[17]. ¿Será Zeus, con su ademán soberano, quien componga tal disenso? «Todo depende de mí», declara inesperadamente la profetisa[18]. El *télos* —es decir: el «desenlace» del conjunto de la historia—, la posibilidad de reconquistar el reino de la vida parece, pues, depender íntegramente del comportamiento y de la decisión de Teónoe. ¿Puede un ser humano asumir las funciones del Olimpo, o es otra cosa a lo que la vidente sibilinamente alude? ¿Es una concepción teológica distinta la que centellea por entre sus arcanas afirmaciones? A lo mejor esos concilios de los dioses que describe Homero no deciden nada y son solo una fábula que cuentan los poetas. A lo mejor lo divino debe concebirse de otra forma: como una pura «mente» cuya sustancia es el éter, como una inteligencia que no interviene directamente en los sucesos del mundo, pero a la cual los mortales pueden elevarse haciendo que los ilumine. «La mente que hay en cada uno de nosotros es dios», afirma en otra parte Eurípides de modo igualmente sibilino[19]. Sea como sea, Teónoe opta por la «justicia» y tal es, en efecto, lo que se espera que una «mente divina» garantice y encarne, dando orden y forma a la vida de los mortales. Helena había sido llevada a Egipto por Hermes y entregada a Proteo —padre de Teoclímeno y de la moza—, para que la custodiase a la espera del día en que pudiera ser devuelta a su marido. Y ese día por fin ha llegado. Es «justo», por tanto, que aquella sea restituida a este y que la pareja retome su vida en común. La virgen da

17. *Ibid.*, vv. 878-884.
18. *Ibid.*, v. 887.
19. Eurípides, frag. 1018 Kannicht.

su consentimiento y promete no revelar a Teoclímeno el plan de fuga que ambos se disponen a poner en marcha. En el caos —donde todo es confuso—, la decisión de una mente iluminada puede tener una importancia enorme.

Pero ¿cómo escapar? ¿Cómo esconder la presencia de Menelao, que inmediatamente pondría en guardia al rey? Pues con un «viejo truco»: Menelao tendrá que ocultar su nombre, diciéndole a Teoclímeno que él es un griego que ha sobrevivido, junto con otros pocos, al naufragio en que el marido de Helena habría perecido, sin embargo. Helena, por su parte, tendrá que pedirle al soberano que le permita oficiar en el mar abierto un rito fúnebre en honor del supuesto difunto, insistiendo en que ese griego que acaba de llegar la ayude y la escolte junto con sus compañeros. De ese modo, una vez llegados a cierta distancia de la orilla, podrán hacerse con el control de la nave y alejarse de allí sin problema. Menelao, a lo primero, se muestra reticente: hacerse pasar por muerto da mal fario (especialmente ahora que ha perdido, en el naufragio, todas sus riquezas y quizás también, junto con ellas, su gloria pasada). Pero ¿acaso no es escenificar la muerte de uno el expediente más eficaz para evadirse del reino de la muerte misma? ¿No es eso lo que se hace en la iniciación misma de los misterios, cuando se desciende ritualmente a la tiniebla del fin de uno para luego reconquistar la luz? Pues así sea: Helena y Menelao escenifican cuanto han convenido y suben al barco. El plan funciona de maravilla. Teoclímeno no alimenta la menor sospecha y solo cuando ya la embarcación está a punto de desaparecer en el horizonte cae en la cuenta del engaño. Helena y Menelao, juntos de nuevo y felices, vuelan hacia casa con las velas hinchadas por el viento, que sopla a su favor. La prisión de los infiernos egipcios ha sido por fin quebrantada.

Así se llega al ansiado término de la peripecia. Tras el dolor y la muerte, se abre la puerta de la salvación. Tras la crisis y la escisión del yo, tras el peso del oprobio y la pérdida de todas las cosas, la vida parece regresar a sí misma, reconciliada y recompuesta en una feliz unidad. Es una vida, de hecho, que concluirá en el privilegio de un destino ultraterreno. Al final resuena, en efecto, el anuncio de que Helena, tras su existencia mortal, pasará a ser una diosa junto a sus hermanos —los dioscuros— en las alturas del cielo. Todo parece resuelto y superado cuando el drama se cierra. No son pocas, sin embargo, las preguntas que, más allá del hechizo, permanecen en el espectador que ha compartido el viaje a ese Hades de la «vana ilusión», a esa caverna subterránea en que todos los hombres parecen prisioneros de sombras. Inaprensible y evanescente es la realidad, por muy dura y concreta que resulte en la pena atroz que procura. ¿Realmente es posible escapar del laberinto de los errores y salvarse del sufrimiento que genera? Y ¿de qué modo se puede hacer? A lo mejor todo ocurre por azar y también la salvación se produce únicamente por una simple combinación de circunstancias que la inteligencia de los mortales sabe captar y encaminar con prontitud de astucias y expedientes. Bastaría, en el fondo, aprovechar en beneficio propio el engaño de esas mismas apariencias que, hasta un momento antes, solo se habían padecido. Mejor aún resulta cuando los recursos de la inteligencia y las apariencias coinciden —por una combinación igualmente feliz— con el sentido que el prójimo tiene de la justicia, allanando cualquier dificultad. Y, así, cuando todo concurre positivamente, la persona se sustrae por fin a la opresión del dolor y de la desventura: reconquista un bien perdido y a lo mejor también afirma su propia verdad subjetiva contra una opinión generalizada. Pero eso no quiere decir, bien mirado, haber salido de la caverna, quedar ya libre de la casualidad de los acontecimientos y del juego ilusorio de los simulacros. Sigue uno dentro del mismo laberinto, solo que en un estado mejor (en la esperanza de que dure). Y nada garantiza que no puedan enredar la existencia nuevos equívocos.

¿O sí que hay otro modo de liberarse, otra posibilidad de salvación distinta con la cual salir definitivamente de la «vana ilusión»? A lo mejor existe un elemento divino que el hombre puede tocar y del cual puede ser partícipe, sustrayéndose a los límites de la situación ordinaria. A lo mejor existe un camino que puede regenerar radicalmente la mirada y la vida, un recorrido de iniciación como sucede en esos ritos mistéricos a los que la trama de esta tragedia repetidamente alude, evocando a Perséfone y a Deméter. Pero ¿a cuál perspectiva dar crédito? ¿A cuál salvación se está apuntando en lo que la escena exhibe? ¿Se nos está remitiendo a una contingencia mundana que se agota en sí misma, o a una transformación más radical de la existencia? Surge la pregunta de si Helena realmente ha cambiado tras su temporada en los infiernos egipcios, de si ha aprendido a no ensoberbecerse demasiado por su belleza. ¿Igual sigue siendo la misma y simplemente se ha escapado de un largo y penoso encierro?

La tragedia en sí no ofrece soluciones ni proporciona respuestas unívocas. Un final feliz puede resultar más enigmático incluso que una catástrofe, del mismo modo que enigmático y ambivalente resulta el singular elemento que salpica la totalidad de la trama, embebiendo sus puntos clave. Éter es, en efecto, la sustancia del simulacro, la materia de la ilusión y del engaño, la causa del mal y de la desventura. Pero éter es también la sustancia de la mente y de lo divino, la dimensión adonde las almas regresan después de la muerte —como explicara Teónoe—, la dimensión en que la propia Helena —ya no humana— vivirá eternamente. Ambas cosas a la vez es el éter y no cabe distinguirlas, ambas polaridades juntas en el espejo de la poesía, un espejo que refleja el misterio abrazando, en un todo, la tensión de los opuestos. Porque también la materia impalpable de la poesía está hecha de aire y de cielo, de luz y de éter. Y es en ese espejo, en esa intangible materia de verdad y ficción a la vez, donde, a su manera y en un horizonte distinto, todo se cierra y a lo mejor se salva. Mientras la nave de Helena y Menelao se aleja en el horizonte, el coro se imagina a sí mismo planeando por el cielo azul para llevar la dichosa nueva: «Quisiera volar, elevarme en el éter cual bandada de pájaros en el cielo de Libia cuando, dejando el invierno y las lluvias, regresan. [...] Llevad la hermosa noticia, posándoos en las riberas del Eurotas: Menelao ha destruido la roca de Troya y está volviendo a su casa; [...] liberad a Helena de la infamia, [...] ella nunca fue a Troya»[20]. Bellísima es Helena, pero bellísima es, al fin y al cabo, también la poesía, en la cual el desconcierto de la realidad se deshace en perfección de color y de forma. Incluso Deméter, afligida por la pérdida de Perséfone, «sonríe» de alegría[21] cuando las musas entonaron para ella su dulce canto. Y al menos esa alegría sí que no admite duda.

20. Eurípides, *Helena*, vv. 1478-1510.
21. *Ibid.*, v. 1349.

13. Edipo y los múltiples planos de una tragedia

Inagotable es la tragedia en el interrogante que continuamente repropone a quien la mire o la lea. Inagotable es el movimiento hermenéutico que la tragedia suscita y reclama a quien a ella se aproxime. El drama sucede aquí y ahora, en la escena, para un público que sabe o cree saber sobre su vida y sobre su experiencia: para un público que se reconoce en todo aquello que se ofrece a su vista y a su oído, distanciándose a la vez de ello. El mito acontece y cobra cuerpo en el tiempo del drama. Pero lo que se produce no coincide, en rigor, ni con el pasado absoluto de las antiguas historias, ni con el presente de los espectadores. Es más bien un movimiento que va de uno a otro; es una relación dinámica que abarca a ambos, abriendo una modalidad distinta de experiencia de uno mismo y del tiempo. El pasado se tiñe de presente y el presente se complica en la distancia del arquetipo que cobra vida en los gestos y en la voz de los actores. Del prólogo al éxodo, la acción transcurre y avanza hacia el final asignado mientras las palabras y los gestos de los personajes evocan en el público —realizando lo que les corresponde— sensaciones y perspectivas múltiples con relación a los ámbitos y modos en que la existencia del individuo y de la comunidad suele formarse y describirse. El mito y la historia, la naturaleza y la civilización, el derecho y la política, lo sagrado y lo profano, la condición mortal y la potencia divina, la tradición compartida y la mirada crítica de la filosofía son otros tantos planos que se entrelazan y, al mismo tiempo, se rompen como en un prisma mientras el espectáculo va aconteciendo. Son planos que convergen en uno, pidiendo una síntesis de su acontecer recíproco. Pero también son planos que divergen como sendos hilos de una misma trama susceptible de ser deshecha y de ser observada en sus componentes, porque cada uno de estos esboza o sugiere un espectro distinto de nexos y valores: cada palabra se dice a sí misma, y a la vez se entreabre en una fuga de significados o perspectivas que explorar. Emblemático resulta en tal sentido el *Edipo rey* de Sófocles, que Aristóteles consideraba la tragedia perfecta por la coincidencia que en ella se da entre el vuelco y la anagnórisis: entre el tránsito de la buena a la mala fortuna, y ese momento fatídico en que la ignorancia se convierte en la luz cegadora de la verdad. En algunos aspectos de este drama, ya nos hemos detenido; pero merece la pena reconsiderar el conjunto. Lo múltiple en uno, precisamente.

La peste arrecia sobre Tebas cual tormenta de sangre que vuelve estéril la tierra y que vacía las casas de los hombres. La ciudad, extenuada y doliente, se congrega delante del palacio real. Jóvenes y ancianos se prosternan ante los altares y suplican a su soberano que encuentre un remedio para la terrible plaga, que por favor libere a la comunidad de tal azote. Quieren que Edipo ponga fin a las incontables muertes, que se erija en sólido bastión frente a la embestida de Hades (ni más ni menos). Pero ¿puede estar un mortal a la altura de semejante petición? «Yo y estos mozos venimos como suplicantes a tu casa», explica el sacerdote, «no porque te consideremos igual a los dioses, sino porque te tenemos por el primero de los hombres tanto en los asuntos de la vida, como en los acontecimientos que son voluntad de los dioses»[1]. Y es que Edipo, gracias a su inteligencia, otrora había liberado al país de la amenaza de aquella monstruosa esfinge que, con su temible acertijo, segaba las vidas de los tebanos. De ahí que sus súbditos cuenten con que también ahora los salve, con que vuelva a demostrar su extraordinario valor en beneficio de todos. Edipo tendrá que repetir lo que ya hizo. Las palabras de respeto y reverencia con que le formulan la súplica, encierran una discreta, pero amenazadora advertencia: «De manera que tú, el mejor de los mortales, vuelve a poner en pie a la ciudad. Por el bien que antaño nos hiciste, esta tierra te llama "salvador"; mas ten cuidado, no vaya a quedarnos de tu reino esta memoria: que entonces no nos levantamos sino para volver a caer nuevamente»[2]. Un salvador luminoso no puede y no debe desmentir su fama. El esplendor del recuerdo no debe correr peligro de extinguirse en la execración. Tal es la situación a la que se enfrenta de Edipo.

1. Sófocles, *Edipo rey*, vv. 31-34.
2. *Ibid.*, vv. 46-51.

En esta imagen espantosa de la plaga que, en la escena, asedia a la Tebas del mito, el público de Atenas no podía dejar de acordarse de la peste que se había abatido sobre la polis histórica justo al comienzo de la dilatada guerra contra los espartanos: aquella peste que tantas existencias se había llevado por delante, y que había desbaratado las costumbres de la ciudad. De manera análoga, el perfil de Edipo —«el mejor», «el primer ciudadano»— no podía dejar de evocar, en la mente de todos, el recuerdo de Pericles, quien durante tantos años había guiado a Atenas en su formidable auge político y cultural. «Con él», señala con admiración Tucídides,

Atenas alcanzó su máximo esplendor. [...] Pericles tenía autoridad por el prestigio del que gozaba, por sus dotes intelectuales y por su evidente incorruptibilidad; y gracias a eso sabía frenar al pueblo sin privarlo de la libertad. [...] Nominalmente se trataba de una democracia, pero *de facto* el poder estaba en manos del primer ciudadano[3].

Sin embargo, debido precisamente a aquella epidemia súbita y violenta, el propio Pericles había muerto y, de hecho, su desaparición había coincidido con el inicio de una crisis política de la cual la polis no había de recuperarse. «Sus sucesores», observa de nuevo Tucídides, «eran demasiado iguales entre ellos, y querían la primacía todos; de manera que se preocupaban por complacer al pueblo [...] y cometieron, por tanto, muchos errores». De ahí las luchas intestinas, los altercados violentos, los golpes de Estado que fueron debilitando progresivamente a Atenas, y que

3. Tucídides, *Guerra del Peloponeso*, 2, 65.

terminaron llevándola a la derrota en el conflicto contra sus enemigos (en ese mismo conflicto que el propio Pericles auspiciara desde el convencimiento de que acrecentaría el imperio y el poder de la ciudad).

Todo lo cual no significa que Edipo sea Pericles, del mismo modo que no cabe identificar, en clave y de manera unívoca, el perfil de ningún héroe trágico con ninguna figura histórica específica (ni con ninguna serie concreta de hechos). Lo que aquí se produce es, antes bien, un efecto de contrapunto y un juego de analogía en el cual la experiencia vivida destila una reflexión problemática, suscitando una mirada ulterior y ulteriores preguntas sobre la fenomenología y sobre el valor de cuanto la ciudad ha compartido y comparte en el plano de su historia. Al término de la tragedia, Edipo, el salvador luminoso, descubrirá que justamente él es la causa de la peste, el parricida, el incestuoso. El fulgor del «primer ciudadano» se convertirá en el horror de una abominación absoluta. ¿Es este un vuelco que reverbera *a posteriori* también en la imagen del líder histórico? ¿Se trata de un desenlace que, desde la escena, repercute a modo de juicio en las decisiones de Pericles y en la polis que las hizo suyas? El proyecto y la visión que Pericles había propugnado, se habían concretado en luminosos éxitos y conspicuos frutos; pero asimismo resultaron conllevar una importante carga de tiniebla y de efectos aciagos, una vez desaparecido quien los auspiciara y concibiera. ¿A lo mejor en tal sentido apunta el terrible final? ¿O son otras distintas las consideraciones que esa escena pide? En la mente del espectador que observa absorto la compleción de la peripecia, podrían surgir, en efecto, perspectivas más radicales todavía: la falibilidad y la insuficiencia congénitas de la política, que en ningún caso logra sanar las contradicciones de lo real (ni conjurar la catástrofe); la imposibilidad de encontrar, en el presente de la vida, un «hombre regio» que, como luego diría Platón[4], ejerza la verdadera «arte» del gobierno y esté en condiciones de guiar a la comunidad, instituyendo su norma y su armonía. Pues ni siquiera el «mejor» que la polis ha conocido sería suficiente. Incluso quien se antoja el «mejor» conforme a los estándares comúnmente compartidos, podría ser el mal absoluto.

Las súplicas de los tebanos no cogen a Edipo por sorpresa. Él mismo se había preguntado, en las «vueltas y revueltas de la mente»[5], cómo afrontar la situación. De ahí que finalmente hubiera decidido preguntar al oráculo de Delfos, en la esperanza de recibir de Apolo un signo o una indicación desde cuya base acometer una desventura de lo contrario indescifrable. Y precisamente de Delfos vuelve Creonte —cuñado de Edipo— cuando se presenta delante del palacio para comunicar el vaticinio: «Apolo nos ordena claramente expulsar del país la contaminación crecida en esta tierra y no seguir alimentándola, cosa que la volvería incurable»[6]. Pero ¿de cuál contaminación se trata? ¿Qué está pidiendo el dios? Edipo quiere comprender mejor, conque Creonte prosigue: «Layo fue, otrora, señor de esta tierra. [...] Murió y ahora el dios conmina claramente a castigar a sus matadores». ¿También estas últimas palabras pertenecen a la respuesta de la pitia? ¿Se refieren «claramente» al dictado del oráculo, o son

4. Platón, *Político*, 311 y ss.
5. Sófocles, *Edipo rey*, v. 67.
6. *Ibid.*, vv. 96-98.

ya una interpretación del mismo? ¿Son una inferencia de Creonte, quien relaciona la idea de «contaminación» con el crimen todavía impune de Layo? No hay modo de saberlo, y eso es un primer problema que surge cuando se recurre a los oráculos: cuando alguien refiere a otros, con sus propias palabras, el supuesto contenido de los mismos. Sea como sea, Edipo se asombra de que la ciudad no haya realizado la menor pesquisa sobre el homicidio de su predecesor: de que no pusiera todo su empeño en sacar a relucir la «verdad» de los hechos. ¿Cómo es posible que Tebas no tomara ningún tipo de medida ante un crimen tan grave y lesivo para el orden público? Pues porque estaba el problema de la esfinge, cuya amenaza apartó del regicidio la atención de todos. Y luego llegó el propio Edipo, que, con la solución del acertijo, conquistó el trono. Así se habían dado las cosas, contesta Creonte. En su día, un único testigo declaró que a Layo no lo había atacado un hombre solo, sino que fue acometido por las «manos de muchos»[7]. Fuera de eso, sin embargo, no había salido a la luz ningún otro elemento.

En Tebas nadie sabe nada, nadie recuerda y todos se apresuran, ante el apremio de las preguntas de Edipo, a negar cualquier tipo de implicación suya personal en aquello. Se desvinculan; se declaran inocentes e *in albis* sobre la totalidad del asunto. Surge la pregunta de si el misterio viene dado por una ignorancia de los hechos accidental y efectiva, o bien por una deliberada (y silenciada) cancelación de los mismos. Hay una laguna en la memoria de Tebas, una mancha oscura que interrumpe el relato de su historia. En ocasiones, para vivir, una ciudad necesita también

7. *Ibid.*, v. 123.

olvidar, del mismo modo que, con una frecuencia equivalente, el poder y la política exigen el silencio y el ocultamiento para poder desplegar su curso. Pero siempre está el peligro de que lo cancelado, lo reprimido, regrese de improviso a pedir cuentas, poniendo en duda la legitimidad del poder mismo y la paz de la ciudad. Siempre está el peligro de que, con la distancia del tiempo, cualquier cosa pueda proyectarse o verse —en virtud de una dinámica inversa— en esa laguna del pasado: en lo no sabido que se tiene a la espalda. En el agujero de la memoria es posible, en efecto, colocar, esbozar o afirmar cualquier contenido retrospectivamente. Y resulta inevitable que, en el ámbito de la polis, los efectos del olvido y las sombras de lo no dicho acaben convirtiéndose, antes o después, en una «peste». Pero «ahora», en lo que a Tebas se refiere, Edipo no tiene dudas. Él va a asumir, por todos, el cometido y la carga de arrojar luz sobre ese punto ciego: la responsabilidad que todos habían eludido. Porque eso es lo que debe hacer un rey, un salvador. Y se va a implicar en tal tarea como si el muerto, como si Layo fuera su «padre»[8]. Así dice sin darse cuenta de cuán íntimamente todo eso le concierne[9].

Por consejo de Creonte, Edipo convoca a Tiresias, el infalible adivino tebano. Algo sabrá, de entre todos, por lo menos él. Él por lo menos podrá saber, en virtud de sus poderes, qué ocurrió. Tiresias acude, pero se muestra reacio. Preferiría no hablar: «Terrible es el saber, cuando no beneficia a quien sabe». Saber y hablar puede resultar catastró-

8. *Ibid.*, v. 264.
9. Véase el capítulo 7.

fico. «He olvidado estas cosas», asegura[10]. A lo mejor está queriendo decir: «Las he cancelado». Edipo insiste implacable, le provoca: quien sabe, debe hablar por el bien de todos; de lo contrario es un pésimo ciudadano, un traidor (cuando no directamente un sospechoso). De manera que Tiresias acaba cediendo y, con la dureza de la cólera ya encendida, pronuncia lo impronunciable: «Digo que eres tú el asesino que buscas»[11]. Ahí está ese hecho terrible que se indagaba a tientas en la oscuridad. Ahí está, revelada en seguida, toda la verdad sobre aquella laguna. Solo que, dicha y manifestada de ese modo, la verdad no es algo que Edipo pueda aceptar o creerse. No cuadra, para nada, con lo que él sabe de sí mismo. «Digo», Tiresias reitera su golpe, «que sin saberlo vives del modo más infame con quien te es más querido y no ves el mal en el que estás»[12]. Clarísimas y, a la vez, totalmente oscuras son estas afirmaciones. La excesiva luz ciega igual que la tiniebla. Y es tan previsible, como obvio, que Edipo sospeche que hay una conjura palaciega para destronarlo, un complot finamente urdido para deslegitimarlo por completo. Él está convencido de que, tras las palabras de Tiresias, no puede estar sino la mano de Creonte, el ambicioso cuñado, quien ahora aspira a conquistar su parte de poder y gloria. Además: los puntos ciegos de la historia, ¿no sirven justamente para eso, es decir, para ser reutilizados de cara a reconfigurar la historia misma? El espectro de la impureza, la contaminación asociada a sucesos antiguos, ¿acaso no es una eficaz arma de liquidación polí-

10. Sófocles, *Edipo rey*, vv. 316-318.
11. *Ibid.*, v. 362.
12. *Ibid.*, vv. 366-367.

tica, una acusación que volver a airear inopinadamente en el momento oportuno? Antes de la guerra, hubo quien trató de socavar el prestigio de Pericles desempolvando la vieja historia de los alcmeónidas, el estigma de un sacrilegio en el que su familia había incurrido hacía mucho tiempo. En cuanto a los oráculos que surgen o se recuerdan en momentos de crisis, pasan a ser objeto de diferentes reformulaciones. Como Tucídides señalara lapidariamente: «Los hombres adaptan sus recuerdos a los males que sufren»[13].

La memoria y el olvido, las lagunas y el silencio, lo puro y lo impuro, la responsabilidad de quien gobierna y la irresponsabilidad de la mayoría —que prefiere callar y cancelar, reprimir lo problemático—, los oráculos y las tramas: hasta aquí estamos hablando de política. A lo largo de la acción del drama, sin embargo, ese juego terrible en el que Edipo se adentra pone en cuestión también los modos y las formas del conocimiento (de uno mismo y de la realidad). ¿Cómo y en qué términos se llega a conocer? ¿Qué clase de conocimiento tenemos a nuestro alcance? En primer lugar está —como hace un momento señalábamos— esa sabiduría absoluta y total que Tiresias encarna, esa clarividencia inspirada que penetra todas las dimensiones de lo visible y de lo invisible: «Las cosas decibles e indecibles, las cosas celestiales y las terrenas»[14]. El adivino ciego alimenta y alberga en sí mismo «la fuerza de la verdad» que brota del manantial divino, y todo lo capta con fulguración intuitiva[15]. Ti-

---

13. Tucídides, *Guerra del Peloponeso*, 2, 59.
14. Sófocles, *Edipo rey*, vv. 300-301.
15. *Ibíd.*, vv. 284-285.

resias ve y conoce lo que ve y conoce el propio Apolo. Cabe decir, por tanto, que lo «verdadero» es consustancial a su ser y que él es, de entre los mortales, el único que capta cumplida y cabalmente la realidad. La suya es una verdad inconfutable e inquebrantable, que se revela de manera inmediata y no requiere pesquisa ninguna. Justamente por eso, sin embargo, puede resultar intempestiva e inasumible en el tiempo y en los modos de la existencia mortal común: puede resultarle completamente absurda e infundada a quien la escuche.

Distinto y opuesto es el modelo que trasluce en la figura de Edipo. Él está orgulloso de su *gnóme*, o sea, de la agudeza de su «mente», de las capacidades de su «inteligencia». Fiando en dicha *gnóme* había resuelto el enigma de la esfinge, al que nadie más había conseguido dar respuesta. Y también gracias a ella se había convertido en rey de Tebas, asegurándose fama y prestigio. Con tal *gnóme* se dispone igualmente a buscar al asesino de Layo. En el tiempo del drama, Edipo procede «observando» y «reflexionando», «investigando» e «indagando». Se aplica a la búsqueda siguiendo, implícitamente, un método y un criterio. Hay que empezar «por el principio» del problema sobre el cual se debe arrojar luz: ir encontrando, paso a paso, los *seméia* —los «signos» o los «indicios»— con base en los cuales formular conjeturas y comparaciones. Hace falta asimismo cribar los datos y los testimonios, cruzándolos entre ellos y llegando al cabo —en el «momento oportuno»— a «descubrir» lo que se desconoce todavía, «poniendo de manifiesto» aquello que está escondido[16]. Esos son los puntos fijos y los

---

16. *Ibid.*, vv. 67-68, 132, 356-358, 1058, 1077, 1484.

términos clave de ese pensamiento científico y filosófico que, en la Atenas del siglo V, se había venido elaborando a modo de conquista nueva, a modo de progreso civilizador que el hombre había logrado alcanzar con los recursos de su ingenio. Anaxágoras, maestro de Pericles, enseñaba, por ejemplo, a estudiar la naturaleza y el cielo para que, de las «cosas evidentes», se pudieran deducir y comprender «las no evidentes», ampliándose, cada vez más, el horizonte de los saberes y de las artes[17]. La medicina de Hipócrates se había dedicado, de manera análoga, al estudio del cuerpo y de las enfermedades con el propósito de que, partiendo de un cuadro de síntomas, se pudieran formular diagnósticos y pronósticos fiables. La historiografía de Tucídides trataba, por último, de «encontrar» los hechos y las razones efectivas de los acontecimientos, yendo más allá de las habladurías infundadas o de los relatos todavía envueltos en el aura del mito.

Todo eso marca, pues, el tono y la inspiración de la *gnóme* que Edipo ostenta y ejerce como si fuera un hombre de los tiempos nuevos y del progreso, un hombre de inteligencia racional que asume el reto y no ceja. Y ese método que Edipo aplica, termina produciendo los debidos resultados... si no fuera porque el descubrimiento final acaba con la vida de quien en pos de él fuera. Componiendo los indicios de manera rigurosa, Edipo llega, en efecto, a la evidencia absoluta de que él mismo es el asesino de Layo. La razón termina alcanzando la verdad, pero no garantiza ni felicidad, ni salvación. La razón es luminosa, pero, a veces, también sorprendentemente ciega en su esfuerzo tenaz de

17. Anaxágoras, 59 B 21 Diels-Kranz.

afrontar la realidad, como asimismo demuestran, de otro modo, los propios antecedentes de esta historia. En un día ya lejano, el oráculo de Apolo le había profetizado a Edipo que mataría a su padre y yacería con su madre, a lo que Edipo reaccionó huyendo lejos de Corinto, donde hasta entonces había vivido como hijo del rey Pólibo y de su esposa. Todo su afán era impedir que la profecía se cumpliese, a cuyo efecto le pareció que la única solución eficaz era el exilio, es decir, apartarse de las personas que él creía eran su padre y su madre. Tal fue la única solución que la razón le dictó... pero, precisamente así, terminó provocando el cumplimiento de cuanto le había sido vaticinado. Precisamente queriendo alejarse de Corinto, llegó a Tebas. Por otra parte, incluso las mentes más agudas confunden a veces la inteligencia con lo que no es sino el fruto del miedo y del deseo, con lo que no es sino el efecto de una voluntad terca: el propósito de preservar la existencia de uno. Una razón que quisiera controlar todas las cosas se vuelve víctima, en determinadas circunstancias, de su propia necedad.

Junto a la de Tiresias y a la de Edipo está, por último, la posición de Yocasta, con el tipo de saber al que ella apela. La reina está preocupada por las pesquisas que Edipo quiere llevar a cabo, así como por el tormento que cada sucesivo avance de las mismas suscita en él. Le quiere confortar y, al mismo tiempo, disuadir de su propósito de seguir indagando. Edipo tendría la intención de interrogar al único testigo superviviente de la muerte de Layo, pero ¿por qué hacer eso? No tiene sentido, replica Yocasta. Ya dijo en su día aquel hombre que, a Layo, lo había asaltado un grupo de bandoleros; y toda la ciudad estaba al tanto de aquella declaración. Incluso en el supuesto de que, ahora, aquel hombre se desdijese, ¿qué valor podría eso tener? Un testigo que cambia de versión pasado el tiempo, ciertamente no puede resultar creíble. En cuanto a los oráculos y a los vaticinios, no hay razón para ponerse a pensar en ellos —ni para dejar que condicionen nuestros actos—, ya que «ningún hombre en el mundo posee», afirma la reina, «el arte de conocer el futuro»[18], y lo que dicen los adivinos carece por completo de credibilidad. Bastaría establecer una correlación adecuada entre los datos del pasado y los del presente, para darse cuenta de lo vano de cualquier profecía. A Layo le habían predicho que lo mataría su hijo. A Edipo, que mataría a su padre. Sin embargo —concluye Yocasta formulando una deducción basada en los indicios disponibles—, todo habría sucedido de manera muy distinta: a Layo lo habían matado unos malhechores en un camino, y Pólibo acababa de morir en Corinto por causas naturales. Pero incluso dejando al margen todo eso, «¿qué habría que temer un hombre, bien mirado?». «Está sujeto [*sc.* el hombre] al poder de las vicisitudes del azar y no hay modo de prever nada con certeza. Lo mejor es ir viviendo al día: a como dé lugar.»[19]. También las consideraciones de Yocasta están marcadas por una forma de lúcida racionalidad laica. También las palabras de ella reflejan las posiciones más avanzadas y radicales de la cultura de entonces. «El destino es un vacuo nombre», había dicho Anaxágoras. Y otros lo habían repetido después de él: «No hay ninguna providencia para los hombres, todos cuyos asuntos están sujetos al

---

18. Sófocles, *Edipo rey*, v. 709.
19. *Ibid.*, vv. 977-979.

azar»[20]. Pero ¿está verdaderamente convencida Yocasta de sus propios razonamientos, de las ideas que sus discursos reflejan? ¿O lo que dice es solamente un modo de proteger a Edipo y de mantener inalterado el equilibrio de sus vidas? A lo mejor su saber apunta meramente a la voluntad de no saber y de no conocer lo que podría desbaratarlo todo. Hay que vivir «al albur», «a como dé lugar» —como, de hecho, diariamente se vive— y no hacerse más preguntas. Hay que decirse que todos los oráculos «carecen de valor»[21]. Y no tiene ninguna importancia si los argumentos que uno usa para respaldar su tesis son, además, veraces y fundados. Lo esencial es aquello que se quiere y se desea.

Cuando la terrible verdad esté a punto de manifestarse, el propio Edipo se proclamará «hijo de la *Túche*», es decir, «hijo de la Suerte» o del «Azar». ¿Qué otra cosa podría decir quien ignora su propio origen, quien acaba de enterarse —por un mensajero venido de Corinto— de que el rey Pólibo no era, en modo alguno, su verdadero padre? «¡Ojalá nunca sepas quién eres!», grita Yocasta, que ahora ha comprendido todo perfectamente. «Temo que pueda desatarse una tormenta de males», comenta el coro. «Desátese lo que haga falta», replica Edipo. «A mí, de mi honor, no van a despojarme. [...] No va a resultar nunca que yo sea otro»[22]. Gracias a los favores de una «Buena Suerte», ese rey al que todos veneran como el «mejor» se volvió, siendo inicialmente «pequeño» y anónimo, al cabo «grande» e insigne. Edipo sabe cuáles son su valor y su excelencia. Eso es lo

20. Anaxágoras, 59 A 6 Diels-Kranz.
21. Sófocles, *Edipo rey*, v. 972.
22. *Ibid.*, vv. 1076-1085.

único que conoce de sí mismo y únicamente con eso se identifica, lleno de orgullo. Pero resulta precisamente que él también es —¡y hasta qué punto!— «otro», como la sabiduría divina de Tiresias le había anunciado desde el principio.

La *ágnoia* —el «desconocimiento»— es un rasgo distintivo constante de los personajes trágicos. Edipo no sabe, pero quiere saber. Así es, al menos, ahora: en el tiempo del drama y ante la acuciante contingencia concreta de la peste. Pero ¿y en el pasado? Muchos años antes, ya se había encontrado con esa barrera inquietante de la *ágnoia*. Cuando aún era joven —en Corinto—, durante un banquete alguien le dijo, para desairarlo, que él era un hijo *plastós* («fingido»), un hijo adoptivo y no de sangre[23]. Él fue a contárselo a Pólibo y a la reina, y ambos en seguida se mostraron indignados ante aquella insinuación, insistiendo en que ellos eran su padre y su madre. Aquellas palabras bastaron para tenerlo tranquilo un tiempo, pero luego la duda volvió a atormentarlo y por ese motivo marchó a Delfos a preguntar al dios. La pitia, sin embargo, en realidad no respondió a su pregunta, sino que le comunicó la horrenda profecía que todos sabemos. Y en tal sentido, sorprende el hecho al que ya hemos apuntado, a saber, que Edipo simplemente huya, como dejando al margen de pronto e inopinadamente la cuestión originaria. De modo que la duda sobre su nacimiento no había quedado en absoluto resuelta. ¿No habría tenido que preguntarse, ante cualquier hombre o cualquier mujer de más edad, si no serían

23. *Ibid.*, v. 780.

acaso sus progenitores? ¿No habría tenido que preguntarse, ante cada viejo con el que se encontraba, si no era a lo mejor ese padre al que no conocía? Era, en efecto, como si la cuestión esencial se le hubiera ido de la mente. Se construyó una historia, una vida, suprimiendo —de manera no muy distinta a como hizo la propia ciudad de Tebas con la muerte de Layo— esa laguna central, ese hueco o agujero que había en su historia. A lo mejor había querido creer que cuanto conocía y comprendía bastaba. Lo había basado todo en una *dóxa*, es decir, en una «opinión», en una «apariencia» por lo demás satisfactoria (como la mayoría de los hombres). Y es de esa obstinada *dóxa* de donde la tragedia, en su desenlace, lo arranca con violencia. En un instante, Edipo se ve expulsado del reino de lo que parece... pero no es. En un instante es arrojado a la visión de una verdad absoluta cuya luz resulta insoportable. De ahí que se perfore las pupilas, ejecutando en sí mismo esa sentencia que nadie más tendrá el coraje de infligirle. Y de inmediato vuelve a haber noche y oscuridad. Por otra parte, la sabiduría arcaica había repetido, de varias formas, que tal era la situación de los más: eran prisioneros de una *dóxa*, víctimas de una miserable *amechanía*, de una «impotencia» que habita los pechos y los pensamientos. «Ojo que no ve», «oído que retumba», «mente errante», «sin capacidad de juicio», «ciegos» y «sordos»: así había calificado el venerando Parménides a los mortales que se engañan con esas mismas palabras que usan todos los días[24]. Parménides se había liberado de la *dóxa* yendo más allá de la Puerta del Día y de la Noche, penetrando en una dimensión ulterior —ajena al tiempo y

24. Parménides, 28 B 6a, 7 Diels-Kranz.

al espacio— donde una Diosa le reveló, en premio a su osadía y a su determinación heroica, el «corazón imperturbable de la rotundísima verdad» y le abrió la visión total del
ser. Privilegio y conquista de pocos, elevarse a una dimensión sobrehumana. Todos los demás viven como Edipo y
terminan, hasta cierto punto, igual que él.

Cuando la política y los saberes han agotado sus discursos,
lo único que al cabo queda es, por tanto, el espectáculo
desnudo de la condición mortal: ese momento en el que la
existencia salta en pedazos y se anula junto con todo lo demás. Durante las pesquisas, Edipo había albergado la sospecha de que él podía ser el asesino de Layo. Pero el testigo dijo en su momento que el crimen lo habían cometido
«muchos», y «muchos no es igual a uno», razonó él, apre-
surándose a sacar las conclusiones que más le convenían[25].
Pero el cómputo final arroja un resultado muy distinto:
«¡Oh generaciones de los mortales! ¡Yo calculo vuestra vida
igual a nada! ¿Quién de entre los mortales alcanza una felicidad más firme que una mera ilusión que en seguida se di-
sipa? Si tomo como ejemplo tu destino, ¡oh desventurado
Edipo!, me parece que ningún mortal se puede considerar
feliz»[26]. Así canta el coro de tebanos cuando acaban de ser
irrefutablemente probados y reconocidos, ante la ciudad
entera, el parricidio y el incesto del soberano de la misma.
La atroz aritmética de la tragedia concluye indicando esa
«nada» que son los hombres y de la cual Edipo es, para todos, el *parádeigma* —el «ejemplo»— escandaloso y digno, al

---

25. Sófocles, *Edipo rey*, v. 845.
26. *Ibid.*, vv. 1186-1195.

mismo tiempo, de piedad. Si se ha precipitado en el abismo de la desventura incluso el «glorioso» Edipo, el vencedor de la esfinge, el rey que salvó a su pueblo —convirtiéndose en el «más infeliz» de todos—, entonces nadie puede hacerse ilusiones sobre la estabilidad de su propia suerte, sobre la perdurabilidad de una situación próspera e inmune a los males. Verdaderamente nada son los mortales frente a los dioses y frente al destino. No queda otra que derramar lágrimas y entonar lamentos ante ese espectáculo que los ojos nunca hubieran querido contemplar. Cualquier otra palabra parece extinguirse en los labios, pero luego las preguntas reafloran (al menos en la mente del espectador). ¿Hay que llorar y rendirse ante esto como ante una evidencia última e insuperable? ¿Podía darse todo de manera distinta? ¿A lo mejor con otra política, con otro saber, con una relación diferente con lo divino? ¿A lo mejor con una ciudad distinta de Tebas? Lamentar la inevitable desventura puede ser un modo de no cambiar nada, de seguir viviendo como siempre se hizo. Ese es el riesgo que las lágrimas comportan siempre. Pero imaginar algo distinto requiere, en cualquier caso, cobrar conciencia de la finitud que cada ser humano comparte con el resto. Porque el éxito no siempre dura o se repite. Porque la mente de uno no puede resolverlo todo y siempre hay un punto ciego que la persona en cuestión no ve. Porque la inteligencia no siempre alcanza a controlar cuanto al cabo logra descubrir. A lo mejor es justamente sabiendo que él mismo no es «nada», como el hombre puede verdaderamente ser. Y ese es, en el fondo, el punto esencial del conocimiento de uno mismo que el Apolo de Delfos recomendaba a quien le consultase. Y es, de nuevo, a partir de la conciencia de esa «nada» como los auténticos buscadores de la sabiduría —por ejemplo Parménides— procedían en la búsqueda sobrehumana de algo que está más allá.

Todo empezó con la peste y con la necesidad angustiosa de derrotarla. Cuando se llega al final, sin embargo, parece que ya nadie menciona aquello o lo recuerda. Todo se centra en Edipo. Son sus gemidos, su dolor, sus ojos ciegos y chorreantes de sangre lo que ahora ocupa la escena. Él pide y suplica, desesperado, que lo alejen de la ciudad: «Sacadme de aquí, llevadme lejos de vuestra vista; o bien matadme y arrojadme al mar, donde no me volveréis a ver»[27]. Allí, en esa Tebas en la que ha consumado todo el horror de su historia —en la que ha engendrado vástagos en el vientre del cual naciera él mismo—, Edipo ya no puede seguir viviendo: «Yo, la gran ruina, el más maldito, el más odioso de los hombres. [...] Padres, hermanos, sangre de la misma sangre, féminas esposas y madres y cuantas infamias entre los hombres puedan acaecer»[28]. Esperaríamos que se diera curso a su petición de inmediato. Esperaríamos ver cómo Edipo se marcha y libera a la ciudad de la contaminación a modo de *pharmakós*, de «víctima expiatoria» que, expulsada a pedradas de los confines del país, se lleva sobre sus espaldas todo el mal de la comunidad. Pero eso no sucede. Creonte le invita a entrar en el palacio. Será Apolo quien indique cómo proceder. Por el momento, nadie lo ahuyenta ni atiende su acuciante ruego, del mismo modo que nadie plantea la necesidad de realizar ningún rito de

---

27. *Ibid.*, vv. 1410-1411.
28. *Ibid.*, vv. 1341-1342, 1406-1408.

purificación. Porque Edipo es culpable, pero a la vez es del todo inocente por la absoluta inconsciencia de sus actos: impuro desde el punto de vista de lo sagrado, pero puro según los parámetros de la ley, teniendo en cuenta que, lo que ha hecho, lo ha hecho involuntariamente[29]. Y es la dificultad de esa paradójica coincidencia lo que parece detener cualquier reacción inmediata. A lo mejor en Tebas —y en Atenas—, nadie se hacía ilusiones sobre la posibilidad de eliminar, mediante un acto ritual o con un destierro, la aporía escandalosa que el destino de Edipo representaba. Y es también por eso por lo que su drama sigue exigiendo, todavía hoy, ser visto y asimilado. Frente a lo extremo, no hay procedimientos jurídicos o ritos catárticos capaces de eludir la contradicción o de ahorrarnos la consternación de vernos contaminados por el mal ajeno, que necesariamente pasa a ser también nuestro.

29. Sófocles, *Edipo en Colono*, v. 548.

14. Banalidad del mal y nostalgia de la forma

«Y luego Zeus hizo una estirpe divina de héroes —"semidioses" los llaman— los cuales vivieron antes que nosotros sobre la tierra infinita. Fueron muertos por la guerra funesta y por la batalla terrible. Algunos en Tebas, la de las siete puertas, en la tierra de Cadmo; [...] otros en Troya, allende el gran abismo del mar, por causa de Helena la de hermosa cabellera»[1]. A otra edad pertenecen, pues, los héroes. Llegaron «antes» de los mortales comunes. Memorables son sus gestas, cantadas por los poetas y retomadas por el teatro. Memorables y necesarias, puesto que a partir de ellas —y sobre ellas— se desarrolló una civilización. Los héroes —figuras arquetípicas, formas ideales de la excelencia y de la fuerza— pertenecen, en efecto, al meollo del imaginario colectivo, constituyendo un término de comparación y un ideal para quienes llegaron después. También en la desven-

1. Hesíodo, *Los trabajos y los días*, vv. 158-164.

tura y en la violencia —fenómenos que la tragedia explora y exhibe— hay una grandeza y una ejemplaridad que brota y se recorta en los perfiles de aquellos seres por ese afán de absoluto que los caracteriza. Los rodean y los envuelven un aura y esa gloria que la poesía, desde la cultura arcaica hasta la época clásica, siempre recuerda y renueva representando las historias que protagonizan. Llega un momento, no obstante, en el que algo se resquebraja y transforma la mirada y la relación con este mundo pretérito. Es como si aquellas gestas y aquella grandeza se volvieran inactuales o distantes, dejando de despertar admiración y deseo de emularlas: como si aquella gloria fuese ya imposible, cuando no una quimera. Siguen, sí, diciéndose y mostrándose las historias de los héroes; pero el aura se oscurece y declina. El sentido que tales historias antaño tuvieran, se pierde y se transforma. Reyes y guerreros, héroes y heroínas conservan sus nombres, pero van empezando a parecerse, cada vez más, a la humanidad común —sufridora y extraviada—, a unos hombres y unas mujeres que intentan vivir y sobrevivir, como buenamente pueden, a los sucesos imprevistos de la existencia. Lo cual es síntoma de un auténtico punto de inflexión cultural, de una crisis de valores y creencias que preludia configuraciones nuevas y distintas.

En la escena trágica —que no cesa, sin embargo, de inspirarse en las vicisitudes de ellos—, los héroes terminan no reconociéndose en esas mismas vicisitudes suyas, las cuales se les antojan absurdas e insensatas: unas historias equivocadas que casi preferirían olvidar o no haber vivido nunca. Y eso es lo que sucede sobre todo en el teatro de Eurípides, como hemos visto también a propósito de esas dudas y de esas derivas que, de forma paralela a lo que ocurre con los perfiles de los héroes, comprometen asimismo la naturaleza y la existencia de los dioses[2]. En las Ranas de Aristófanes, Esquilo reprochaba a Eurípides que había cubierto a los héroes de «harapos» y les había hecho hablar con la lengua de todos los días en vez de dotarlos, como antiguamente, de vestiduras suntuosas y discursos solemnes[3]. Pero resulta que los harapos y las palabras corrientes no son sino el signo más obvio y perceptible de un cambio y de una dificultad que atañe, más allá de la escena, a la ciudad misma y al público que está sentado en el teatro. Tal vez se trate del ocaso de un mundo. Nada será ya como antes, pero quizás no todo quede definitivamente perdido y olvidado. (O es bonito imaginarlo, por lo menos...). En la *Ifigenia* que Eurípides compuso al final de su vida junto con las *Bacantes* está esa tensión, ese contraste que en ciertos sentidos se impone entre un elemento humano demasiado humano —y cada vez más obvio en los límites que expresa— y los emblemas de una nobleza que se concibe de manera diferente.

Volvamos, pues, una vez más —la última— al promontorio de Áulide, a esa terrible calma chicha que bloquea al ejército griego impidiéndole zarpar con rumbo a Troya: a esa exigencia de sacrificar a Ifigenia para que el viento vuelva a levantarse y se pueda realizar la gran empresa. Se trata del cuadro que encontrábamos, al comienzo de nuestro viaje, en el *Agamenón* de Esquilo[4]; pero aquí, en esta tragedia euripidea tardía, completamente distinta es la atmósfera y, con ella, los gestos y los discursos.

---

2. Véase el capítulo 9.
3. Aristófanes, *Ranas*, vv. 1057-1061.
4. Véase el capítulo 2.

Es de noche y la estrella de Sirio reluce, alta en el cielo, a la mitad de su curso: allá arriba junto a las Pléyades. Reina en el campamento del ejército un silencio absoluto, no se oye el menor ruido; ni siquiera la voz de un pájaro o la resaca de las olas: completamente inmóvil está el mar, sobre el cual ni la brisa más débil sopla. Todos están todavía sumidos en el sueño. Mas no Agamenón. Él no ha logrado pegar ojo. No halla paz. Se atormenta y llora por la terrible decisión que ha tenido que tomar, por el atroz engaño al que ha recurrido. Ha mandado a Argos una carta escrita para su esposa (Clitemnestra). En ella le ordenaba que llevara a Ifigenia a Áulide cuanto antes. Pero no fue capaz de revelarle el verdadero motivo de aquella petición. Se inventó un pretexto, un mentira plausible y seductora. Para asegurarse de que la hija acudía, dijo que allí la aguardaba un magnífico matrimonio. Había de convertirse en la esposa ni más ni menos que del gran Aquiles. Y había que celebrar las nupcias lo antes posible, antes de que la flota zarpase para Troya. ¿Piedad de padre, o falta de valentía y de honestidad? Sea como sea, la cuestión es que después, en esa noche insomne, atenazado por la angustia vuelve a plantearse el tema, duda y se arrepiente de lo que ha hecho. De manera que escribe una segunda carta. La escribe y la rasga al punto, de tan lancinado y oscilante como tiene el ánimo. Pero a continuación se recompone y vuelve a escribir la misiva con la intención clarísima de rectificar sus instrucciones previas: «Te mando, Clitemnestra, esta otra carta tras aquella anterior...»[5]. Y en esta ocasión le dice que no vayan hasta allí, sino que se queden tranquilas en casa. Con-

5. Eurípides, *Ifigenia en Áulide*, vv. 115-116.

fía, pues, el billete a un viejo siervo de su confianza y le pide que parta inmediatamente para entregarlo. Hay que darse prisa antes de que ambas mujeres, al tanto ya del mensaje primero, puedan ponerse en marcha. Hay que deshacer lo que se ha hecho.

Qué difícil es ser rey, piensa Agamenón; qué difícil ser una persona importante: un hombre que, por nobleza de alcurnia y patrimonio, está llamado al mando. Pesan como plomo las decisiones que se deben tomar. Pesa la obligación de mostrarse siempre a la altura de cualquier situación, rindiendo cuentas a la comunidad de la actuación de uno. La situación de quien tiene fama y honores se antoja, así en abstracto, envidiable; mas no lo es en absoluto cuando, luego, toca medirse, en lo concreto, con lo que implica: «Dulce cosa ciertamente es la ambición, el deseo de ser un jefe; una vez, sin embargo, que lo eres, ¡cuánto sufrimiento!»[6]. Abrumado por las que son sus responsabilidades, Agamenón preferiría ser una persona corriente, una de tantas: sin inquietudes u obligaciones ningunas. Preferiría —llega incluso a afirmar— la más completa *dusgéneia*, es decir, tener «oscuro linaje» —un origen humildísimo—, antes que ser lo que efectivamente es: un «biennacido», un noble[7]. Pero ¿puede el hijo del gran Atreo expresarse en tales términos, renegando de la nobleza de su estirpe y de su sangre? ¿Acaso se habría expresado así un aristócrata de los viejos tiempos? Fue elegido comandante de la expedición contra Troya —lo que supone un enorme prestigio—, ¿pero ahora querría que tal cargo hubiese recaído sobre otro hombre? En aras de la empresa

6. *Ibid.*, vv. 22-23.
7. *Ibid.*, v. 446.

se ha dejado convencer para sacrificar a su propia hija, ¿pero ahora se da cuenta de que eso sería un «acto inaudito», tremendo y desatinado?[8] ¿Encaminado a qué, de hecho? ¿A poder cruzar el mar para vengar el rapto de Paris y recuperar a Helena, la esposa de su hermano Menelao? Pero a semejante fémina, a una esposa indigna e infiel que se deja seducir tan fácilmente y que se fuga con el primero que llega, ¿no sería mejor dejarla donde está, sin derramar tanta sangre inútil? Y le viene a uno nuevamente la idea de que un héroe del pasado –el Agamenón de Homero o de Esquilo– a lo mejor jamás habría formulado tales pensamientos.

La contraorden, sin embargo, se malogra. Menelao ha interceptado al siervo con la carta y, furibundo, se enfrenta a Agamenón. Le reprocha que no es de fiar: que es un traidor de la peor calaña. Lo tacha de «inconstante» y de avieso; le recrimina que está siempre titubeando y que no tiene formalidad: «Ahora piensas una cosa, antes pensabas otra y, luego, quién sabe cuál más»[9]. ¿Cómo puede comportarse de ese modo con su propio hermano? Actuar a escondidas, echar mano de subterfugios, faltar a cualquier pacto y a cualquier palabra dada... Áspera y sin medias tintas es la reprimenda que Menelao pronuncia, colocando ante la mera evidencia de su conducta a Agamenón. El cual, cuando de lo que se trataba era de organizar la expedición y la guerra, se mostró tan ansioso como cualquier otro por ostentar el mando. Nada más que eso tenía en mente y no escatimó apretones de mano y palabras amables para

8. *Ibid.*, v. 98.
9. *Ibid.*, v. 332.

asegurarse la anhelada designación. Hizo de todo para «comprarse» aquel resultado, dejando fuera de juego a los demás aspirantes. (Así de grande era su obsesión.) Cuando, más adelante, la cólera de Ártemis impedía que las naves zarparan —y verdaderamente parecía que toda la empresa se iba al traste—, la mera idea de tener que renunciar a la «gloria» volvió loco a Agamenón. Andaba triste y ceñudo por no poder ya «llenar de armas» la llanura de Príamo —por no poder llegar a aquellas tierras «al frente de mil naves»—[10], y quería encontrar a toda costa una solución. De ahí que no diera el menor respingo ante el vaticinio del adivino Calcante: ante la indicación de que había que sacrificar a Ifigenia. Había escuchado de buen grado aquellas palabras. Si tal era la condición para poder partir, él daba su conformidad para que, de inmediato, tal se hiciera: «En tu corazón estabas contentísimo y encantado de prometer que lo harías. [...] Y fuiste tú, de tu propia iniciativa, quien escribió a tu esposa. Y ahora das marcha atrás... [...] ¡Pobre Grecia!»[11]. Poca cosa puede replicar Agamenón, salvo que efectivamente se ha arrepentido y no está, en modo alguno, dispuesto a perpetrar semejante fechoría para luego pasarse las noches y los días llorando por la muerte de esa hija suya amada. Y si a Menelao de verdad le importa tanto recuperar a esa «mujerzuela» que es su esposa, pues que vaya él con todos los otros griegos a hacer la guerra. Pero esa calma chicha persistente, esa ausencia total de vientos, ¿no será precisamente el signo —enviado por los dioses— de que la expedición no debe llevarse a cabo?

10. *Ibid.*, vv. 354-355.
11. *Ibid.*, vv. 359-370.

Menelao se aleja indignado, amenazando a Agamenón con represalias para hacer valer sus derechos. Unos momentos después, no obstante, vuelve sobre sus pasos. Resulta que él también ha cambiado de idea (de manera repentina y totalmente inesperada: de un momento para otro, así sin más). Ahora le parece injusto e indefendible pedirle una cosa tan tremenda a su hermano. Ahora siente piedad por Agamenón y en ningún caso querría infligirle una renuncia así de extrema, un dolor hasta tal punto inmedicable:

He sido un tonto, me he comportado como un joven insensato; no estaba viendo las cosas de cerca y no me estaba dando cuenta de lo que significa que alguien mate a sus propios hijos. [...] Esa pobre muchacha que, por causa de mi matrimonio, tendría que ser sacrificada. ¿Qué tendrá que ver tu hija con Helena? Basta, disolvamos el ejército: vayámonos de Áulide. [...] Y tú, hermano mío, deja de llorar. [...] ¿Me estoy contradiciendo, después de todas las amenazas de antes? Es natural, creo yo, porque te quiero[12].

En el momento, tal vez quepa aplaudir tal arrepentimiento; pero no deja uno de tener motivos para quedarse perplejo y pasmado. Notable es, en efecto, la distancia respecto a la imagen del Agamenón esquileo, que exhalando locura sometía su cuello al «yugo de la Necesidad»[13] (solemne y poderosa imagen de una trágica lancinación que deja sin palabras). Aquí, por el contrario, no se hace más

12. *Ibid.*, vv. 488-502.
13. Véase el capítulo 2.

que hablar y departir y todo se reconduce a la medida de una psicología corriente (con las contorsiones tan irreflexivas, como previsibles, a las que tal psicología puede en todo momento dar lugar). Lo que se impone no es el momento terrible —y en varios sentidos literalmente indecible— de la decisión, que se enfrenta a la aporía y al brete del destino. Aquí se perfilan, antes bien, la incoherencia y la debilidad en cuanto que rasgos de la mente y del carácter. Se trata de la más patética e inconstante oscilación de quien no sabe qué hacer y qué querer. Y eso, más allá de la relación fraterna y familiar, penetra en la dimensión de la comunidad. Si Agamenón y Menelao son jefes y aristócratas, si ambos representan simbólicamente a una élite gubernativa, ¿qué política cabe esperar en tal contexto? Ambiciones desmesuradas, pero falta de disponibilidad para asumir el peso de las responsabilidades que de tales ambiciones se derivan; afán de prestigio, pero viles chanchullos para obtener este; esbozo de un plan, pero continuos titubeos que lo ponen en cuestión; deseo de ser importante y figurar, pero incapacidad fundamental para afrontar abiertamente un encontronazo y un careo (recurriendo más bien a ambages, a maquinaciones ocultas); disponibilidad inmediata a truncar una vida, y, al cabo de un momento, execración igualmente inmediata de la opción cruenta. Nada es sólido e inamovible, nada es fiable en semejante horizonte. Lo único seguro es la inestabilidad, una inestabilidad donde la insuficiencia y la mediocridad de quien gobierna tienen ante sí la desazón incontrolable de la masa —con sus apetitos ciegos— y las no menos insidiosas contramedidas de los rivales en la competición por el poder. Al ejército ahora lo ha agarrado el ansia de saquear las riquezas de Troya, de raptar y violar mujeres. ¿Cómo hacer, llegados a tal punto, para contrariarlos y desengañarlos? Porque quien manda depende, en última instancia, del consenso si quiere mantener su posición. Y del consenso se convierte en esclavo si carece del carisma que hace falta para oponerse (e imponerse) a la voluntad popular. ¿Qué han de hacer, por otra parte, el adivino Calcante y Odiseo, quien sabe ser un hábil demagogo en caso de necesidad? ¿Van a quedarse callados y a respaldar los cambios de criterio de Agamenón y Menelao o aprovecharán, antes bien, la situación? Lo tienen facilísimo para llevar el agua a su molino, azuzando al ejército contra los dos atridas y sacando del asunto un beneficio personal. «¡Pobre Grecia!» Pero no por el peligro de tener que renunciar a Troya, sino por la inconsistencia de quien la guía: por lo mísero y desolador de las dinámicas que la caracterizan. Unas contradicciones que vienen dadas por la mezquindad —y no por la grandeza— de las premisas. Lo que aquí se produce no es una dura aporía, sino una banal y horrenda chapuza.

La acción no tarda en perder lustre, convirtiéndose en una comedia de equívocos. Entre tanto, Clitemnestra ha llegado al campamento y ya está paladeando, con satisfacción y alegría materna, el momento de las nupcias de su hija con el gran héroe. Cuando se cruza por casualidad con Aquiles, se muestra amabilísima y ceremoniosísima con su futuro yerno; querría confraternizar y conocerlo mejor. Pero Aquiles, que desconoce el engaño inicialmente orquestado por el rey, no entiende ese comportamiento y se queda, a lo primero, pasmado ante tales palabras y tales gestos, no viendo la hora de poner punto final a la inesperada y oscura conversación. La incomprensión recíproca, no obstante, dura poco, porque el viejo siervo, llevándoselos aparte, les desvela los términos reales de la situación. Queda consternada Clitemnestra por el engaño del marido, pero más todavía por el fin atroz al que está destinada su hija. ¿Cómo puede un padre y un esposo hacer eso, comportarse así precisamente con las personas a las que más debería querer? Aquiles, por su parte, se enfurece por haber sido el involuntario objeto del engaño. ¿Cómo ha podido Agamenón involucrarlo a sus espaldas? Si le hubiera hablado del asunto, si se hubieran puesto de acuerdo, él se habría prestado de buena gana a la mentira piadosa y se habría encargado personalmente de acompañar a Ifigenia al altar del sacrificio; lo habría hecho con gusto por el bien del ejército. (Sin comentarios). Lo que Aquiles, en cambio, no puede en modo alguno tolerar, es que Agamenón se haya servido de su «nombre» sin decir nada:

> Yo no voy a prestar mi nombre a las intrigas de tu marido, porque entonces sería mi nombre, y no la espada, [...] quien la mataría. [...] Yo sería un donnadie, no sería el hijo de Peleo [...] si mi nombre hubiera de ser pretexto de homicidio por los designios de tu marido. [...] Mi nombre me lo tenía que pedir a mí[14].

Su «nombre». Lo que significa también su fama y su honor, argumentos a los que este héroe fue siempre extremadamente sensible. De ahí que Aquiles le prometa a Ifigenia, con el ímpetu y la reactividad que lo distinguen, que él va a oponerse a su sacrificio: que él va a usar su brazo y su fuerza para defenderla y protegerla, afrontando lo que haya que afrontar.

14. Eurípides, *Ifigenia en Áulide*, vv. 938-962.

Más adelante volverá a la escena confesando el fiasco: cuando ha manifestado al ejército su intención de erigirse en paladín de la muchacha, la turbamulta enfurecida —y en absoluto dispuesta a renunciar a la guerra— la ha emprendido a pedradas con él, que por poco no ha muerto lapidado *ipso facto*. Aquí ni siquiera el bravo Aquiles parece marcar una diferencia, a pesar de sus nobles intenciones y del gran «nombre».

E Ifigenia, ¿qué dice en todo esto? En el primer cara a cara con Agamenón llora, se desespera y suplica: «Te lo ruego, no me hagas morir antes de tiempo...»[15]. Querría tener —dice— la voz de Orfeo para poderle persuadir: la voz del cantor tracio que logró doblegar, con su canto, incluso a los dioses de los infiernos. Pero no puede ofrecerle sino lágrimas. Le recuerda esas dos palabras —«padre» e «hija»— en la cuales se había ido acumulando, con el tiempo, todo el cariño recíproco de ambos. Le recuerda las expectativas y los deseos que habían compartido para el futuro, las conversaciones que habían mantenido. Y ahora todo eso parece cancelado. Agamenón, mudo, desvía la mirada. No es capaz de mirarla a los ojos. Pero Ifigenia insiste y hace partícipe de su súplica al pequeñísimo Orestes, quien todavía no sabe hablar, pero, si pudiera, también le diría que respete la vida de su hermana. Y termina formulando «el argumento más fuerte de todos»: «Para los seres humanos es dulcísimo ver la luz. La muerte es la nada. Loco quien desea morir. Más vale una vida de infortunio, que no una muerte bella»[16]. La *philopsuchía*, ese tenaz e indestructible

---

15. *Ibid.*, v. 1218.
16. *Ibid.*, vv. 1250-1252.

apego a la vida que todas las personas tienen, es una evidencia que se impone sobre cualquier otra. Estar vivo como objetivo primordial, aun si es a costa de soportar la miseria y el dolor: lo que sea, salvo la oscuridad de los infiernos. Ese ideal de la «muerte bella», de la muerte gloriosa —por el cual tantos nobles guerreros se habían inmolado a lo largo del tiempo—, es un puro disparate. El mundo de la *Ilíada* —ese modelo heroico que, no obstante, también la polis clásica había hecho suyo en la celebración de los caídos por la patria—, se antoja, cuando menos, lejano.

Pero, de nuevo, pasa poco tiempo e Ifigenia, igual que todos los demás personajes del drama, se replantea a su vez las cosas y, de manera imprevista, se lanza a un segundo discurso que es todo lo contrario del anterior. También ella cambia de parecer y se contradice. Si antes suplicaba que le respetasen la vida, ahora, por el contrario, con repentino impulso está lista para ofrecerse impávida al cuchillo sacrificial. Ahora quiere morir y rehúsa cualquier indigna bajeza de ánimo. Ahora se acuerda de su alcurnia y resulta que los biennacidos no pueden sino desear un «final glorioso». Su gesto —el sacrificio— le hace fantasear con una fama inmortal, con ser recordada para siempre como aquella «que liberó a Grecia» de la amenaza y de la prepotencia de los bárbaros, como aquella que hizo de Grecia una tierra «bienaventurada» (ni más ni menos). Su vida no le pertenece. Agamenón la trajo al mundo —prosigue convencida— «para todos los griegos»; ella está preparada para prodigar su persona misma: «Mirad. Esta vida mía, se la entrego a la Hélade. Sacrificadme, destruid Troya. El recuerdo de mi gesto permanecerá en el tiempo. Tales han de ser mis hijos, mis nupcias, mi gloria. Es justo que los griegos manden sobre los bárbaros. [...] Esa es una raza de esclavos; nosotros somos hombres libres»[17]. Conmoción y aplauso: «¡Qué nobleza! [...] Un discurso verdaderamente hermosísimo: palabras dignas de tu patria», comenta Aquiles, que escucha impresionado por tamaña valentía[18]. Al mismo tiempo, sin embargo, no puede evitar decir: «Una locura»[19]. Una exaltación insensata, se le antoja tal opción. En el poema de Homero, en cambio, ¿no era precisamente Aquiles quien tomaba una decisión análoga, la de ir, sabiendo lo que hacía, al encuentro de un destino de muerte con tal de vengar a Patroclo a la luz de la gloria?

La *metabolé*, la «transformación» de Ifigenia nos deja de piedra por la antítesis absoluta de los puntos de vista opuestos que expresa. Aristóteles, en su *Poética*, señalaba que el «carácter» de los personajes trágicos había de resultar, en la escena, totalmente «coherente», uniforme y ajeno a arrebatos imprevistos. Y como ejemplo problemático que no debe seguirse señalaba, justamente, a esta Ifigenia de Eurípides, caso «anómalo» donde los haya: «La que suplica no se parece en modo alguno a la que es luego»[20]. En una tragedia no debería haber nada «irracional» o inmotivado. Así y todo, lo que diríase una tara, un punto débil de la construcción, es en realidad un efecto deliberado y consciente: es el nudo central de la dramaturgia. El cambio de perspectiva debe destacar precisamente por su carácter totalmente infundado, por esa falta extrema de motivación y coherencia. En ese mundo turbio e inconstante, vil e indeterminado

17. *Ibid.*, vv. 1397-1401.
18. *Ibid.*, v. 1407.
19. *Ibid.*, v. 1430.
20. Aristóteles, *Poética*, 1454 a, 18-20.

que aquí se despliega, no queda ya ningún motivo plausible por el cual ser noble y sacrificarse. La forma absoluta de la valentía, el afán de perfección, ya no son propios de estos personajes y de este horizonte transformado. Se trata de un universo que parece hecho de papel maché y retórica rancia (también, claro, de sentimientos modestos). Aquí nadie está a la altura del papel y de los ideales que tendría que representar. El irreflexivo cambio de opinión de Ifigenia constituye, visto desde la perspectiva contraria, por así decir el síntoma flagrante de todo esto: la provocación que deja en evidencia al denunciar, implícitamente, la degradación generalizada. Es un gesto reluciente y cegador... a la vez que delirante y fuera de lugar considerando lo que tiene alrededor. Magnífica y extraordinaria es la postura de Ifigenia precisamente porque ahora resulta inactual y carece de explicación, a la manera de cuanto en otros tiempos se tenía por *áriston*, es decir, por «óptimo» y «excelente»: por sello distintivo de una auténtica élite. En una época sin héroes, a Ifigenia no le queda sino ser una heroína «anómala» e irracional. Amarga y cáustica es la escritura de Eurípides, pero también penosamente consciente de un desacoplamiento que se ha consumado. Es una escritura impregnada de nostalgia por las «formas» que se han perdido.

Entre tanto, mientras se van sucediendo las escenas —que se encaminan hacia la previsible conclusión—, el coro hace oír su voz suave. Las muchachas de Áulide que lo integran, han llegado allí para admirar la gran armada de los griegos, la ingente flota que allá se ha reunido. Ávidas de llenarse los ojos de tal espectáculo, van enumerando, con sobresalto y curiosidad, los nombres de los comandantes y la procedencia de los contingentes, haciendo un catálogo de los mismos como el que hiciera, al principio de la *Ilíada*, Homero. Estas muchachas miran e imaginan, en su fantasía, toda la guerra por venir —y ya desde siempre advenida—, repitiendo cuanto la épica había narrado: la llegada a Ilión, el asedio de las murallas de Príamo, la furia homicida de la batalla, la destrucción completa de Troya, las mujeres llevadas a la esclavitud, Helena siendo restituida —bañada en lágrimas y llena de vergüenza— a su legítimo esposo. «Oh, sí: llegará, llegará ciertamente a las corrientes del Simunte el ejército de los griegos; desembarcará, perfectamente armado, en la llanura de Ilión»[21]. Así dicen, confiadas y seguras sobre cuál ha de ser el desenlace. Y cuando Ifigenia va al altar ensalzando su propio fin —«Heme aquí. Vengo como don de salvación y victoria. Seré yo quien expugne Troya»—, las muchachas de Áulide le responden, en una alternancia de voces, con tonos llenos de homenaje y loor: «Miradla. Será ella quien destruya Troya»[22]. En el canto del coro, es como si la acción trágica quedara absorbida, con todas sus miserables contradicciones, en la sugestión de la poesía, en la grandiosidad de la épica arcaica. Diríase que el hechizo de la saga antigua recubriera con un velo, al resonar en la música, la realidad distinta, del mismo modo que Ártemis hace desaparecer a Ifigenia piadosamente en el éter, sustituyéndola en el altar por una cierva. Es la fascinación del *múthos*, de la «fábula» hermosa. Lo único que queda.

---

21. Eurípides, *Ifigenia en Áulide*, vv. 751-752.
22. *Ibíd.*, vv. 1475-1476, 1510-1512.

15. Más allá de la tragedia, el alma

En el horizonte trágico, cuando la desventura se hace efectiva y destroza la existencia, no hay redención o compensación capaz de neutralizar el mal. La muerte es un hecho definitivo —un término último— que nada preludia más allá de ella misma. El otro mundo es una honda tiniebla a la que todos descienden sin distinción una vez que el soplo vital se ha extinguido. Allá abajo, los difuntos vagan como sombras mortecinas, como espectros sin vigor ni consciencia: meros vestigios y atisbos de las existencias que otrora protagonizaran. Esporádicamente surgen, en los dramas conservados, distintos apuntes y sugestiones; pero sigue prevaleciendo todavía la concepción del Hades que los poemas homéricos habían fijado en la época arcaica: una visión de la condición mortal de la que apenas si se aleja, en general, el imaginario de la polis clásica. En los dramas —igual que en Homero—, la palabra *psuché* significa mayoritariamente «vida» o «aliento» que impregna y mueve el cuerpo. En alguna ocasión es sinónimo de «hombre», pero sin que eso conlleve otras implicaciones. De ahí que la existencia terrena sea un valor absoluto, y que no menos absoluto sea ese final en el que dicha existencia se extingue. Vivir y ver la luz del sol: eso es lo único que cuenta; nada más. Y a eso se debe también que se combata con dureza y obstinación, terminando en la espiral de una violencia recíproca. Lo cual se hace para imponerse y seguir siendo, para conservar y defender los únicos términos en los que nos reconocemos y somos reconocidos por los demás: el cuerpo, el rango social, la fama, los bienes, las pertenencias familiares o políticas. Porque una vez que todo eso falte, ya nada quedará salvo lamento o desesperación, tiniebla y olvido.

Todo cambia, sin embargo, se entendemos la *psuché* —conforme a una concepción alternativa que se encargaron de articular los órficos y los pitagóricos— como un «alma» que trasmigra de una existencia a otra, como el meollo de una identidad que persiste con independencia del cuerpo en el que habite. Desde semejante perspectiva, el final no es más que un tránsito. Todo aquello de lo que se compone una vida concreta adquiere, por tanto, un valor distinto, del mismo modo que, a la inversa, la pérdida de dicha vida deja de ser algo irremediable. Entonces todos esos bienes y todas esas presunciones subjetivas por cuya causa suelen producirse los enfrentamientos, dejan de parecer tan relevantes: ya no son ni razones por las que imponerse, ni desventuras irremediables por las cuales verter lágrimas inconsolables. Entonces desaparecen el conflicto mismo y la deriva del dolor en que se fundamenta la tragedia. Un alma inmortal no limita, en efecto, su horizonte al aquí y ahora de la catástrofe mundana, y mucho menos se remite a la tensión de los opuestos (como haría quien no tiene otra partida que jugar). Y basta recorrer las páginas del *Fedón* platónico para darse cuenta. Sócrates ha sido condenado a muerte por el tribunal de Atenas y ha llegado el día en que tendrá que tomarse la cicuta para que se ejecute la sentencia. En la celda de la cárcel, los amigos que acuden para despedirse de él han sucumbido al desaliento y derraman lágrimas, pensando que van a perder a Sócrates para siempre. Pero él está contento y sonriente: en absoluto está turbado por lo que le espera. Hace todos los esfuerzos que puede por convencerles de que no es él quien va a morirse, sino solo su cuerpo y la identidad provisional que a este va asociada. Él, Sócrates, es su alma; y su alma seguirá siendo y viviendo con independencia de los jueces, de la ciudad y de cualquier otra vicisitud mortal.

Tratando de explicar de dónde saca él tal convencimiento —y por qué debe considerarse inmortal la *psuché*—, compara sus discursos con el canto de un «cisne» ante la inminencia del fin[1]. Porque no hay que pensar —aclara— que, si los cisnes cantan antes de morir, lo hacen porque estén afligidos. Al contrario: las notas y la melodía que entonan, son expresiones de alegría y de liberación porque saben que están a punto de reunirse con lo divino. Ningún pájaro canta —afirma Sócrates— porque esté sufriendo. Ni siquiera el ruiseñor, cuya voz se suele entender como un lamento triste. Pero resulta que esta puntualización no es, en modo alguno, casual, pues a los coros y a los personajes de las tragedias, ¿no se los comparaba precisamente con ruiseñores y con cisnes cuando, inmersos en el mar de los males, se

1. Platón, *Fedón*, 85 a-d.

deshacían en gemidos y en lúgubres acentos?[2]. Sócrates vuelve del revés el cuadro y disuelve el contexto del que el drama se alimenta. No hay nada doloroso en la muerte; nada hay que justifique llorar, en el destino que a él le aguarda. Nada definitivo ni extremo está a punto de consumarse en esa celda, igual que nada realmente definitivo ni absoluto es cuanto se produce y acontece en el horizonte terreno. Si hay alma —un alma que no se identifica y no coincide con la finitud de una forma y de un cuerpo—, la voz dolorida enmudece y se transforma en una palabra y en un himno de signo completamente opuesto: en una palabra que dice adiós alegremente a cuanto es mortal porque hay otra dimensión que se abre más allá de la existencia terrena, porque hay una vida que continúa y ese es el ámbito esencial al que debe uno llegar y elevarse. Si el alma es indestructible y eterna, es ridículo proferir lamentaciones (como es el caso en la escena trágica). De hecho, la propia tragedia deja de tener sentido y valor de cara a la visión y a la representación que ofrece del mundo y de la vida. Así es, por lo menos, para Sócrates, que sonríe y se bebe la cicuta sin titubeos después de recordar también la sabiduría de los misterios, así como la autoridad de antiguos sabios que, según él, acreditarían en otros aspectos la veracidad de los discursos suyos. Los amigos que lo rodean siguen mostrándose, con todo, turbados y atenazados por el miedo. Cuesta convencerse de ese discurso que anula el temor a la muerte y, con tal temor, el llanto trágico. Porque no está al alcance de cualquiera alimentar tan adamantina certidumbre sobre la naturaleza del alma, y desde luego no

2. *Cf.* Sófocles, *Electra*, vv. 104-109; Eurípides, *Heracles*, vv. 1021-1022.

todo el mundo puede (o consigue) acordarse de que ya ha vivido muchas veces y bajo múltiples formas distintas, como por lo demás Pitágoras y Empédocles habían afirmado respecto a sí mismos y a sus almas, rompiendo para siempre el cerco de los nacimientos y del destino.

Las consideraciones expuestas en esa celda en la que Sócrates se dispone a morir, encuentran un complemento —y, por así decir, un contrapunto— en la grandiosa y admirable escena ultraterrena con que se cierra el largo recorrido de la *República* platónica alrededor de la justicia y del conocimiento. Allí está el relato mítico de Er, quien, habiendo visto por singular privilegio el más allá, regresa para dar noticia del mismo, despertándose de un estado de muerte aparente. Llegado el momento debido, tras permanecer en la oscuridad de los infiernos o en las sedes luminosas del cielo —dependiendo de las culpas o de los méritos acumulados—, las almas son cíclicamente convocadas para volver a reencarnarse. Es un heraldo quien se encarga —refiere Er— de proclamar el solemne anuncio: «¡Oh almas sujetas al tiempo! ¡He aquí que empieza un nuevo ciclo de vida mortal, preludio de nueva muerte!»[3]. En la tierra, las almas tienen desplegadas ante sí, en pulcra exposición, todas las formas de vida posibles y se invita a cada alma, conforme a un orden establecido por sorteo, a escoger una de dichas formas para volver bajo ella a la tierra: «Quien haya salido el primero en el sorteo, que el primero sea en escoger la vida a la cual va a ser necesariamente asociado. La virtud no tiene amo. Cada quien tendrá más o menos virtud según la honre o la desprecie. El responsable es quien

---

3. Platón, *República*, 617 d.

elige. La divinidad no tiene culpa»[4]. La gama de opciones es, en sí misma, amplia y superior al número de almas concurrentes: vidas animales y vidas humanas, vidas de tiranos despiadados o de hombres justos, vidas destinadas a una final terrible o vidas felices, vidas de hombres ilustres o vidas anónimas y comunes. Y es ahí, en ese momento, donde todo se juega y se decide. Ahí encuentra el hombre el «peligro» y el riesgo más grande. Hay que ser capaz de distinguir una vida buena de una vida mala. Hay que saber examinar, con ponderación y discernimiento, todos los aspectos presentes en los distintos *paradéigmata*, en los distintos «modelos» de existencia que tiene uno desplegados ante sí como en un escaparate. Se trata de evitar hacer una elección incauta, a cuyo efecto debe efectivamente valorarse cuáles repercusiones puedan desprenderse de las distintas combinaciones presentes en las correspondientes vidas disponibles:

> Cuáles resultados determinen, en sus recíprocas mezclas, la noble alcurnia y un nacimiento oscuro; la fuerza y la debilidad; la condición de ciudadano particular y la de sujeto que ostenta magistraturas públicas; la facilidad y la dificultad de aprender, y todas las demás características análogas a estas. [...] De ese modo, una atenta reflexión permitirá escoger entre una vida peor y una vida mejor, considerando peor la que ha de llevar al alma a hacerse más injusta, y mejor la que ha de volverla más justa[5].

4. *Ibid.*, 617 e.
5. *Ibid.*, 618 d-e.

En semejante tesitura resulta necesaria, así las cosas, una férrea e inquebrantable capacidad discernidora. En cuanto al orden que se establece en el sorteo, en sí mismo no constituye ninguna limitación de cara a poder realizar, en cualquier caso, una elección oportuna: «Incluso el último puede optar», insiste el heraldo, «por una vida amable y no mala, siempre y cuando escoja de manera juiciosa y viva luego con rigor. Elija, por tanto, el primero esmeradamente y no se desanime el último»[6].

Diríase sin embargo que, de lo que Er refiere al regresar de su viaje, se desprende que en la mayoría de los casos acontece exactamente lo contrario de ese «esmero» y de ese «cuidado» prescritos. Cuenta Er, en efecto, que, cuando el heraldo hubo terminado su explicación, el que salió primero en el sorteo se abalanzó de inmediato para echar mano de una vida marcada por el poder absoluto y la riqueza. Parecía una existencia tan deseable y envidiable... ¿Qué podría haber mejor que eso? Era todo lo contrario, en realidad. Obcecado «por la estulticia y la avidez», no miró bien y no se percató de que aquella vida lo destinaba a «devorar a sus propios hijos y a incurrir en otros males»[7]. Cuando cayó en la cuenta —prosigue Er—, empezó a desesperarse y a darse golpes en el pecho, lamentándose por el hado y por los dioses. Pero ya era demasiado tarde y, por lo demás, la culpa no era, llegado ese punto, sino de él mismo. Porque le habían advertido, igual que habían sido advertidos todos los demás que, conforme a sus turnos, iban después de él. ¿Habían de mostrarse más juiciosos y pru-

6. *Ibid.*, 619 b.
7. *Ibid.*, 619 c.

dentes en su elección? Lo cierto es que la mayor parte de las almas no se detenía ni un instante a reflexionar, no procedía a efectuar un examen exhaustivo, sino que escogía simplemente con base en la *sunétheia*, es decir, con base en la «costumbre» que dictaba la «vida anterior»[8]. Resulta, sin embargo, que la costumbre no puede constituir —huelga aclararlo— un criterio que lleve a un grado más alto de conciencia o de virtud. Se trata, antes bien, de un círculo vicioso que vuelve indefectiblemente sobre sí mismo y que mantiene sujeta a la persona a una situación siempre idéntica, salvo que cambie para caer más bajo aún. Es repetición inhibitoria y, al mismo tiempo, reactividad que se opone a cuanto obstaculiza —de manera total o parcial— la costumbre en cuestión. Es concreción que impide liberar la mirada, respondiendo únicamente a un entramado de emociones y acontecimientos padecidos.

De todo lo cual son ejemplos las almas que Er atisbara entre la turbamulta que allá abajo se había reunido. El alma que había pertenecido a Orfeo escogió, sin pensárselo dos veces, la vida de un cisne. En su anterior encarnación había sido un cantor admirable y deseaba seguir siendo una criatura capaz de cantar; habiéndolo matado, sin embargo, una caterva de mujeres, no quería, bajo ningún concepto, volver a nacer de un seno femenino —el cual seno se le había vuelto odioso—, y por eso había optado por el ave en cuya naturaleza podía su costumbre reflejarse y prevalecer. Agamenón, que había sido un gran soberano y un comandante, pero detestaba al género humano por las desventuras sufridas, escogió, en cambio, la vida de un águila, el más

8. *Ibíd.*, 619 c-d.

regio de los pájaros y, consecuentemente, el que más se condecía con su existencia previa. El audaz e indómito Áyax también odiaba a los hombres, ya que, como sabemos, sus compañeros le habían negado el premio de las armas de Aquiles. Tomó, pues, para sí la vida de un león, animal que, más que otro ninguno, le permitía seguir insistiendo, si bien bajo otra forma, en las cualidades que fueran suyas: ese orgullo y esa bravura que él siempre había demostrado en el campo de batalla. Ahora bien: reencarnarse en animales, ¿puede considerarse la opción óptima, o a lo mejor se trata, antes bien, de un descenso a un rango inferior? Únicamente Odiseo parecía haber sacado las debidas conclusiones de su experiencia previa. Había sido, en efecto, un gran héroe celebrado por sus hazañas y aventuras; pero todo eso le había costado unos sufrimientos indecibles y unas idas y venidas absurdas. Había entendido, pues, que el ansia de honores y de gloria no merecía tamaño dolor. Y, así, completamente curado de cualquier ambición insana —en discontinuidad total con lo que había conocido ya—, anduvo mirando las distintas vidas disponibles hasta que dio con la de un hombre de lo más común y tranquilo: una vida que, por lo demás, las otras almas habían descartado por su aparente insignificancia.

«De verdad que era cosa notable», comenta Er, «aquella visión de las almas dedicadas a escoger sus nuevas vidas: un espectáculo miserable, ridículo y sorprendente»[9]. *Theá eleiné*, es decir, un «espectáculo» que suscita exactamente *éleos* («piedad», «compasión») por esas pobres almas que se equivocan y se engañan, que no ven en qué infortunios y en qué

9. *Ibid.*, 619 e-620 a.

vidas descabelladas se están metiendo —a qué repetición de errores y de recorridos se están condenando ellas mismas con sus propias manos—, o cómo simplemente no son capaces de sacar hasta el final una experiencia positiva de lo que han vivido. *Theá gelóia*, es decir, un espectáculo que hace «reír» y «sonreír» a quien, desde una posición distinta, conoce y ve la equivocación y la zafia inconsistencia: almas «bufas» que todo lo degradan, llegando incluso a convertirse en animales. *Theá thaumasía*, es decir, un «espectáculo» que provoca *tháuma* —o sea: «pasmo», «estupor»—, porque «asombrosa» en extremo resulta la visión del mundo ultraterreno, que los mortales tienen en condiciones normales vedada: la visión de ese más allá donde las almas son llevadas ante el huso cósmico de *Anánke* —esto es: de la «Necesidad»— en el fulgor de una columna de luz que conecta el cielo y la tierra. Y «sorprendente» y «pasmosa» resulta, desde cualquier punto de vista, esa elección de la vida que se va a vivir. Pues no le cabe en la cabeza a uno, si se para a pensarlo, que pueda ser de esa manera: en la ignorancia general de lo que de tal elección se sigue.

Pero *éleos* («piedad»), ¿no es también lo que suscita la tragedia ante esos casos y esas desventuras en cuyo abismo se precipitan los héroes? ¿No es esa misma «compasión» que en cada drama se experimenta al ver a los personajes sufrir por sus errores, por los efectos de sus pasiones y por los equívocos de su no saber? Las vicisitudes de Agamenón, de Áyax y de los otros héroes a quienes Er contempla, son las mismas, bien mirado, que en la tragedia se representan; no dejan de salir de un mismo archivo de mitos. *Gelóion* («ridículo», «bufo») es, por otra parte, el carácter propio de la comedia, en la cual se trata de reírse de los excesos, las incongruencias y las tozudas obtuseces de sus protagonistas: de esa cazurrería, esa memez y también esa desfachatez de las que estos dan prueba. *Tháuma* es, por último, eso que, una y otra vez, el propio Dioniso genera con sus prodigios y epifanías, envolviendo a todos —y envolviéndolo todo— en una red de ficciones y espejismos. Resulta, así, un paralelismo singular y sugerente el que las palabras de Er componen. La escena del más allá y la escena del teatro parecen, inesperadamente, corresponderse y reflejarse la una en la otra. Allí —en el mundo de ultratumba—, las almas escogen como pueden y, cuando lo han hecho, bajan hasta los cuerpos en forma de lluvia de estrellas fugaces para vivir desde el principio una vida (olvidadas, en general, de que ya han vivido y repitiendo, en general, los mismos pasos y las mismas querencias sin ser conscientes). Aquí —frente a los espectadores que están sentados en la cávea—, los héroes y las heroínas del pasado absoluto —los personajes del mito— cobran igualmente voz y cuerpo y vuelven a revivir sus historias en el tiempo del espectáculo como si fuera siempre la primera vez, como si aquellas catástrofes y aquellas penas no hubieran tenido lugar nunca y no se hubieran oído ni visto jamás. Lo mismo allá que aquí, cada cosa se repite y parece que no hay modo de salir de eso.

De ahí que sea tan importante, añade Sócrates a propósito del relato de Er, dedicarse a la *philosophía* —es decir: al «amor por la sabiduría»— y no parar de practicarla nunca, esforzándose por perseguir la virtud y la justicia, por encontrar un punto fijo con el que orientarse (para vivir mejor acá abajo y prepararse, al mismo tiempo, de cara a elegir bien cuando llegue el día de encontrarse en el más allá, haciendo por conservar el recuerdo y el conocimiento de cuanto se ha comprendido y se ha experimentado). ¿Y el teatro y los dramas que compusieron los poetas? Para Sócrates no tendrían ninguna utilidad. La tragedia —observa él— no hacer sino satisfacer ese «deseo de llorar y de quejarse» que anida en nosotros en menoscabo del pensamiento y la razón[10]. Y ciertamente es necesario hablar así para no dejarse avasallar constantemente por las emociones, para no limitarse a dar rienda suelta a estas quedándose, en realidad, clavada la persona en el mismo lugar en que ya estaba y sin cambio ninguno. Pero ¿es de verdad tan superflua la tragedia, en tanto que se está acá abajo y habitando un cuerpo? ¿En serio no produce ningún otro efecto, fuera de ese placer irracional de las lágrimas?

Está claro que las tragedias tienen poco que decir y que enseñar a quien esté seguro ya de la verdad y libre, finalmente, de cualquier atadura terrena: consciente y convencido de ser un alma inmortal, y en posesión de un nítido conocimiento de las distintas dimensiones que integran la realidad. Para todos los demás, sin embargo —para quienes siguen todavía, como los compañeros de Sócrates, preguntándose y dudando y no pueden evitar conmoverse y reírse—, para esas personas, ¿no supone un regalo valiosísimo lo que Dioniso dispensa con su teatro? El espectador que, a la manera de Er, contempla la escena, ve en ella la imagen de la condición mortal, con todas sus locuras y todos sus furores, con sus contradicciones y su violencia, con la búsqueda de sentido y con la inquietud que se renueva: con la confianza en lo divino y con la pérdida de esa misma confianza. Y hay una necesidad en tal visión, ya que, recordán-

10. *Ibid.*, 606 a.

dola y volviendo a reflexionar sobre ella, cada quien podrá verse menos sorprendido por el mal y por la desventura, menos desprevenido e indefenso cuando eso mismo se abata sobre él. Porque, de nuevo, esa visión obliga a enfrentarse a las quimeras y a los prejuicios que afectan y ofuscan a todos los hombres.

Concluido el drama, el espectador volverá a su vida igual que Er resucita desde una muerte aparente. Y allí podrá permanecer distraídamente inmerso en el círculo vicioso de cuanto se antoja inevitable, pero también experimentar el deseo opuesto de sustraerse a tal círculo o de desarticular, cuando menos, la compulsión de repetir siempre lo mismo; el deseo, en última instancia, de vivir —y no solo revivir— cuanto cada quien y todos han experimentado y padecido tantas veces ya... sin ser, bien mirado, conscientes de nada. ¿No es uno de los rasgos propios de Dioniso —como ya tuvimos ocasión de recordar— el de ser *Lúsios*, es decir, «aquel que desata»? ¿No se corresponde la naturaleza del dios con esa vida absoluta que existe más allá de cualesquiera formas particulares y finitas? En cuyo caso afirmativo resulta que el juego del teatro y de la tragedia no es, en rigor —a pesar de la aparente condena a lo superfluo—, distinto y ajeno al amor por la sabiduría, sino que de dicho amor parte como si de etapas se tratara de un único camino: como si una apuntara hacia otra para encontrar en ella compleción (siempre y cuando no seamos, obviamente, espectadores distraídos y que solo en la conmoción de un momento se complazcan). Los propios diálogos de Platón, ¿acaso no están construidos y concebidos precisamente como un teatro, como un espectáculo de emociones y de aporías en el que únicamente a Sócrates vemos inmune debido a lo que sabe —por mucho que finja no saber— mientras sus interlocutores se encenagan en su lamentable y ridícula cortedad? El universo en que el alma vive y se mueve tiene —y es el propio Sócrates quien en otro lugar lo recuerda— un lado liso, regular y perfecto en su vértice superior, allá donde está el cielo y donde están los dioses. Acá abajo, sin embargo —en la tierra—, ese mismo universo se antoja abrupto e irregular, confuso y engañoso, siendo el *bíos* que ahí se lleva, inevitablemente, *tragikós*. Una «vida caprina» —como el *trágos*, el «macho cabrío» que está consagrado a Dioniso—, una «vida trágica»[11] que tal vez pueda trascenderse, pero no antes de haberla visto, oído y asimilado por lo que es. Una experiencia radical, pero inevitable, de las antinomias de la realidad del mundo. En eso puede que resida la sabiduría de la tragedia.

---

11. Platón, *Crátilo*, 408 c.

Bibliografía

Incontables son los estudios relativos a la tragedia griega. Aquí nos vamos a limitar a una escueta y básica selección de la que es posible extraer más bibliografía. En el presente volumen, las traducciones de los pasajes de las tragedias, así como del resto de obras citadas, son de quien esto suscribe[1]. Las obras antiguas mencionadas a lo largo del texto son, todas, fáciles de encontrar; de hecho hay múltiples ediciones distintas disponibles en el mercado. (Para un repertorio articulado de ediciones, traducciones y comentarios véanse, en la bibliografía que sigue, Susanetti, *Il teatro dei Greci*, pp. 195 y ss.; *id.*, *Euripide*, pp. 225 y ss. e *id.*, *Catastrofi politiche*, pp. 225 y ss.) Para quien quisiera disponer en un único volumen de todo el corpus trágico griego, cómoda y útil resulta la edición de A. Tonelli (*Eschilo, Sofocle, Euripide. Tutte le tragedie*, Bompiani, Milán, 2011)[2]. En lo que se

---

1. En la presente edición española, dichos pasajes de las tragedias y del resto de obras citadas se dan, por tanto, en traducciones castellanas *ad hoc* de las correspondientes traducciones italianas que nuestro autor ofrece *(N. del T.)*.
2. En castellano véanse p. ej. los siguientes vols., (re)aparecidos todos en Alianza Editorial, Madrid, en las fechas que a continuación se indican: (I) Esquilo, *Tragedias. Los Persas / Los Siete contra Tebas / Las Suplicantes / Orestía (Agamenón / Coéforos / Euménides) / Prometeo encadenado*, introducción, traducción y notas de Enrique Ángel Ramos Jurado, 2023; (II) Sófocles, *Electra / Filoctetes / Edipo en Colono*, intr., trad. y nn. de Antonio Guzmán Guerra, 2016; (III) *id.*, *Áyax / Las Traquinias / Antígona / Edipo Rey*, intr., trad. y nn. de José M.ª Lucas de Dios, 2023; (IV) Eurípides, *Las Troyanas*, intr., trad. y nn. de Antonio Guzmán Guerra, 2023; (V) *id.*, *Ifigenia en Áulide / Electra / Orestes*, intr., trad. y nn. de Luis M. Macía Aparicio, 2019; (VI) *id.*, *Andrómaca / Heracles loco / Las Bacantes*, intr., trad. y nn. de Francisco Rodríguez Adrados, 2016; (VII) *id.*, *Al-*

refiere a los textos fragmentarios –presocráticos, Esquilo, Eurípides, Aristóteles y Plutarco–, la numeración va referida a las siguientes ediciones, respectivamente: H. Diels y W. Kranz, *I presocratici*, ed. italiana de G. Reale, Bompiani, Milán, 2006³; S. Radt, *Tragicorum Graecorum fragmenta: Aeschylus*, Vandenhoeck & Ruprecht, Gotinga 1985; R. Kannicht, *Tragicorum Graecorum fragmenta: Euripides*, 2 vols., Vandenhoeck & Ruprecht, Gotinga 2004; V. Rose, *Aristotelis Fragmenta*, Teubner, Leipzig, 1886; F. H. Sandbach, *Plutarchus. Moralia: Fragments*, Loeb, Cambridge (Massachusetts), 1987.

En la esperanza de llegar a un vasto público, en el presente volumen todos los términos griegos van transliterados de la forma más sencilla posible. Se ha usado siempre el acento agudo, sin indicar la cantidad de las vocales y colocando el mencionado acento en el primer elemento de los diptongos. Para la *y* griega se ha usado siempre *u*. Y tenga presente el lector que la grafía *g* debe pronunciarse siempre como, en español, en las secuencias *ga, go, gu, gue* o *gui*, mientras que la grafía *ou* se debe pronunciar como, en castellano, la letra *u*.

Battezzato, Luigi, *Linguistica e retorica della tragedia greca*, Edizioni di Storia e Letteratura, Roma, 2019.

cestis / Medea / Hipólito, intr., trad. y nn. de Antonio Guzmán Guerra, 2022; (VIII) *id.*, *El Cíclope / Ión / Reso*, intr., trad. y nn. de Juan Miguel Labiano Ilundáin, 2010; (IX) *id.*, *Fenicias / Suplicantes / Heraclidas*, intr., trad. y nn. de Aurelio Pérez Jiménez, 2009. (Para la *Hécuba*, la *Ifigenia entre los tauros –alias Ifigenia en Táuride–* y la *Helena*, que no figuran entre los Clásicos de Grecia y Roma de Alianza, véanse p. ej. –respectivamente– el 1.º, el 2.º y el 3.º de los 3 vols. dedicados a Eurípides en la Biblioteca Clásica Gredos, reed. *e.g.* –ya bajo RBA– en 2015). *(N. del T.)*.
3. Con trads. castellanas de los fragmentos griegos ofrecidos véanse p. ej. (I) G. S. Kirk, J. E. Raven y M. Schofield, *Los filósofos presocráticos. Historia crítica con selección de textos*, ed. de Jesús García Fernández, reed. en Gredos –ya bajo RBA–, Madrid, 2014, y (II) Alberto Bernabé, *Fragmentos presocráticos*, Abada Editores, Madrid, 2019 *(N. del T.)*.

BELTRAMETTI, Anna, «Guerrieri, sovrani, fratelli. Palinsesti sofoclei», en *Dioniso*, 2, 2012, pp. 63-92.

— (ed.), *Studi e Materiali per le «Baccanti» di Euripide*, Ibis, Como, 2007.

BOLLACK, Jean, *La Grecia di nessuno*, ed. de R. Saetta Cottone, Sellerio, Palermo, 2007 [trad. cast. de Glenn Gallardo Jordán, *La Grecia de nadie. Las palabras dentro del mito*, Siglo XXI Editores, México 1999; ed. original: *La Grèce de personne. Les mots sous le mythe*, Éditions du Seuil, París 1997].

CACCIARI, Massimo, *L'Arcipelago*, Adelphi, Milán, 1997 [trad. cast.: *El archipiélago. Figuras del otro en Occidente*, Eudeba, Buenos Aires, 1999].

CALASSO, Roberto, *Le nozze di Cadmo e di Armonia*, Adelphi, Milán, 1989 [trad. cast. de Joaquín Jordá, *Las bodas de Cadmo y Harmonía*, Anagrama, Barcelona, 2019].

CENTANNI, Monica (ed.), *Eschilo. Le tragedie*, Mondadori, Milán, 2003.

CIANI, Maria Grazia, *Dionysos. Variazioni sul mito*, Antenore, Padua, 1979.

—, *Le porte del mito. Il mondo greco come un romanzo*, Marsilio, Venecia, 2020.

COLLI, Giorgio, *Apollineo e dionisiaco*, ed. de E. Colli, Adelphi, Milán, 2010 [trad. cast. de Miguel Morey, *Apolíneo y dionisíaco*, Sexto Piso, Madrid, 2020].

DEL CORNO, Dario, *I narcisi di Colono: drammaturgia del mito nella tragedia greca*, Cortina, Milán, 1998.

DIANO, Carlo, «Edipo figlio della Tyche», en *id.*, *Opere (q.v. infra)*, pp. 411-460.

—, «La catarsi tragica», en *id.*, *Opere (q.v. infra)*, pp. 509-562.

—, «La tragedia greca oggi», en *id.*, *Opere (q.v. infra)*, pp. 1591-1616.

—, *Opere*, ed. de F. Diano, Bompiani, Milán, 2022.

—, «Teodicea e poetica nella tragedia greca», en *id.*, *Opere (q.v. supra)*, pp. 595-618.

DI MARCO, Massimo, *La tragedia greca. Forma, gioco scenico, tecniche drammatiche*, Carocci, Roma, 2000.

FUSINI, Nadia, *La luminosa. Genealogia di Fedra*, Feltrinelli, Millán, 1980.

IERANÒ, Giorgio, *La tragedia greca. Origini, storia, rinascite*, Salerno Editrice, Roma, 2010.

JUDET DE LA COMBE, Pierre, *Les tragédie grecques sont-elle tragiques? Théâtre et théorie*, Bayard, París, 2010.

KERÉNYI, Karl, *Dioniso. Archetipo della vita indistruttibile*, ed. de M. Kerényi, trad. italiana de L. Del Corno, Adelphi, Milán, 1998 [trad. cast. de Adan Kovacsics, *Dionisios* [sic]. *Raíz de la vida indestructible*, Herder, Barcelona, 1998; ed. original: *Dionysos. Urbild des unzerstörbaren Lebens*, Langen Müller, Múnich 1976].

LANZA, Diego, *La disciplina dell'emozione. Un'introduzione alla tragedia greca*, Il Saggiatore, Milán, 1997.

LORAUX, Nicole, *La voce addolorata. Saggio sulla tragedia greca*, trad. italiana de M. Guerra, Einaudi, Turín, 2001 [trad. cast. de María J. Ortega Máñez, *La voz enlutada. Ensayo sobre la tragedia griega*, Avarigani Editores, Madrid, 2020; ed. original: *La voix endeuillée. Essai sur la tragédie grecque*, Gallimard, París 1999].

PUCCI, Pietro, *Euripides's Revolution under Cover*, Cornell University Press, Ithaca, 2016.

—, *The Violence of Pity in Euripides' Medea*, Cornell University Press, Ithaca, 1980.

REINHARDT, Karl, *Sofocle*, ed. de M. L. Novaro, trad. italiana de M. Forgione, Il Nuovo Melangolo, Génova, 1980 [trad. cast. de Marta Fernández-Villanueva con prólogo de Carlos García Gual, *Sófocles*, Gredos, Madrid 2010; ed. original: *Sophokles*, Klostermann, Frankfurt, 1933].

RODIGHIERO, Andrea, *La tragedia greca*, Il Mulino, Bolonia 2013.

SEGAL, Charles, *Interpreting Greek Tragedy: Myth, Poetry, Text*, Cornell University Press, Ithaca, 2019.

—, *Sophocles' Tragic World*, Harvard University Press, Cambridge (Massachusetts), 1998 [trad. cast. de Albino Santos Mosquera, *El mundo trágico de Sófocles. Divinidad, naturaleza, sociedad*, Gredos, Madrid 2013].

SERRA, Giuseppe, *Edipo e la peste. Politica e tragedia nell'«Edipo re»*, Marsilio, Venecia 1994.

SISSA, Giulia, *Le pouvoir des femmes. Un défi pour la démocratie*, Odile Jacob, París, 2021 [trad. cast. de Cynthia Lerma Hernández, *El poder de las mujeres. Un desafío para la democracia*, Universidad Veracruzana, Xalapa (Veracruz), 2023].

SNELL, Bruno, *La scoperta dello spirito. La cultura greca e le origini del pensiero europeo*, prefacio de R. Andreotti, Luiss University Press, Roma, 2021 [trad. cast. de J. Fontcuberta, *El descubrimiento del espíritu. Estudios sobre la génesis del pensamiento europeo en los griegos*, Acantilado, Barcelona, 2008; ed. original: *Die Entdeckung des Geistes. Studien zur Entstehung des europäischen Denkens bei den Griechen*, Claassen & Goverts, Hamburgo, 1946].

SUSANETTI, Davide, *Atene post-occidentale. Spettri antichi per la democrazia contemporanea*, Carocci, Roma, 2014.

—, *Catastrofi politiche. Sofocle e la tragedia di vivere insieme*, Carocci, Roma, 2011.

— (ed.), *Eschilo. «Prometeo»*, Feltrinelli, Milán, 2010.

— (ed.), *Euripide. «Alcesti»*, Marsilio, Venecia, 2001.

— (ed.), *Euripide. «Baccanti»*, Carocci, Roma, 2010.

— (ed.), *Euripide. «Elena»*, Feltrinelli, Milán, 2023.

—, *Euripide. Fra tragedia, mito e filosofia*, Carocci, Roma, 2007.

— (ed.), *Euripide. «Ippolito»*, Feltrinelli, Milán, 2005.

— (ed.), *Euripide. «Troiane»*, Feltrinelli, Milán, 2008.

—, *Favole antiche. Mito greco e tradizione letteraria europea*, Carocci, Roma, 2005.

—, *Il teatro dei Greci. Feste e spettacoli, eroi e buffoni*, Carocci, Roma, 2003.

—, *La via degli dei. Sapienza greca, misteri antichi e percorsi di iniziazione*, Carocci, Roma, 2017.

—, *Luce delle Muse. La sapienza greca e la magia della parola*, Bompiani, Milán, 2019.

— (ed.), *Sofocle. «Antigone»*, Carocci, Roma 2012.

WEIL, Simone, *La rivelazione greca* (selección de escritos), ed. de M. C. Sala y G. Gaeta, Adelphi, Millán, 2014.

WILAMOWITZ-MOELLENDORFF, Ulrich von, *Cos'è una tragedia attica?*, ed. de G. Ugolini, La Scuola, Brescia, 2013 [ed. original: «Was ist eine attische Tragödie?», capítulo de id., *Einleitung in die attische Tragödie*, Weidmann, Berlín 1889; en trad. cast. *cf.* E. Rohde, U. von Wilamowitz-Moellendorff y R. Wagner, *Nietzsche y la polémica sobre «El nacimiento de la tragedia»*, ed. de Luis de Santiago Guervós, Librería Ágora, Málaga, 1994].